本书是暨南大学研究生院组织实施“国家教育体制改革试点项目——侨校创新人才培养试验计划”的成果之一

以德润身 以文化人

——暨南大学社会科学部『侨校思想政治教育与创新人才培养』研究论文集

程京武　主编

魏传光　杜应娟　副主编

暨南大學出版社
JINAN UNIVERSITY PRESS

中国·广州

图书在版编目（CIP）数据

以德润身 以文化人：暨南大学社会科学部“侨校思想政治教育与创新人才培养”研究论文集/程京武主编；魏传光，杜应娟副主编. —广州：暨南大学出版社，2012. 12

ISBN 978-7-5668-0427-3

Ⅰ. ①以… Ⅱ. ①程…②魏…③杜… Ⅲ. ①高等学校—思想政治教育—中国—文集②高等学校—创造型人才—人才培养—中国—文集 Ⅳ. ①G641-53②G649. 2-53

中国版本图书馆 CIP 数据核字（2012）第 284897 号

………………………………………………………………………………………

以德润身 以文化人：暨南大学社会科学部“侨校思想政治教育与创新人才培养”研究论文集

主　　编： 程京武
副 主 编： 魏传光 杜应娟

责任编辑： 李 艺 林芳芳
责任校对： 周海燕

地　　址： 中国广州暨南大学
电　　话： 总编室（8620）85221601
营销部（8620）85225284 85228291 85228292（邮购）
传　　真：（8620）85221583（办公室） 85223774（营销部）
邮　　编： 510630
网　　址： http://www.jnupress.com http://press.jnu.edu.cn
排　　版： 广州市广海照排设计中心
印　　刷： 佛山市浩文彩色印刷有限公司
开　　本： 787mm×960mm 1/16
印　　张： 12.75
字　　数： 219 千
版　　次： 2012 年 12 月第 1 版
印　　次： 2012 年 12 月第 1 次
定　　价： 28.00 元

大学理念与现代化（代序）

◈蒋述卓

大学是思想最活跃、最富创造力的学术殿堂，是新知识、新思想的摇篮。作为人类神圣的精神家园，大学应有崇高的理念与追求。对此，美国著名学者艾伦·布鲁姆在《走向封闭的美国精神》一书中，着重论述了理念在现代大学发展过程中所起到的举足轻重的作用。他认为，在一个受公众舆论控制的社会里，大学要力图成为一个精神自由的岛屿，既要为人们提供自由探索的空气，又要在人们心中唤起崇敬之情。他特别强调，大学应是容纳思考和思想开放的地方，是一个以理智为基石的国家的神殿，如果没有大学，所有理性生活的美好结果都会跌回原始泥泞之中。

布鲁姆正是针对当今美国价值相对主义充斥、人文教育衰落，以及一向被人们视为开放的美国思想正在走向封闭而发出上述感叹的。这是因为当一个社会在面临急剧变革之际，有时会急于跟上变革的步伐，而疏忽了维系人类的基本价值观念和人文信念。在世纪之交的中国，当市场经济的大潮裹挟着急功近利的心态席卷而来之时，人们同样发现了人文精神的失落。作为传递、传播、创新文化的大学，理应承担起保护传统、唤起崇高理想的责任。一个社会亦必须具备一个为多数人所认同的理想。因此，重新确立大学的理想与追求，兼顾大学使命与现代化的关系，就成为一个值得深入探讨的时代课题。

就中国而言，近代意义上的高等教育发轫于上一个世纪之交，迄今业已走过了一个世纪曲折而又漫长的历程。当我们回眸中国高等教育百年沧桑，不难发现，不少著名的教育学家都十分重视在大学推行人文理想的教育与熏陶。蔡元培先生就曾经指出，教育者，养成人格之事业也，大学为纯粹研究学问之机关，不可视为养成资格的场所，亦不可视为贩卖知识之兴趣，尤当养成学问家之人格。著名教育家梅贻琦亦认为，在大学里实施专才教育是目光短浅的行为，应对大学生进行通识教育。他主张即使是工科学生，也应该着重培养工业之组织与领导和理论、设计人才，而不是只有一技之长的匠人。大学的理念就是要为社会培养高素质人才，这不仅有赖于学术的累积与一流的师资，而且更需要那种坚持学术与真理至上，追求人类崇高的理想与自强不息、不断进取并成为社会先锋者的精神，而这也正是大学被称为精神殿堂的缘由所在。

对于一个人而言，数载大学岁月的重要性是不论怎样估计亦不为过的，大学学习是一个人成长过程中最重要的阶段。无数事实业已证明，大学学习的过程旨在提升一个社会的整体的思想格调，提高公众的智力修养，纯洁国民的情趣，既为大众的激情提供理性的原则，又为大众的志向提供确定的目标。在知识经济初露端倪、科学技术飞速发展的今天，大学面临着新的发展机遇与严峻挑战。大学更应坚定自己的理念，上下求索，而不应由于高等教育的职业化、学术的市场化与道德的物化倾向，迷恋于功利而难以自拔，缺乏激情、活力与信仰。

固守象牙塔，在高等教育的发展史上，自有其合理性与积极作用。然而，当今世界是一个开放的信息化社会，高等教育在迈向现代化的历程中，如果仍然固守一隅，孤芳自赏，学子们亦两耳不闻窗外事，就势必成为闭目塞听的井底之蛙，而被飞速发展的时代和社会所抛弃。众所周知，经过长期的孕育与发展，高等教育逐渐具备了教学、科研与社会服务三重功能。当然，不同国家和地区的不同高校，在这三重功能的比重方面各有侧重。但共同的趋势是，随着大学从社会的边缘逐渐走向社会活动的中心，高等教育所扮演的角色日趋重要，高等教育的功能不断拓展。走出象牙塔，以开放、务实的姿态不断调整其角色，已成为大学新的发展态势。

21 世纪是教育的世纪，是一个知识化、学习化与信息化的社会。传授知识、创新技术与培育人才的高等教育，对于一个国家的兴盛与综合国力的提高，将起着日趋重要的作用。比尔·盖茨在与人合著的《资本主义的未来》一书中曾科学地预言："在 21 世纪重要竞争方式的改变中，高等教育扮演的角色是具有决定意义的。"

在笔者看来，在即将到来的 21 世纪里，高等教育在保持自己的理念与走向现代化的过程中，应高度关注以下几点：

第一，大学要始终如一地坚定自己的理想。不论社会如何变迁，大学之所以成为大学，离不开学术与自己的理想追求。高等教育要主动地引导、适应社会，保持其相对独立性，而不能随波逐流、人云亦云。高校应充溢着一种由伟大思想、不朽著作和长远观点所形成的令人陶醉的氛围，云集着大方之家、深沉之士和敦良之师。大学教育赋予学子们的不仅是较强的专业技能，更重要的是使学子们能善于观察、勤于思考、勇于探索，塑造健全完善的人格，建立起积极向上、乐观的人生观、价值观。对此，哈佛大学校长尼尔·陆登庭有深刻见解。他在北京大学百年校庆的演讲中说："大学教育应该唤起我们的好奇，开阔我们的视野，激发我们的思考，审视我们的价值、信仰，检验我们的设想，这就是我们为什么要学习哲学以及其他不同文化下的生活方式的原因。只有这样，我们才能不断地了解别人，同时更深刻地了解自己。这虽然是对教育的挑战，但应该是大学追求的理想。”

第二，大学的功能将进一步拓展，作用将更趋重要。在知识经济社会里，其基本特点是，以知识智力资源为第一生产要素，以高技术产业为支柱产业，以知识创新和技术创新为内在动力。因而，高等教育的作用将空前上升，成为知识经济时代人才库、知识库，以及创新基地和高新技术的辐射源，日益成为知识经济时代社会发展和进步的重要推动力。大学原有的职能将得到进一步扩展并被赋予新的内涵。如大学与企业的联合，使大学的科学研究与技术创新成为高、尖、新技术的孵化器，大学越来越在国家与地区创新体系中扮演重要的角色。大学不仅本身孵化技术，重心将转向技术转让，而且本身还可组建公司。大学将成为创新体系中的技术孵化器，这将是大学的第四种职能。又如，由于全球经济一体化与文化一体化趋势的日益彰显，大学的国际交流会越来越多，它不仅在于师资的互相交换、信息的共享，更在于为了共同攻克某些技术难题而形成的合作研究。随着大学成为技术孵化器的地位的上升，大学日益成为国际文化交流与科技合作研究的枢纽，国际交流与合作将成为大学的第五种功能。

第三，应更加重视人文教育与科学教育，注重培养具有创新思维的高素质人才。我国的高等教育可以分为古代的人文教育阶段，近百年的科学教育阶段，以及正在发展、推进的科学教育与人文教育并重阶段。促进这一转化的动因是社会经济、科技进步日益强化了人在社会发展中的主体地位和作用。现代社会处于经济、科技与文化迅速发展而又高度综合、渗透、交叉的时代，人类遇到的已不再是单纯的科技或经济问题，高科技的发展越来越与社会的政治经济、文化以及环境密切相关。科学教育与人文教育的结合，既反映了社会发展和进步的迫切需要，又反映了培养和造就全面发展的，能在未来社会中起中坚作用的人的教育功能的要求。大学培养人才将更注重全面素质和创新能力的培养，创造与转换新知识将比知识的选择、保存和传授更加重要。

一所高校的声誉远播，无一不来自学术成果的日积月累、研究机构的设置、大型图书馆与实验室的兴建、学术资源的投入、学校悠久的传统与优良的学风，以及一批著名学者对大学理想与信念几十年如一日的执着追求与不懈奋斗。当我们站在新世纪的门槛上，蓦然回首与展望未来之际，我们既充满信心与自豪，同时又强烈地感受到肩上担子的沉重。在崭新的

21 世纪和下一个千年，高等教育将成为知识经济时代社会经济发展的“动力源”，社会经济的发展将会在更大程度上依赖于高校积极主动的参与及其卓越贡献。当然，高校在走出象牙塔之后，仍然不能忽视乃至遗忘高校还具有引导、促进社会发展以及人类自身日臻完善的职责。大学在现代化中被改造，现代化又同时被大学引导着；大学的理念既在坚持着，同时又在现代化进程中拓展其新的内涵。现代化的进程如何，大学的现代化程度也将如何。现代化社会中的大学将仍然走在现代化的前列。

[本文发表于《暨南学报》（哲学社会科学），1999 年第 6 期]

目录 CONTENTS

【第一辑】

思想政治教育与『人才创新』基础理论研究

以人为本，构建侨校思想政治理论课教育有效机制

大学生人文素养状况的调查与思考

高校港澳台侨学生文化素质教育在新时期统战工作中的作用

创造的道德支持与德育的创造价值

为道德理性一辩

霍耐特承认道德探析

以人为本，构建侨校思想政治理论课教育有效机制

◈程京武

摘要 暨南大学根据“一国两制”的原则，既坚持侨校特色又遵循高等教育的规律，对学生思想政治教育做了一定程度的改革尝试。但如何突破发展的“瓶颈”，增强思想政治教育的实效性，这就必须立足于“人的本质”，以人的全面发展为目标，进行进一步的探讨和思考。

关键词 侨校 思想政治理论课教育 有效机制

高等学校的思想政治理论课教育，是对大学生系统进行思想政治教育的主渠道和主阵地，其目的在于通过灌输和训导，把社会主导思想意识和社会规范行为标准，内化为大学生的理想与信念，外化为大学生的行为与实践。

暨南大学是一所具有98年历史的侨校，这是暨南大学的根基和性质，并由此形成学校的办学特色。如何根据“一国两制”的原则，利用侨校特有的教学资源和手段对学生进行思想政治教育，是一个值得探讨的课题。

一、侨校思想政治理论课教育的基本走向

按照“面向海外，面向港澳台”的办学方针和“宏教泽而系侨情”的教育宗旨，学校以招收华侨、港澳、台湾青年和外籍华人学生为主，兼招部分中国内地学生。针对学生来源的特殊性，以及学生在社会制度、政治信仰、文化背景和生活习惯上的差异性，学校积极进行思想政治理论课的教学改革。经过多年努力，确立了以学生的全面发展为目标，以文化素质教育为突破口，以培养学生的创新与实践能力为重点，分别建立起适合内招生和外招生特点的思想政治教育体系，并取得了积极的成效。

（1）在教育模式上，根据“因材施教”原则，改革“一刀切”的方法，采取“兼顾差异，分流培养”的方式。学校对内外招两类学生的培养目标分别定位，确定不同的要求。

对境内学生，按照国家教委规定的课程、教材和学时授课，现开设“马克思主义哲学原理”、“马克思主义政治经济学原理”、“毛泽东思想概论”、“邓小平理论和‘三个代表’思想概论”、“当代世界经济与政治”(含形势与政策)、“思想道德修养”、“法律基础”七门“两课”课程，通过有关的教学活动，对他们进行系统的、科学的思想政治教育，使他们树立起正确的世界观、人生观和价值观，确立为建设有中国特色的社会主义而奋斗的政治志向。

对境外学生，按照中共中央［1978］24号文件精神，确定思想政治教育的主要目标为：①热爱祖国，关心、支持祖国统一大业；②了解中国的历史和现状，关心、支持中国社会的发展；③具有民族自豪感和社会责任感，为居住地的稳定繁荣作贡献；④具有应变能力和实践能力，培养敬业精神和职业道德；⑤具有公民意识、法制观念和社会公德；⑥具有高尚情操、良好品行和健康心理；⑦具有科学思维能力、分析辨别和鉴赏能力。根据培养目标的不同，学校思想政治理论课建立起适合外招学生特点的思想政治教育课程体系。以爱国主义为主线，开设了“中国传统文化”、“当代中国概论”、“中西科技比较”以及“香港基本法”、“澳门基本法”等课程。同时与内招生一起学习“当代世界经济与政治”（含形势与政策)、“思想道德修养”两门课程。

（2）在知识结构上，立足于人的全面发展，针对学生的认识规律和成长特点，强调综合性和适应性，重视学生的素质培养。

我国高等教育在学生素质培养上长期存在的问题在于，重视“成才”教育、轻视“成人”教育；重视知识教育、轻视素质教育；重视科学教育、轻视人文教育。为改变这一状况，学校提出全面推进素质教育，促进学生全面发展和健康成长。根据学生来源的复杂性、思想观念的多元性、文化方式的丰富性，重点开展人文素质和科学意识教育。学校先后开设了“人文知识名师讲座”，并纳入学校课程体系，对全校学生进行文学、历史、哲学、艺术等人文社会科学方面的教育。重点对理工医经管类学生进行人文知识的教育，开设“中国传统文化”，作为外招生人文素质教育的基点；对文科学生进行自然科学知识的教育，开设了“中西科技比较”，以增强文科学生的科学理性。

为改变学生单一的知识结构，注重学生“为人”、“做人”所必备的综合知识结构，学校培养计划规定：人文社会科学学生须修读理工医类课程4学分，经济管理类课程6学分以上；经济管理类学生须修读理工医类课程4学分，人文社会科学类课程6学分以上；理工医类学生须修读人文社会科学和经济管理类课程10学分以上。同时鼓励学生辅修和修读双学位，力求使学生的知识结构由“纵向深入”向“纵横综合”发展。同时，充分尊重和发挥学生的个性和志趣，实行弹性教学计划，保证选修课的学分比例，给学生留下选择的时间和空间。

（3）在能力培养上，从人的社会性本质出发，针对传统教育注重知识传授，忽视能力培养的弊端，突出了创新性与实践性，以培养学生的创新精神和实践能力。

学校通过制定相应的制度鼓励学生积极从事科研创新和实践活动。将4年制本科各专业总学分数压至160，总学时文科不得超过2 600学时，理科不得超过2 800学时，以保证学生有充分的时间自学和参与第二课堂活动及社会实践，从而强化对学生实践能力的培养。① 为进一步推进学校思想政治理论课程的教学改革，将思想政治理论教学时数分为课内学时和课外学时两部分，使教学方式多样化，让学生更加积极主动地学习。课内学时用于课堂教学，课外学时用于组织学生自学、讨论、辩论、社会调查、参观、看录像、撰写专题论文等。

实践性教学环节不仅巩固课堂所学内容，而且有助于深化课堂所学内容，实现学科知识的融合。例如，学校结合“当代中国概论”课程的教学，组织外招生对珠江三角洲进行社会调查，了解改革开放后中国社会的发展，以增强其对当代中国的感性认识。结合爱国主义教育，组织外招生考察名山大川、参观爱国主义教育基地，以激发其对中华民族的热爱之情。高年级学生要求结合专业开展理论联系实际的社会实践，以了解社会需要，增强社会责任感。

通过受教育者的亲眼目睹和自身实践，使他们的思想情感得到升华，真正做到知情意行协调发展。

二、侨校思想政治理论课教育的现实反思

学校在既坚持侨校特色又遵循高等教育的规律来搞好学生思想政治教育上已经做了一定程度的改革尝试，但还没有从根本上解决传统思想政治教育的深层次问题，其存在的主要问题有：

1. 思想政治理论课教育目标与功能的差异性

学校在目前分层教育的模式中，“两张皮”的现象始终得不到有效解

① 《暨南大学本科教学计划》2003年8月版。

决。从教学效果来看，思想政治理论课教育的目标定位没有放在学校教学目标的总体中去思考。思想政治理论课教育所承担的思想政治教育包含：政治教育；社会目标教育、思想教育；价值观教育和道德教育；社会规范教育。目前，内招生的思想政治理论课教育过于强化政治教育的功能，使思想政治理论课任务过于沉重，由此把思想政治理论课教育中思想政治工作的作用放大了，发挥教学规律功能的余地缩小了，思想政治理论教育的低效就出现了。

相反，外招生的思想政治理论课教育则停留在一般的道德和知识的灌输上，而作为对人的精神起支撑作用的思想政治素质却在一定程度上被忽视；外招生的爱国主义教育课程，强调得比较多的是"民族感情"，而其"国家意识"的本质与核心在一定程度上被淡化；思想政治理论课的目标定位——马克思主义思维方法和政治方向问题，在一定程度上被回避。思想政治理论课的各门课程虽然具有层次性和相对独立性，但作为系统课程，都必须把提高学生的思想政治素质作为首要任务。

根据24号文件精神，侨校的思想政治理论课教育根据学生来源的不同、培养目标的不同，在教学内容、教学方式上应有所不同，但对"有所不同"不能理解为可削弱思想政治工作，而是要适应学生特点，通过各种渠道加强思想政治教育，特别是将马克思主义理论融会于爱国主义课程中。在这点上，我们的努力是不够的。

2. 思想政治理论课教育方式与方法的滞后性

尊重个性，以学生的个性为本，是未来社会对教育的必然要求，也是人的全面发展教育理念内在的本质规定。学校的思想政治理论课教育在尊重学生个性方面作出了一定的努力，由于相关配套的缺失，虽然在形式上给了学生选择的自由和参与的权利，但在实践的操作中却是滞后的。教师上课考虑得更多的是教学本身的系统性、逻辑性，很少注意对学生的针对性及其可接受性。传统的灌输在思想政治理论课中被演绎为不分对象、内容、环境下的大一统式的说教，把循序渐进的输入演变成纯粹的课程设置。

这种对思想政治教育个性功能的忽视，使我们的思想政治理论课教育陷入了一种困境：一方面因思想政治教育课的"目中无人"而使我们的教育流于空洞的说教或口号式的宣传，难以为学生认同、接受，更难以让学生产生道德行为上的动力，从而严重影响了思想政治理论课教育的有效性；另一方面，工具性的思想政治教育也难免使学生同样采取工具主义的态度：思想政治理论课的价值仅在于获得完成学业所必需的几个学分，或成为走向社会的一种道德资本。思想政治理论课教育塑造人、改造人、培育人、提升人的目标最终难以实现。

3. 思想政治理论课教育认知与实践的狭隘性

为了实现人的全面发展，学校把思想政治理论课教育纳入了文化素质的系统教育之中，出台并实施了一些具体的方案和措施，这对于拓宽学生的知识面、开阔学生的视野、提高学生学习的积极性无疑起到了积极的作用。但问题在于，这些素质教育计划，如果仅仅是建设几个素质教育基地、举办一些素质教育报告、开展一些素质教育活动，而不是贯穿于思想政治理论课教育全过程，其实效性是令人担忧的。

思想政治教育在本质上是一种与实践活动紧密相连，并主要在实践中进行的教育。它不仅依靠说教灌输，也需要在实践活动中，通过内化实践、思考启迪而自主建构知识与人格。然而，学校思想政治理论课教育的认知与实践总体上来说是分离的。这种分离一是表现在认知中，脱离实际空谈原则，教育内容既缺乏对现实生活中热点问题的敏感反映，也缺乏对教育对象心理世界的正视；二是表现在学校思想政治教育系统的设计上。在学校的设计中，思想政治认知教育和实践活动通常是由社会科学部的“两课”教师和学生处、团委分别来进行的。由于归属不同，两方面的教育工作者难以进行有效的信息交流和合作。这就容易造成，一方面认知教育因缺乏相应的实践渠道和手段的支持而成为一种单纯的说教；另一方面，由学生处、团委组织的各种实践活动，由于缺少有针对性的理论引导而变成一种形式化的活动，不能起到有效培养学生良好思想道德品质的作用。

4. 思想政治理论课教育可持续发展的隐忧性

思想政治理论课教育发展的可持续性，要求思想政治理论课教育改革必须具有前瞻性、超越性和持续性，既要立足于现实，又要面向未来、面向世界、面向现代化。但是学校目前的思想政治理论课教育无论从学科建设，到师资队伍建设，再到人才培养管理模式，守成多于创新，并不是主动根据社会发展需要进行调整，而是被动适应社会的嬗变。从课程体系设计来说，目前的分层教育模式从 1983 年入学的新生开始实施，将近 20 年没有根据形势的变化作相应的调整；从师资队伍建设来说，虽然在教师的培养、人才的引进中也做了大量工作，但由于思想政治理论课定位不高，教师向专业课流失的现象较普遍；从学科建设来说，原社会科学部已独立出法学系、行政管理系，同时也有设立社会学系等相关学科的趋势，因此，承担思想政治理论课教育的教学机构成了一只只会下蛋的老母鸡。从全面发展的角度来审视学校的思想政治理论课教育，其在现代教育中的适应性较差，发展后劲较小，很难适应思想政治理论课教育改革要求。对此，有识之士们早有洞察，但大都思多于践、言多于行。

5. 思想政治理论课教育评估机制的软弱性

目前，学校思想政治理论课教育的评估，一部分按照传统的绝对化、单一性标准，以考试分数来衡量，而忽略了其特殊性，涉及如思想状况、学习态度等一些主观内在的因素，很难制定出非常科学、客观的评估标准。一部分也采用“综合测评”量化打分的方法评估，具有一定的可操作性，但由于很多因素的存在，使它往往过于简单化和存在着人情因素的弊病，为了取得好分、高分，学生拉关系、托人说情等现象层出不穷，往往造成学生思想品质上的负效应，有悖考试初衷。

再加上思想政治理论课教育缺少如公共英语那样由国家设立的四、六级硬性评估机制，与毕业获学位、考研等密切相关，因此，在学生心目中的地位、形象更是难以“硬”起来。而教育评价中的机械化、教条化倾向，与“人的全面发展”的本质要求是背道而驰的。

三、侨校思想政治理论课教育的对策思考

马克思认为，人是一个整体，人的本质属性实际上是人在其活动过程中表现出来的与其他动物所不同的特征。这种特征主要是指人在同自然、社会和自身三者的关系中，作为自然存在物、社会存在物和能动的存在物所表现出的自然属性、社会属性和实践属性。马克思关于人的本质观作为哲学层面上对人的最高层次的思考，是增强思想政治教育效果的基本依据。

（1）依据人的社会性，把握思想政治教育的现实性，找准思想政治理论课教育定位的结合点。

依据马克思主义人性论思想的观点，人的本质在其现实性上，是一切社会关系的总和。人性具体地体现在错综复杂的社会关系之中，做好实际的思想政治教育必须把握现实的教育对象。根据侨校学生成分的复杂性、文化的多元性、观念的差异性这些纷繁复杂的现象，本着“知识就是美德”的国际教育理念，应该把思想政治理论课教育放到培养大学生综合素质的任务、目标中去定位。思想政治理论课教育应该成为大学生素质教育的一部分，成为大学生思想政治素质教育的重要组成部分。

目前，学校思想政治理论课教育的总学时数为 198 学时，占 2 600 ~

2 800总学时数的1/13，近似美国大学获学士学位所需的30个学分中，政治科目占3个学分的比例。但根据美国哈佛大学“零点计划”的要求，人文素质和科学理性教育（称为“通识课程”）需占总学时数的1/3，“使学生能在一个自由社会里正确完满生活所需要的价值观念、态度、知识和技能”①。从这个角度来看，我们还有相当的差距。

因此，从人的本性出发，建议围绕思想政治理论课教育主干课程开设四组系列选修通识课程，使学生能从更现实的角度和更广阔的领域掌握哲学社会科学的基础理论知识，养成良好的社会行为导向、社会公德意识和社会责任感。一是从人的自然性本质出发，开设自然科学和经济学有关课程；二是从人的实践性本质出发，开设哲学课程；三是从人的社会性本质出发，开设一组社会学和管理学课程；四是从人的精神性本质出发，开设相关的人文学科。通过对人文、社会学科课程的建设，加强对大学生做人的教育，使社会经济的发展同道德水平的提高相一致，使大学生成为具有综合素质的优秀公民。

（2）依据人的本质属性的实践性，切实提高思想政治教育的实效性，有重点、分层次进行课程设置。

思想政治教育是人类的创造性活动之一，是实践性的体现。思想政治教育能否收到实效，归根结底体现在人的行为上。所以，从实践的角度、从人们的具体行为活动中把握教育对象，从而采取相应的教育措施是必要的。

科学的课程设置和教学内容是提高教学效果的基础，是实现教育目的的主要载体。目前的思想政治理论课课程门数太多、内容重复、脱离实际。按照邓小平同志提出的“学马列要精，要管用”的思想，加强课程的针对性和现实性，可否在内招生中将“马克思主义哲学原理”与“马克思主义政治经济学原理”合并设置为“马克思主义基本原理”课程；基于毛泽东思想、邓小平理论与“三个代表”重要思想都是马克思主义与中国革命和建设实践相结合的产物，可否合并设置为“当代中国的马克思主义”；鉴于依法治国、以德治国同为治国基本方略，“思想道德修养”与“法律修养”可否合并设置为“法律与道德”，以强化和完善思想政治理论课课程建设和教学改革。

在外招生的思想政治理论课教育中，根据24号文件精神和社会发展的实际，在坚持把基本理论贯穿于爱国主义教育课程中，可否作以下思考：

---

① 马骥雄．战后美国教育研究．南昌：江西教育出版社，1991．159．

一是主干课程设置可否突破我国传统的“两课”教育概念，不必理出一个系列或系统来，如公共政治课系列、德育课系列等。在科目的层次和内容上，强调融合、注重整体。在继续开设“当代中国概论”、“中国传统文化”（理医经管类）和“中西科技比较”（文科类）课程基础上，根据港澳学生从原来“非政治化”思想、无“国家观念”，到近年来，政治参与意识和竞争意识逐渐增强的现象，可否增设“政治社会化”课程，以适应日益强化的政治功能，增加两岸三地学生的“国家意识”；外招生的法律课程，在原来的“香港基本法”和“澳门基本法”基础上，应增加“中华人民共和国宪法”的基本内容；道德教育可开设“伦理学”课程，并在内容上增加或点评有关游戏规则，以适应大量外招生进入内地工作的趋势。二是根据24号文件精神：将爱国主义作为政治教育的主课，四门马列课作为选修课，适当开设一些其他选修课的精神，围绕内招生两课主干课程可开设一些边缘选修课程。如“中国近现代人物研究”、“邓小平国际战略思想研究”、“毛泽东邓小平与中国文化”、“新科技革命与当代中国社会”、“中外现代化道路比较研究”、“当代西方社会思潮评析”、“当代中国社会经济问题研究”等。这些选修课可作为有关社会、人文学科方面的通识性课程纳入学校公共选修课范畴，不计入理论课总学分。

（3）依据人的本质属性的全面性，以思想政治理论课教育教学的学科建设为切入点，提升思想政治教育的整体水平。

1996年国际21世纪教育委员会提交的报告《教育——财富蕴藏其中》中说：“教育的使命是使每一个人（无例外地）发展自己的才能和潜力。”很好地体现了促进“人的全面发展”的教育理念。高校思想政治教育应充分体现高等教育的教育理念，以追求培养全面发展的人才为己任。

从提高人的全面发展的高度来看，大量的学科是以提高人的科学文化素质为目标的，而思想政治理论课则是以提高人的思想道德素质为目标的诸多学科之一。十一届三中全会后，中共中央提出思想政治教育是一门以马克思主义理论为基础、综合性和实践性都比较强的科学，强调要积极推动思想政治教育的科研和学科建设。教育部也多次指出，要把马克思主义理论教育和思想政治教育作为人文社会科学的重点学科加以建设。目前，马克思主义理论与思想政治教育学科在全国已有14个博士点，中国人民大学、武汉大学和中山大学的马克思主义理论与思想政治教育学科点被评为国家级重点学科。这些学校以思想政治理论课教育教学的学科建设为切入点，形成了思想政治理论课教育与马克思主义理论与思想教育学科建设双向互动的良性循环格局。学校有自己思想政治理论课教育的优势和特点，有相当一支结构优化、教学和科研能力强劲的师资队伍，如何群策群力，整合集体的力量，调动系统内每一个人的积极性，这是摆在我们面前的新课题。

（4）依据人的本质属性的普遍性，加强宏观指导，把握思想政治教育的规律性。

马克思所揭示的科学的“人性”，是人性的普遍性与特殊性的辩证统一。马克思认为，一个完善的人，尽管有自身具体和特殊的特征，但也有人所共有的普遍特征，自然性、社会性和实践性是所有人的共同属性。作为思想政治教育客体的人，在一定的社会条件和相应的社会关系中，往往会作出大致相同的思想和行为反应。因此，人的本质属性内在地决定了人的思想形成和发展是有规律可循的。

思想政治理论课教育的教学要达到给人予规律性认识的效果，我们不仅要对思想政治理论课的课程体系、内容结构和教学方法进行改革，更重要的是必须建立一种适应思想政治理论课性质要求的模式与机制，发挥“主渠道”的作用。如倡导以人为本的教育理念、创建促进人的全面发展的校园制度、把课堂教学与社会实践相结合的有效机制、运用现代教育技术进行教学手段改革的思路、把思想政治理论课教学与各系对学生思想品德的评估结合起来的客观标准。在这个模式的构建中，关键是要实现教与学互动、课内外结合，理论与实践结合，知识与人格并举。

而这一模式的构建，仅仅依靠思想政治理论课教师是难以完成的，需要调动多种社会资源，实行多方位的联合，在更高层次上与更大范围内加以研究与应对。这正是胡锦涛总书记所强调的“加强宏观指导”的意义所在。

（本文发表于《高等教育研究》，2009 年第 4 期）

大学生人文素养状况的调查与思考
——暨南大学学生人文素养状况调查报告

◈金　焱　蒙雅森

摘　要　人文素养是一个人诸多素质中最根本、最基础性的素质，也是人类发展中起基础性作用的品质，对于其他素质的形成与发展具有很强的渗透力和影响力。大学生是一个国家强盛的潜在力量，对大学生人文素养状况的调查与分析，有助于在教育过程中及时修正功利与实用的价值理念，同时也为各相关职能部门、教育机构在实施大学生文化素质教育过程中提供较为客观的参考依据。

关键词　人文素养　现状与问题　调查与分析

一、大学生人文素养培育的迫切性和重要性

人文（通识）素养，是当代大学生文化素质不可或缺的重要组成部分。这个特殊的“文化软件”，对于未来人才综合素质的构成与应用，尤其是其创新意识与能力的提高，起着潜移默化的后发作用。但现实的大学教育并不能使我们过于乐观，我们在向社会输送大量现代化、高技术、高水平人才的同时，也要看到在这些人才中存在着人文素养的大面积失落，大学生人文素养严重欠缺。具体表现为：理想主义色彩黯淡无光，功利主义、实用主义成为人生价值观的重要导向，对人本的追问和思索束之高阁；缺乏长远的眼光和责任意识，过于看重物质需求；不注重个人修养与品格的提高，缺乏爱心和公德心；缺乏敬业与团队合作精神，个人英雄主义的色彩浓厚，不关心周边环境，不关爱周围的人；缺乏克服困难的毅力，一旦遇到挫折，便会失去自信，出现孤独、压抑、精神麻木等现象。

引起大学生人文素养缺失的原因是多方面的：一是整个社会大环境，我国正处于社会转型时期，传统与现代、东方与西方之间的文化交流融合加快，冲突矛盾也日益加剧，在这个大环境下，大学生对文化的接受常常因心智尚处于发展阶段，易产生困惑而迷失方向。二是互联网与知识的大

爆炸，对大学生价值观的冲击是巨大的。如功利主义、享乐主义、拜金主义等思潮的侵袭，时尚、网络这些新兴事物的巨大吸引力，让他们渐渐难以用沉静、安宁的心态来面对社会的各种问题以及自身成长的困惑。三是大学课程设置是以市场为导向的，普遍存在着专业细分而视野局限、重技术而轻人文、重知识而轻品性等问题。大学生只注重本专业的学习，把读书和求职紧密联系在一起，在“物竞天择、适者生存”思想的指引下，他们考虑的是如何适应这个社会，如何为将来谋得高薪水的职位打下基础。

大学生人文素养的缺失是令人焦虑的，人文素养培养的迫切性与重要性应引起我们教育工作者的高度重视。为了较全面、系统地了解和掌握大学生当前人文（通识）素养的状况，以便为各相关职能部门、教育机构在实施大学生文化素质教育过程中提供较客观的参考依据，暨南大学相关的课题组用了近两年的时间，通过调查问卷、座谈、访谈等形式做了大量的调研工作。调查问卷分 A、B 卷共 180 题，发出 800 份，回收 786 份。调查对象既有“大一”学生，也有“大三”学生；既有内招生（国内生），也有外招生（港澳台侨生）；既有文经管类学生，也有理工医类学生。

二、大学生人文素养状况调查结果分析

（1）对中华民族的历史与文化虽有比较强烈的民族自尊心和认同感，但对其了解、认知不多也不深，而且某些方面的常识仍存在不少盲点。

譬如，在座谈、访谈中粗略统计，约有 85% 以上的内招生、65% 以上的港澳台侨生认可祖国的历史与文化，有较强的民族自尊心与自豪感，但在问卷调查中，他们对祖国历史文化了解与认知的程度并不让人乐观。例如，在回答“孕育古代中华文明的摇篮”一题的答对者当中，内招生占 91.3%，外招生占 70.6%；但在回答“远古华夏族的前身”、“中国”一词最早出现的朝代的答对者当中，内招生占 42.8% 和 12.3%，外招生占 30.5% 和 10.2%，其中内地大一只有 16.8% 和 8.5%；在回答“中华宗法制度起源的朝代”、“中国百姓祭祀祖先的地方在元代以后的称谓”时，答对者中内招生仅占 35.4% 和 9.3%，外招生仅占 19.8% 和 3.3%。

在对中华传统文化的取舍上，持“大力发扬”或“有扬有弃”之态度者，内招生分别为 34.7% 和 53.6%，外招生分别为 13.5% 和 54.2%，仅有 5.5% 的内招生和 11.9% 的外招生主张“全盘西化”。但是，在对中国传统文化的主干——儒家思想文化的了解上，不少学生仍一知半解。例如，91.3% 的内招生、70.8% 的外招生都知道儒家思想的创始人是孔子，

但是，知道孔子学说的核心是“仁”者，分别是 48.3% 和 53.6%；答对儒家思想历经先秦儒学、汉唐经学和宋明理学三种基本形态的仅有 11.7% 和 6.6%，其中内招大一生答对两题者分别为 16.2% 和 2.3%。

相对而言，学生们对中华民族近现代时期的历史与文化的了解和爱国情感要比古代时期的好些。但从学生来源地看，外招生比起内招生在这方面的常识还是存在一定的差距。例如，95.3% 的内招生都知道鸦片战争标志着中国近代史的开端，中国近代史上第一个不平等条约是南京条约，而外招生知道的比例是 50.2%；58.5% 的内招生知道“一二九事变”和“卢沟桥事变”，而外招生知道的占 81.7%；49.6% 的内招生知道“火烧圆明园”发生于第二次鸦片战争，焚劫者是英法联军，而外招生答对者仅为 23.8%；80.4% 的内招生基本答对 16 世纪以后各历史时期中华民族抵抗外来侵略的民族英雄和爱国将领的名字（如戚继光、郑成功、邓世昌、林则徐、关天培等），而外招生答对者是 35.2%。

（2）对世界历史及其文化源流有比较强烈的求知欲。但对此知识面不宽，评判的价值尺度难以把握。

在座谈、访谈中，绝大多数同学在谈到中西文化的比较和融合时，都希望通过更多的途径了解和把握世界历史及文明发展的概貌，把握对西方文化评判的尺度，同时坦言在这方面存在知识面窄、理解力弱、理论层面浅等缺陷。例如，大多数内招生、外招生虽然知道柏拉图、亚里士多德都是古希腊著名的哲学家、思想家，但全部答对他俩各自最有影响的两部著作名称的，只有 32.2% 和 13.6%，其中内招大一生仅有 8.2%；又如，能基本答出文艺复兴时期各个领域最有影响的伟人（莎士比亚、达·芬奇、莫尔、哥白尼、伽利略等）名字的，内招生占 35.1%，外招生 22.3%。其中大一生分别是 29.4% 和 18.2%。此外，有 75.2% 的内招生、51.5% 的外招生知道法兰西帝国是拿破仑于 1804 年创立的，但有 51.6% 的内招生、62.3% 的外招生答不出在 18 世纪法国启蒙运动中，因创立三权分立学说而被誉为资产阶级国家学说和法学理论奠基人的名字（孟德斯鸠）；有 82.5% 的内招生、51.7% 的外招生知道林肯领导的南北战争是美国历史上第一次资产阶级革命，它消灭了南方的黑奴制，为美国资本主义的迅速发展扫清了道路。但也有 87.6% 的内招生、92.2% 的外招生答不出 17 世纪著名哲学家、自然科学家笛卡儿，是作为“近代理性主义”创始人而垂名世界文化史的，他的名句“我思故我在”对后人产生了积极深远的影响。此外，约有 82.3% 的内招生、87.6% 的外招生没有比较系统地阅读过萨特、叔本华、弗洛伊德等人的论著。

(3) 在文学艺术素养方面有一定的基础，不少人酷爱、热衷文学艺术，但涉及面较窄，研究层面较肤浅。从专业分布与知识结构上看，不平衡的现象依然存在。

不论是座谈还是个别访谈，我们发现，不少同学对文学与阅读情有独钟。但从问卷调查统计看，他们对文学的情，只"钟"于某些领域、某些形式类别。不少人喜新（时髦）厌旧（古典）、重外（表）轻内（涵）。不平衡主要表现在外招生相对内招生，理工医类学生相对文经管类学生，其文学素养、知识结构稍显欠缺。例如，中国文学常识方面的部分调查，有82.7%的内招生、43.2%的外招生能答出写作《登鹳雀楼》的唐朝著名诗人的名字，并填补上名篇末句"更上一层楼"；有83.5%的内招生、50.6%的外招生能答出"大江东去浪淘尽，千古风流人物……"出自北宋苏轼的名篇《赤壁怀古》。但是，能正确填补杜甫《春夜喜雨》诗篇中的名句"润物细无声"者，内招生为27.8%（其中理工医类学生占5.3%），外招生仅为6.5%；能说出"传道、授业、解惑"出自唐朝诗人韩愈的名篇《师说》者，内招生为48.9%（其中理工医类23.4%），外招生仅12.2%；有81.6%的内招生、63.7%的外招生基本能答出中国的四大古典名著，65.3%的学生看过梁羽生、金庸的武侠小说，却有86.8%的同学答不出中国古代阐述朴素的辩证思想的经典论著有西周的《周易》和春秋时期老子的《道德经》；还有81.3%的同学答不出在我国文学、美学史上颇有重要地位的论著《文心雕龙》的作者及其所处的朝代。

在外国文学常识方面的调查，同样存在类似的问题。例如，仅有38.6%的内招生、42.1%的外招生答对被誉为欧洲文学四大名著之一的《浮士德》的作者为德国的歌德；33.2%的内招生、30.7%的外招生基本答对莎士比亚的几部代表作；有42.5%的内招生、56.2%的外招生答不出中世纪后期被誉为"人文主义思想先驱"的意大利伟大诗人、作家但丁的代表作（《神曲》）；在回答古希腊文学的史诗代表人物荷马的主要作品（《奥德赛》）时，答对者当中内招生为48.7%（其中理工医类学生17.3%），外招生为34.3%；有53.6%的内招生、65.3%的外招生不知道《堂吉诃德》的作者为塞万提斯；83.2%的内招生、87.7%的外招生不知道19世纪初欧洲文坛主流的浪漫主义后期主要代表人物为英国的拜伦、雪莱和俄国的普希金；68.2%的内招生、89.1%的外招生不知19世纪中作为欧洲文坛主流的批判现实主义名著《红与黑》、《简·爱》、《呼啸山庄》、《死魂灵》的作者；70.5%的内招生（其中理工医学生占82.7%）、87.3%的外招生不晓得莫泊桑的代表作《羊脂球》以及美国著名作家斯陀夫人的名著、曾被林肯总统戏称为一本“酿成一场大战（南北战争）”的书——《汤姆叔叔的小屋》。

（4）在音乐、美术素养方面，不少人都有业余爱好，且具有一定的基础技能，但在常识、基础理论方面犹显单薄、肤浅。

例如，据本次问卷调查资料显示，在钢琴、其他乐器、声乐、舞蹈、绘画、书法等类项，超过半数的同学从小爱好并受过较系统的培训教育。在回答感兴趣的学生社团中，把艺术团、声乐队、话剧社、摇滚乐队、街舞队、绘画书法社排列在前5名者，内招生有48.2%，外招生46.6%。但是，问卷调查的统计数字也告诉我们，有92.6%的学生（含外招生，下同）说不出“天苍苍，野茫茫，风吹草低见牛羊……”的出处，更不清楚歌词描绘的景观属于哪类草原；有91.7%的同学说不清《梁山伯与祝英台》的两位作曲家名字，更不晓得作品的第三部分（再现部）表现的主题是什么；57.3%的同学答不出《黄河大合唱》、《中华人民共和国国歌》的作曲者以及国歌来源于哪首进行曲；有97.8%的同学答不出著名的民族管弦乐曲《春江花月夜》由哪首古曲改编而成，其“渔歌晚唱”属于第几小段；87.2%的人说不出绝世名画《清明上河图》的作者名字及其所处的朝代。

在西方音乐欣赏及乐理常识方面，不少学生毕竟接触不多，所受的教育也比较肤浅、偏颇。据问卷调查统计，仅有25.2%的内招生、38.6%的外招生答对《命运交响曲》共有4个乐章，亦称第五交响乐及作者的名字；有85.3%的内招生、87.1%的外招生不知道被列入世界最优秀的歌剧之一的《卡门》是19世纪中法国著名作曲家比才创作的；有57.6%的内招生、78.3%的外招生答不出著名芭蕾舞剧《天鹅湖》、《睡美人》是俄罗斯伟大作曲家柴可夫斯基的主要代表作品。此外，有93.5%的同学答不出大、小调式的主音及其构成的三和弦音；79.7%的同学搞不懂乐谱中的力度记号f、mf、p、pp到底表示什么；94.4%的同学不知道混声合唱中的“S，A，T，B”究竟代表哪个声部。以上三项，内招生比外招生还差。此外，96.2%的同学答不出或答不全我国民乐管弦乐队拉弦乐组中的五种乐器……

（5）在科学技术素质方面，大多数学生有掌握科学技术技能（含专业技能）的迫切需求，也有一定的科学理论素养。但过分注重科技的工具性与功利性，忽视、欠缺科学技术的人类性、人文性、精神性与创新性。

当今，科学（技术）素养在当代人才素质中占有重要的分量。在人才的素质结构中，科技的后四性（即上述人类性、人文性、精神性与创新性）与人的文化素质密切相关。因此，本次问卷调查设计也比较注意这一方面的调查。例如，97.2%的内招生、94.6%的外招生基本答对古代中国对世界有重大贡献的四大发明；89.6%的内招生、67.7%的外招生能答出导致一场具有世界深远意义的工业革命的世界第一台蒸汽机的发明者及其国籍与年代。但是，知道16世纪初哥白尼创建什么样的学说和被誉为什么性质的创始人的，内招生为44.6%，外招生为21.2%；答对诺贝尔奖励基金的来源和所规定的作出杰出贡献的受奖人士的三个类项者，内招生为40.6%，外招生为34.5%；有97.6%的同学都知道2003年驾驶“神州五号”遨游太空的我国第一位太空勇士是杨利伟，但知道20世纪60年代曾为中国国防事业作出巨大贡献的两弹元勋（原子弹、氢弹）叫邓稼先的，仅为23.5%；有78.6%的同学不知道数学界那颗“哥德巴赫猜想”的“皇冠明珠”于20世纪70年代已被我国数学家陈景润摘取，也不知道他的成果已被国外数学界誉为“陈氏定理”。还有，67.5%的同学不知道18世纪中叶美国的莫尔斯发明了电报机，从而揭开了人类通信史上崭新的一页；53.6%的同学不知道19世纪中叶英国的法拉第发明了发电机，使人类社会从此由工业革命时代转入电气时代；有77.6%的同学不知道电子计算机第二代产品的换代主要得益于晶体管的问世；此外，有60.3%的同学没答对人类对遗传基因的研究继弗莱明发现染色体后至20世纪中叶应运而生的代号叫重组DNA工程；有70%以上的同学弄不清“可持续发展”、“创新型国家”的概念。

（6）在其他领域、某些方面的文化取向，较之以往，理性选择的比例明显提高，但某些方面的通识文化素养仍然有待提高。

例如，在道德伦理文化方面的取向，对于义与利的取舍，有24.6%的人认为义重于利，58.2%的人认为应义利并重；对于公与私，有46.8%的人赞同公私对等，42.5%的人赞同大公小私，而主张小公大私的仅为2.3%。82%的同学赞同我校举办大学生诚信教育征文和演讲比赛，其中67.2%的同学赞同每年或每学期开展一次。在关系人生成败的七样东西和八大素养的选择中，以票数计算，排在前五位的依次是健康、才学、诚信、机敏、荣誉（后两位是金钱、美貌）；后者依次是道德、文化知识、心理、能力、思想（后三位是专业、政治、体能素养）。认为事业成功的必备要素中，排在前五位的依次是能力、机遇、责任感、人文素养、意志（后四位是学历、胆识、人缘、经验）。认为今天暨南人应担当的多重角色选择中，排在前四位的依次是现代人、中国人或爱国者、文明人、地球人（后五位是书香人、共产党人、自由人、经纪人、精明人）。

在政治文化方面，不少同学对其关注、了解与认知显得比较薄弱。例如，有73%的内招生答不上近年来中央号召加快建设四个文明中的后两个(即政治文明和生态文明)，其中大一生占86.7%；有56.4%的内招生全答对“三个代表”代表什么；只有28%的内招生答对近年中央倡导树立的科学发展观的核心是“以人为本”；对中国古代政治文化有所了解的同学也不多。如答对作为朝官服饰的“乌纱帽”最早发源于明朝的仅有7.3%；答对三“元”（状、省、解）科举制创立于宋朝的只有25.7%；答对作为真正聚徒讲学的书院、受朝廷官衙压制遭毁最甚的是在明朝的，仅占12.8%。答对“风声、雨声、读书声，声声入耳；家事、国事、天下事，事事关心”出自“东林院”的仅有9.7%。内招生如此，外招生就可想而知。

在港澳台文化等方面，有72.3%的同学答对20世纪六七十年代香港通俗文学中影响最大的是武侠类小说，其代表作家有金庸和梁羽生等，但知道始于50年代，兴于80年代，最早在香港成为主流文化是“大众文化”的，内招生仅占20.1%，外招生也只有8.6%；在香港报刊传媒形式中，最具特色、影响港民最大的（专栏、娱乐新闻)，答对者仅有9.2%；此外，只有7.6%的同学知晓八九十年代的澳门文学主要由澳门华人文学和土生葡人文学构成，澳门华人文学中著名作家名字，澳门回归期间，主题曲《七子之歌》影响甚广。可是，答对其词作者（闻一多)、曲作者(李海鹰）名字的同学只占12.6%。

（7）在校园文化素养方面，多数同学对暨大怀有较强烈的归属感、自豪感与使命感，但在校园文化熏陶中，网络文化、时尚文化、娱乐文化、功利文化过重，而大学的历史文化、精神文化、学术文化不够浓。

例如，在回答“目前，你对暨大的归属感、自豪感的心态”时，感到“强烈”、“比较强烈”的内地生有73.2%，外招生有66.7%；对暨大实现“侨校+名校战略目标”有信心、比较有信心的内地生有71.8%，外招生有63.6%；在看过学校校史展览后感到有自豪感的内地生有67.2%，外招生有61.5%。有92.3%的同学都知道暨南大学于1906年在南京创办，但知道第一任校长是谁的只有36.3%；有96.5%的同学知道暨大的校训是“忠信笃敬”，但知道该校训出自孔子这位古代著名思想家、教育家的一句教言的只有22.5%，而答对校训中的“敬”字准确含义的也仅有17.8%；在填补“暨南”一词出自《尚书·禹贡》词句时，有73.2%的同学答不出“声教塑于暨南”，82.6%的同学答不对这句词句的意思；有72.7%的同学能填对暨大四度迁移的地址，却有77.3%的同学填错在广州重建的时间与复办的时间；还有 40.5% 的同学不清楚暨大两个"面向"的办学方针。

又譬如在多项选择题的问卷调查中，约有 65% 以上的同学在填答"感兴趣"的讲座系列中，前三名是"成才与成功"、"就业指导"、"文艺欣赏"或是"经济形势"，而"学术报告"与"中西文化"入选前三者却不过35%；在填答前三名在校内影响较大的赛事中，选择"亲善小姐"、"形象之星"辩论大赛、土风舞、北极光歌唱大赛居多数，而"挑战杯"科技作品赛、英语演讲赛、百科知识竞赛等类项被排在后面。

在座谈和访谈中，我们察觉，不少同学在谈及时尚、网络、娱乐、市场功利类的校园文化时，津津乐道，但谈及暨南的历史、暨南精神的内涵、"暨南人"的风貌特征以及暨南学术文化的开展等话题时，不少人都感到困惑、茫然。

三、大学生人文素养调查结果的思考

从上述调查结果看，大学生的人文（通识）素养状况，总体而言，应是喜少忧多。造成今天如此不太乐观的状况，其大环境客观原因已作了分析。但从学生自身的主观因素上看，主要表现在以下三个方面：一是上大学学习目的不明确，对为什么而学，学什么，怎样学，还有"大学精神"是什么，大都不明其然；二是对增强其文化素质认同感、迫切感及求知欲均不够强烈；三是在自身人生、职业生涯等价值取向上，重功利、轻人文的思想始终处于主导地位。

为此，如何克服"偏差"，弥补"欠缺"，是我们迫切需要思考的问题，根据我们多年的教学与研究，对大学生人文素养的培育有以下思考：

（1）注重师德教育，提高教师人文素养。

教师的人文素养直接影响学生品格的形成，有专家指出高校的师德建设，应围绕着"人品、师品、作品"的三维尺度，构建师德建设的全新模式。当今社会已步入知识经济和知识创新的时代，科技作为第一生产力的作用越来越突出，人才作为知识创新的主体在国民经济发展中的地位也越来越重要。与此相关，高校教师作为培养创新素质人才的主体，其教育生产力的构成，也由突出"教"的要素，进一步扩展为"德、教、研"三个要素相辅相成的构成体系。其中，"德"是基础，没有"德"，其教育生产力就不会培养出高素质人才，其"研"和"教"的创新能力就很难实现可持续优化。大学的课堂本身就是一种文化传递，教师的学识水平不仅包括他在本专业研究中的深度与广度，还包括教师对本民族人文精神的深刻理解以及对国家与民族历史文化的担当。教师的人格魅力可以直接对学生产生无言持久的影响，教师人格魅力所折射出的社会文化的价值观、审美情感等，是学生人文素养建构的重要参照。教师不仅是精神文化的建设者和传播者，更是大学生道德基因的转接者。师德，不是简单的说教，而是一种精神体现，一种深厚的知识内涵和文化品位的体现，只有高素养的教师才能培养出高素质的学生。为此，教师人文素养的提高是值得我们深思的问题。

(2) 优化课程设置，加大人文学科的权重。

人文教育是通过人文学科的学习与熏染来实现的，通过对人类千百年积累下来的精神成果的吸纳和认同，使学生具有独立的人格意识，有追求卓越和美好的优秀品质，具有对善的渴望，有对国家与社会价值的担当，有丰富的想象力和创造力，有正确的判断能力和价值取向，有高尚的趣味和情操，有良好的修养和同情心，它使受教育者在提升自我的同时也超越自我。依据目前的实际状况，我校的通识课程大多落实在选修课上，一方面教师教研精力的投入不如专业课，甚至有些教师是为了完成工作量而设置的；另一方面，大多数学生是为了拿学分或是为了按照学校要求平衡文理学科才选修的，这样的话，教学目的就难以真正达到。从某种意义上说，人文学科与自然科学、社会科学相比具有根源性的本质特征，人文学科可以说是今天许多其他学科，尤其是社会科学诸学科的母体，通过开设文学、史学、哲学、艺术等人文科学课程，不断提升大学生的人格、气质、修养等内在品质，培养大学生的创新精神，教育、引导大学生正确处理好人与人、人与社会、人与自然的关系。因此，在选修课与必修课的设置上，能否加大人文学科的权重是值得我们思考的问题。

(3) 重视校园文化建设，创造良好的文化氛围。

有位学者指出："对学生真正有价值的东西，是他周围的环境。"校园文化是一种氛围、一种精神。校园文化是学校发展的灵魂，是凝聚人心、展示学校形象、提高学校文明程度的重要体现。校园文化对学生的人生观、价值观产生着潜移默化的深远影响，而这种影响往往是任何课程所无法比拟的。健康、向上、丰富的校园文化对学生的品性形成具有渗透性、持久性和选择性，对于提高学生的人文道德素养、拓宽学生的视野、培养跨世纪人才具有深远意义。校园文化作为一种环境教育力量，对学生的健康成长有着巨大的影响。校园文化建设的终极目标就在于创建一种氛围，以陶冶学生的情操、构筑健全的人格、全面提高学生素质。因此，如何加强校园文化建设，发挥学校师生在校园文化建设中的主体作用，构筑全员共建的校园文化体系是值得我们深思的问题。

大学的存在，不仅表明人类的历史值得保存，更表明人类可以按自己的意愿去创造文化。大学是社会的良心和知识的圣殿，“是社会的道德灵魂”。(威廉·冯·洪堡）大学所代表的是一种促进社会变革和前进的积极文化。大学的内涵与价值目标始终贯穿着人文精神，大学理应为社会服务，但不能定位于为现实服务，作为大学教育目标之一的社会服务，是通过对人类与民族文化的积累与传承，通过对具有自由人格，有理想有教养，具有自我完善、自我批判和社会批判能力，自尊且尊重别人，敬业乐群又尊重自然的人来实现的。对社会、对民族、对国家、对人类的服务，需要从长时效的视角来观察，不能理解得太直接、太狭隘。大学“产出”的不是器物，不是工具，而是活生生的“人”，是具有人文素养全面发展潜能的人。

高校港澳台侨学生文化素质教育在新时期统战工作中的作用

◈龚红月　程洁菇

摘　要　随着港澳台社会及经济结构发生变化，高校港澳台侨学生文化素质教育成为中国境内统战工作“主要依托地带”之一，成为我党培养统战发展对象的重要基地，也成为研究文化统战的理论平台。本文通过提供和分析大量翔实的第一手资料，对高等侨校这一独特的文化统战领域进行研究，并就高等侨校基于文化统战的文化素质教育提出设想：设立思想凝聚的焦点；制订培养统战发展对象的具体方案；确定“培训”统战发展对象的总体目标。希望通过本研究为文化统战研究提供新素材，开辟新领域。

关键词　文化统战　主要依托地带　统战发展对象　思想聚焦　“培训”方案

文化素质教育，指的是加强教育的文化属性，提高人才培养质量，全力培养思想和知识全面发展人才的一种素质教育。20 世纪 90 年代初，中国的高校开始进行文化素质教育的试点工作，1998 年，在摸索多年的教育试验的基础上，教育部下发了《关于加强大学生文化素质教育的若干意见》，把大学生文化素质教育正式纳入高等教育改革的方案里。

在暨南大学等华侨高等学校里，为适应港澳台侨生的特点，早在20 世纪 80 年代中期，就开始将文化素质教育列为与国内生思想政治教育并行的港澳台侨生分流教育体系里。因此，本文提到的文化素质教育，特指港澳台侨生的素质教育课程与实践，现在，为与国际社会接轨，这类课程又称为“通识教育”课程。

由于侨校同时也是党的侨务统战工作的“窗口机构”，对港澳台侨生进行文化素质教育与文化统战工作息息相关，因此，暨南大学在开设相应的课程、拟订教学方案和进行教学研究时，往往会将弘扬中华文化、建设中华民族共有精神家园、进行爱国主义教育等主题，与探索统战工作的规律联系起来，并以长期的教学实践来证明高校港澳台侨学生文化素质教育在统战工作中具有重要的实践意义和作用。

一、文化素质教育的人才培养方向适应港澳台侨统战工作的新特点

从社会文化的视角来看，自20世纪90年代初以来，港澳的统战工作有了一些明显的新变化，其中最大的变化既包括统战工作的重点对象在悄然改变，也包括统战工作的跨领域化，文化力在统战工作中的重要作用正日益彰显出来。

港澳统战工作的重点对象发生变化，有三点值得注意：一是工作对象的性质结构发生变化，从具有大家族背景的传统企业组织和公众偶像人物转向文化知识阶层；二是工作对象的年龄结构发生变化，原有的中老年对象正日趋年轻化；三是工作对象的组成结构发生变化，统战对象更加广泛。探究其变化的原因，我们认为主要有三点：

（1）随着境外“知识经济”日益扩大，知识阶层的影响力与日俱增，社会传统组织，如传统大家族和大型经济实体的公众影响力与号召力，在香港和澳门反而出现一定程度的下降趋势。

长期以来，受西方“精英文化”（Elitist Culture，即“强势群体文化”或“上流社会文化”）影响，在港澳地区的传统文化里，逐渐融入以经济实力划分社会等级的观念，再加上影视传媒的推波助澜，“金钱即权威”已经渗入港澳社会的每一个角落。于是，“大家族”和大型公司首脑人物，凭借着雄厚的经济实力，一直把持着社会层面的“绝对话语权”，香港的“小超人现象”就是其中最好的例证。“小超人”是香港特有的社会现象：人们常把赚钱能力强、擅长周旋于上流社会或自己本身具有深厚的家族背景的中青年人奉为“小超人”、“青年才俊”、“年轻人的楷模”等，这些“小超人”因此在社会上拥有了很强的影响力和号召力。

然而，随着境外知识经济时代、IT时代的到来，这种“话语权”日渐分流。近年来，原本聚焦于重实力经济舞台的社会视点开始发生位移，证券、股市、经营层面的“中、小生意人”和“小股东”等“实力派”、“技术派”的影响力越来越大，以中下阶层为主流的网络话语开始向精英话语发出挑战，“小超人”的影响力因此逐渐式微，甚至退缩于一个小范围里。与此同时，知识阶层的“名嘴”在各种传统传媒、新兴网络传播工具上崭露头角，不同阶层的心态产生了共同的变化，从过去“以名人为楷模”转而信赖“客观信息”、“新经济知识”。

（2）港澳社会经济结构发生重大变化，过去以海运物流、赌彩和财团

金融为主要龙头企业的重型经济结构，逐渐转向IT、旅游和小股东金融，在中、基层层面上，律师、社工、医护人员、宗教人士这些“专业知识”类人员，对社会的影响越来越大。观察香港历次区议会、立法会选举，我们可以发现，这些专业人士异常活跃，不仅直接参政议政，或做竞选助理，还充分利用自己的公众影响力和公共关系能力，号召和动员起人数众多的选民。

同时，知识专业类人士联结的社会网络越来越广泛，丰富的社会信息资源不断聚集，利用率和共享率迅速上升。比如，1997年香港主权回归之前，我方获悉日本赤军等国际恐怖组织图谋破坏回归庆典，便迅速采取有力措施，使国际恐怖组织的破坏图谋无法得逞。在这一过程中，我方的工作之所以能顺利进行，正是得到了香港社会信息资源的积极支持。社会网络的广泛运作和信息资源的充分利用，也扩大了知识专业人士在香港社会的影响力。

（3）20世纪90年代以来，中国经济增长速度相对加快，国际竞争力持续上升，国际地位越来越稳固。在这样一个大环境下，港澳经济尤其是中小企业和旅游业，对国内的倚重幅度扩大，加上境内外经济、文化和居民越来越频繁地双向流动，港澳的社区文化和居民结构也出现不可避免的逆转，在港澳的新移民中，有大量是来自内地的，例如，在暨南大学求学的港澳学生中，1/7左右曾经有过内地长期或短期居留读书的经历。除了港澳地区，台湾近10多年来的政坛变动和两岸经济文化的广泛交流，同样使统战对象发生变化。

境内外经济和文化的相互影响和相互作用，一方面增强了中华文化认同的力度；另一方面也使港澳台的民心和旧有理念发生变化。一个有趣的小例子能让我们管窥这种变化：香港回归前后，90%以上在暨南大学就读的本土香港学生喜欢用“中国政府的总理”、“中国外交部”、“你们中国人”、“我们香港人”的字眼，其中贬抑褒扬的情绪色彩不言自喻；近年来，这种情况正在发生改变，学生随口而出的往往是“温家宝总理”、“外交部”、“内地人和香港人”等，在一些重大事件和重要场合，充满自尊的“我们中国人”，不仅在港澳学生，甚至在台湾学生中的使用频率都是很高的。

我们可以用16个字来形容港澳台新时期统战对象的变化：对象广泛、结构复杂、年轻趋向、理念更新。

应对新时期港澳台侨统战工作的变化，我们认为，对统战对象的工作也应该从科学发展观的角度，全方位统筹进行。

这里的全方位有两个含义：一是从统战的重点对象来看，应点面结合，“点”是统战工作中传统意义上的统战对象，包括在港澳台侨具有一定影响力和号召力的公众人物和知名人士；“面”则是号召公众影响公众，其中，青少年群体不可忽略，这是统战工作可以成功地进行代际传承的关键因素。对于“点”的工作，相关的统战机构自会去进行研究并胜任；但对于“面”的工作，则要动员全部社会资源，包括各类教育资源、文化资源、传媒网络资源等去共同承担。二是从统战的地域来看，应境内境外结合，其中，境外是统战工作的“中心地带”，境内则是统战工作的“主要依托地带”，两者任务之重，不相伯仲，但两者的工作重心则各有不同。境内统战工作的重点之一，是以暨南大学等侨校为主的高等院校，在这里，每年都有大量的港澳台侨学生（在暨大称为“外招生”）入读，仅暨南大学，每年招收的外招生多达1 300至2 000人，目前，外招生已占在校全日制本科学生的49.3%，随着我国国际声誉的提高，这个比例数还会提高。这些学生中有部分人将成为我党统战工作的发展对象，培养他们，不仅使他们成长为“专才”，更重要的是培养他们的爱国主义情感、民族荣誉感、文化认同感和时代使命感，以便形成“拥护祖国统一的爱国者的广泛统一战线”，为“台湾回归祖国”，稳定港澳主权，凝聚侨心侨力，“完成祖国统一大业”做好“干部准备工作”。高等侨校的这样一个重要工作，理所当然地落在了以文化素质教育为核心的大学教育上。因此，高校港澳台侨生文化素质教育的人才培养方向，完全适应港澳台侨统战工作的新特点。

二、港澳台侨学生文化素质教育是新时期文化统战的一个组成部分

21世纪前后，全球经济向“知识经济”、“信息时代”、“IT时代”的转变，触发了全球性的“文化热”，也引发人们对美国学者彼得·伯杰（Peter L. Berger）等人提出的“文化全球化”的激烈争论。我们姑且不去谈“文化全球化”是否科学和符合逻辑，但相信，对这一概念的批判和思考，标志着世界对文化的全面关注，从过去仅研究文化的教育功能，而至现在开始研究并开发文化的其他功能，比如文化动力。文化正作为综合国力中的一种动力要素，渗入各个领域，并发挥越来越大的作用。适应这一国际背景，也是适应新时期统战对象及工作重点的转移，我们在坚持“政治统战”、“经济统战”的同时，研究“文化统战”的规律、形式及具体内容，便成为一项有意义的工作。

文化统战，我们理解，指的是运用人类或各民族共享的一系列优秀价

值观、态度、信念和规则，影响、激励和凝聚一切爱国力量，以便建立更广泛的民族统一战线。文化统战的这一定义，至少包含两个重要特征：一是统战对象及发展对象中，专业知识人士和年轻学生的比例上升；二是统战战略更倾向于开发文化功能和利用文化资源。

作为高等侨校，对港澳台侨在祖国内地就读的学子进行文化素质教育，本身就是文化统战的一部分。下文拟从我们熟悉的领域和掌握的原始资料入手，通过研究外招生的特点及其相应的文化素质教育方法，对高校文化统战的形式与具体内容作一个初步探讨。

（1）文化统战应设立思想凝聚的焦点。

任何国家和地区的文化素质教育，都有一个作为思想凝聚的焦点，这个焦点必须是大多数人都能接受的某种价值取向，具有发展成引导社会总体趋势的潜力。

香港和澳门的学校大致有两类：一类是教会学校，一类是普通学校。教会学校的通识教育自然是聚焦于宗教。普通学校的通识教育贯穿于大中小学教育，是以多元文化及其个人在多元文化中的身份认识为焦点，因此，不仅学生，就是整个港澳社会都有很明显的文化共存意识：两地的经济、政治、文化和教育领域都有大量的西方文化印迹，而在民间则又保存着不少中国传统习俗。但由于思想凝聚的焦点不清晰，课堂教学又总是以知识介绍和现象罗列为主，过多地依赖学生与学生、学生与老师的互动，难以进行高端思想的碰撞，缺乏理论的深入探讨，以致学生对基本的社会概念、界定、本质似是而非：一些在暨南大学就读大一、大二的港澳本土学生，甚至将老师的课堂管理看成是“专制主义”的延伸，而将学生在课堂上喧哗、扰乱课堂秩序理解成“民主”的使然；在分析官员贪腐现象时，对中国，他们会归因于体制，认为贪腐是必然的；而对西方国家，他们又会归因于个人，觉得贪腐是偶然的。①

这不能不引起我们的警觉，提醒我们注意：以文化统战为中心的高校港澳侨学生的文化素质教育，一定要有清晰的思想凝聚焦点。

在对各门通识课程的功用进行比较后，我们将对中华优秀传统文化和当代中国的认识设定为对港澳台侨学生进行文化素质教育的聚焦点。原因有三：一是中国传统文化有着强烈的融合特点和涵化作用，这是外国侵略在中国屡次“先胜于武力，后败于文化”的一个重要原因，相信在中西文化比较中，中国传统文化同样可以发挥其优势作用；二是中国文化积淀数

① 资料来源：暨南大学《中国传统文化》课程学生作业。

千年，本身具有作为传统的稳定性和内聚性，成为整个中华民族的集体无意识——任何一种意识形态都无法置换和否定它的存在；三是港澳台也有国学研究和国学教育，学生对中国传统文化不陌生，易于接受。

为了能够胜任思想聚焦的作用，我们会将社会主义核心价值渗入中国传统文化教学中，同时，运用跨文化教育技术，在课堂上谈中国传统文化的实践意义、科学意义和文明意义。

（2）文化统战应有培养发展对象的具体方案。

以暨南大学为例，作为统战发展对象的境外学生，主要包括两部分，一是华人留学生，一是港澳台学生。华人学生大多来自东南亚、南亚和东亚，也有少数来自亚洲以外的国家。这些学生，尤其是来自东南亚和南亚国家的学生，对他们所在的国家和中国都有相同的情感，都看成是自己的"祖国"——"亲情沿袭之国"[①] 和"祖辈血缘之国"，这种情感往往成为他们认同中国文化，进而自愿成为两国文化交流使者的动力。对华人留学生，素质教育可以从文化比较入手，帮助他们认识文化的共性和文化交流的方法。通过文化比较，唤起他们深入了解中国文化和认识现代中国发展的兴趣，维系他们对祖国（祖辈血缘之国）的情感，帮助他们掌握文化交流的方法，为日后实现文化交流做精神和技术上的准备。

港澳台学生受社会综合环境影响，思想意识比华侨华人学生要复杂得多。从统战工作的角度来说，针对他们的特点，我们在制订教育和培养方案时，可以考虑一些相关的原则。

其一，理解不同地区、不同阶层之间的文化特征和思想差异，建立"和而不同"的素质教育结构。多数来自港澳台的本土学生，或者不关心政治，或者不愿公开自己的政治观点，但从他们的言谈举止和讨论作业中，可见他们对政治、宗教和价值判断的基本态度。应该承认，我们不可以完全改变他们的价值观和信仰，但可以从理解中与他们求同存异，在相互间确定认同关系之后，才有机会做潜移默化的工作。此外，运用比较、观察、学习、参与等灵活多样的教学方法，在引导学生认同方面也可起到不可忽视的作用。

其二，通过培养学生的批判性思维，提高他们的鉴别能力和文化素养。

---

① 祖，本身也有"沿袭"之义，华人学生在入籍国一般已有二代以上的亲情传袭，对该国也有深深的感情。

比较而言，台湾学生的批判性思维能力是高于港澳学生的。港澳学生这方面能力偏弱的主要原因有两方面，一方面是港澳学校教育偏重辐散思维的开发，却忽略了辐合思维的培养；另一方面是复杂的社会政治因素的影响。香港回归以前，西方通过一些在港政治团体，运用宣传优势和宣传技术对整整两代人的影响是毋庸讳言的。我们在教学中常见这样的事实：港澳本土学生辐散思维比较强，表现机灵、活跃，但在社会评价上却只重结果，不重过程；在作业中，他们不仅对一些敏感的政治问题，就是对中国教育、中国文化和一般的社会现象进行评价时，依然有60%以上的人在盲目引用20世纪90年代中期前的旧资料和旧观点，即使这些观点已被事实证明是错误的！由此可见，缺乏批判性思维，只会令人盲从，而伴随盲从的往往是偏见、附加观念和传媒意识定式。为此，培养学生的批判性思维，成为文化素质教育的一个重点。

从长期的教学实践中，我们发现，通过以下教学步骤，对培养和发展学生的批判性思维很有帮助：提出社会热点问题，引起学生关注—将热点问题转变成专题探讨，引导学生思考—提出多个不同观点，帮助学生进行比较、评估和筛选—得出学生接受和认可的结论。

其三，无论是学校还是教师，都应有对跨文化的高度意识和敏感性，擅长运用跨文化沟通技术。港澳台文化因历史的原因，对西方文化或日本文化的适应整合过程要比中国内地长，其作为文化区的特点与中国其他文化区比较也有了明显的差异。因此，中国内地与港澳台的沟通和交流便带有跨文化的特点。跨文化沟通通常会因为知觉错误、解释错误和评价错误而导致误解，这也是值得我们注意的一个问题。突破跨文化沟通的障碍，需要教师掌握沟通技术和沟通语言（如粤语等）。例如，讲课不能仅讲知识性的东西，还需要提供大量保真信息和事实，为了更好地说服学生，这些信息和事实也应包括来自外国和港澳台地区的。

（3）在设计文化素质教育课程体系时，引入“培训”统战发展对象、凝聚未来统战力量的元素。要让文化素质教育发展到最高境界，达到文化统战的目的，要考虑四点要素：①课程要让学生认为是有意义的，可以引起他们兴趣；②学习的效果，不仅是将学生培养成一个“通才”，还要提高他们的人格素质和自我价值认识水平，激发他们的民族情感和热爱祖国的情感；③有弘扬中华文化，体现“团结、合作、互助、关爱、和谐”基本准则的内容；④有“培训”统战发展对象，加强中华民族凝聚力的目的。像暨南大学这样使命感很强的高等侨校，在长期的摸索中，建立了独具特色的港澳台侨学生文化素质教育体系，这个体系以“中国传统文化”、“近代中国历史”、“当代中国概论”和“人生修养与法律”等四门课程为“纲”，以文化素质教育讲堂和丰富多彩的学生活动和实践教学为“目”，以大量的文化素质教育研究论文和影视图文资料为“库”，教育教学的效果是显而易见的，这从以下学生调查中可见一斑。

暨南大学外招生对文化素质教育课程的评价和认识①

		状态	人数	占发表意见百分比（%）	占总人数百分比（%）	备注
学生对三课的兴趣	人生修养与法律基础	非常有兴趣	5	9.2	2.3	对此课发表意见者总数：54
		有兴趣	38	70.4	17.8	
		无兴趣	11	20.4	5.1	
		无所谓	0	0	0	
	近现代中国历史	非常有兴趣	11	20	5.1	对此课发表意见者总数：55
		有兴趣	27	49.1	12.6	
		无兴趣	15	27.3	7	
		无所谓	2	3.6	0.9	
	中国传统文化	非常有兴趣	20	31.2	9.3	对此课发表意见者总数：64
		有兴趣	38	59.4	17.8	
		无兴趣	6	9.4	2.8	
		无所谓	0	0	0	
学生评价三课的学习效果	人生修养与道德基础	很有收获	42	37.5	19.6	对此课发表意见者总数：112
		有点收获	61	54.5	28.5	
		无收获	4	3.6	1.9	
		枯燥	5	4.4	2.3	
	近现代中国历史	很有收获	42	38.9	19.6	对此课发表意见者总数：108
		有点收获	56	51.9	26.2	
		无收获	5	4.6	2.3	
		枯燥	5	4.6	2.3	
	中国传统文化	很有收获	50	43.9	23.4	对此课发表意见者总数：114
		有点收获	59	51.7	27.6	
		无收获	1	0.9	0.5	
		枯燥	4	3.5	1.9	

① 暨南大学文化素质教育课程包括“人生修养与法律基础”、“近现代中国历史”、“中国传统文化”、“当代中国概论”。该调查进行时，因调查对象尚未学习“当代中国概论”，故未作出评价。

（续上表）

	状态	人数	占发表意见百分比（%）	占总人数百分比（%）	备注
课程开设有无意义	极有意义	75	53.2	35	对课程发表意见者总数：141
	有点意义	61	43.3	28.5	
	无意义	4	2.8	1.9	
	无所谓	1	0.7	0.5	
课程开设有无压力	很大压力	0	0	0	对课程发表意见者总数：8
	有点压力	1	12.5	0.5	
	无压力	7	87.5	3.3	
	较轻松	0	0	0	
兴趣前后比较	上升	45	80.4	21	对课程发表意见者总数：56
	无变化	9	16	4.2	
	下降	2	3.6	0.9	

调查主持：龚红月；调查统计：程洁茹；统计分析时间：2008－12－20

三、港澳台侨生文化素质教育是文化统战工作的理论研究平台

高等侨校与普通高校不同，每天都有数千留学生和港澳台侨学生在这里聚集，这里已不再是一个简单意义上的小社会，而是一个错综复杂的小世界，一个文化区际交流的小联合国，各种不同的习俗、文化特征和思维方式在这里碰撞，更有多种不同的意识形态、思想和思潮在此争鸣和交锋。对高等侨校文化素质教育来说，从事文化统战的辅助工作，其职责不仅是在教育上，还应加强理论研究文化统战的战略、规律和方法，任重而道远。

目前，文化素质教育参与文化统战研究面临一个重要任务：如何用“科学发展观”指导未来中华文化发展的方向，积极发挥祖国优秀文化力量，做好“文化认同、文化趋同、文化融合”的统战工作。这是我们应对当前世界性经济危机和未来世界文化的发展方向进行的“文化再思考”。

我们认为，现在开展“文化统战”工作，是有“危”也有“机”的。

称其有“危”，在于中国文化的国际竞争力尽管开始上升，但从总体来看，在国际上还处于“弱势”地位。事实上，一国文化的国际地位往往与该国的经济竞争力相辅相成：经济价值处于高端位置、利润大的产品，一般也体现了所在国的文化力量。美国、德国、瑞士等工业国之所以拥有众多高端品牌，其“经济价值”就包含了其国家很大一部分的“文化价

值”。消费者购买这些国家的产品，不仅购买其使用价值，也购买其文化价值，从潜在社会影响的角度来看，商品承负的文化价值，有时甚至高于其使用价值。而不可否认的是，中国现在仍处于商品的经济价值如何“树品牌”的阶段，其文化价值尚未充分体现出来。当然，这也与中国某些学术论坛本身长期对自己的文化丧失方向感有关，是对自身的传统文化长期怀疑、争论的结果。

称其有“机”，则在于自从美国“9·11”事件发生后，人们普遍认识到西方文化的解构和分析性质，已无法满足文化全球化的发展趋势，因此，带有建构和决策性质的中国文化，日渐为世界所认识，人们开始愿意去接受和研究中国文化带有普适价值的一面，中国传统文化正在得到世界的再认识。

可见，开展文化统战工作，如果我们的工作做得到位，应是“机”大于“危”。目前来说，我们可以按照文化传播的规律，紧随国家实力、经济实力的增强，不急不缓、有计划有步骤地将祖国的优秀文化推向世界，从而使统战工作做得扎实有效。

我们设想，高等侨校的文化统战工作可分三步走：首先，发挥统战工作的优势，通过“走出去、请进来”，与境内外知识阶层和发展对象进行异质同构交流，在文化素质教育的过程中，运用口碑传诵、“润物细无声”等扎实的工作方法，提高民族自信心，争取“文化认同”；其次，在统战发展对象中做好宣传和教育工作，培养和发展其文化自觉意识，以此为平台，向外推广和输出中华优秀文化的价值观，并尽可能地在世界上形成规模化效应，以便中国文化可以在文化相互“同化”中占据优势地位，争取在国际层面上的“文化趋同”；最后，在“全面发展、协调发展和可持续发展”的科学发展观指导下，力争将祖国优秀文化与世界优秀文化进行“文化融合”，从而最大限度地弘扬中华优秀文化与文明。

创造的道德支持与德育的创造价值

◈魏传光

摘　要　道德与创造在对立中存在着统一，道德是创造价值合理性的来源之一。德育本身具有开发与培养创造力的功用与价值，但由于历史、社会以及德育本身的原因，德育的这一价值被长期遮蔽。本文在探讨道德对创造的支持及德育的创造力开发与培养价值的原理之后，就如何突显德育价值的六个关键点进行了论述。

关键词　创造　创造力　道德　德育

近年来，关于道德与创造、德育与创造力的关系问题，人们思考和论述得并不多。即使有，也大多认为道德与创造之间只存在着对立的关系，德育对创造力的开发与培养毫无作用。笔者认为，道德与创造在对立的同时还存在着统一，道德是创造价值合理性的来源之一；德育的创造力开发与培养价值是本存的，只是由于历史、社会、教育等种种原因，这一价值长期被遮蔽而已。随着社会发展和人类思维的变革，德育这一价值必将突显。

一

（一）道德与创造的统一

道德与创造的统一总体上表现为先进的道德能为符合历史发展方向的创造提供深厚的价值合理性支持。具体体现在以下两点：一是二者在时空维度上的统一，二是二者在坐标或取向上的统一。从时空维度上看，创造是一向度的。它立足现在，指向未来，除了它自己永远向前的“传统”以外，对任何传统都会尊重而又从不膜拜。创造最大的特点就是对传统、当下的批判和否定。道德则是三向度的，在每一个向度都存在着对创造的支持的可能性。在历史——传统的向度，道德通过难得的、宝贵的文化精神实现予创造以滋养和培育。怀特海（A. N. Whitehead）曾说过：“生命有要求原创的冲动，但社会与文化必须稳定到能够使追求原创的冒险得到滋养；如此，这种冒险才能开花结果而不至于变成没有导向的混乱。”① 从优秀传统道德文化中吸取滋养和资源，创造才能是丰厚的、健康的、有活力的。在现实的向度，道德能够通过调控现实、深层支持、定位定向来影响现实的经济、政治和思想文化，其中自然包括对创造的支持。在未来向度上，先进的、开放的道德的未来追求对创造的独特支持是毫无疑问的，道德能够实现对未来从论证、呼唤到追求、开创的支持。

从坐标或者取向上看，创造突出的是进取。它永远在纵向的、一直向前的时间矢量上，追求现实中尚不存在的器物、制度、思想文化和价值，不在横向的社会问题难度上徘徊。道德则是兼顾进取和协调，在纵横坐标及其统一中形成的理论视野和实践空间中，形成并保持必要的、适度而旺盛的张力，既在纵向上追求和支持面向未来的创新，又在横向上形成和维持必要的协调，谋求二者的和谐。大凡进步的道德，更是在纵向和横向之间形成和保持动态平衡的张力，不仅其纵向的追求支持并进一步激发着创造，而且其兼顾横向的取向对具有价值合理性的创造也是富于文化底蕴、人性关怀精神后劲的，从而提供着深厚持久的支持。

（二）道德对创造支持的微观机制

个人发自良心深处的认同和追求，是对创造的内在支持。在内在的心理层次上，良心把个人和人类对创造的认识和体验存储起来，升华为情感，凝聚为意志，结晶为理性，由此把人体的行为导向有利于创造的方位和处所。另外，良心既是人在内心进行的自我裁决，又是人在内心根据创新的要求，对自己应做、能做、所做的一切，在自我认识、自我评价、自我选择的基础上进行的自我导向。在这里，良心是把创新的时代要求和个人的行为活动联系起来、统一起来的心理中介，在人的行为活动中，具有内在的决定性意义，从而在微观、心理的层次上，可以形成对创造的强有力支持。

（三）道德对创造支持的宏观机制

道德通过习俗的力量对创造的认同和追求则是对创造的外部支持。习俗的力量在这里包括社会舆论与社会风气。在广阔的社会生活中，习俗以复杂而微妙的心理——文化机制，把全民对有关创造的认识、评价、选择整合起来，形成共同的情感、意志、理性。它们广泛地渗透在社会的经济、政治、法律、思想文化和精神中，从生活、制度和思想文化领域，甚至从整个社会生活之上，对每个人、诸多共同体乃至全社会的认识、情

① 林毓生. 中国意识的危机. 贵阳：贵州人民出版社，1998. 20.

感、意志和行为，产生影响、进行导向，从而对创新提供强有力的支持。

二

道德对创造力的支持决定了德育既有开发与培养创造力的内在任务，又说明了德育具有此类功能和价值，这可以从以下几点得到清楚的证明：

（一）德育本身就是一种超越性的社会实践活动

教育作为一种有目的的实践活动，它的内在就包含了超越性，因为一切实践活动的本质就是超越。[①] 德育这种以人为对象的实践活动，是以对现实人的否定、超越为出发点的。德育的超越性本质突出表现在德育是在为未来培养人。从哲学方法论的角度考察这个问题，可以看出，道德是面向未来、面向一个尚不存在的理想社会的。因为道德活动作为人的一种精神生活，一种价值的追求，它并不是直接反映人们现实的思想与行为，而总是要去超越这种现实的存在而指向一个可能的、理想的世界和社会。道德教育也即按理想的人格、理想的规范来教育培养人，使人趋向于善，乃至铸造至善的理想人格。离开了这种理想的追求、未来的指向，德育本身也不存在。德育的这种超越本质也就决定了德育的创造力开发与培养价值，其内在的超越性同其外在的创造力开发与培养价值是统一的。

（二）创造力是创新精神的外化，而创新精神是德育的重要内容

培养和开发人的创造力包括培养和开发人的智力因素和非智力因素。智力是基础，是对现有的把握。离开智力，创造力就成了无源之水、无本之木。但是，创造力的本质是对现有的超越，超越远比对知识的理解和掌握要困难得多，它需要创造者具有刻苦钻研的精神、顽强的毅力、不怕失败的勇气、勇于牺牲的品质和敢于挑战权威的气度。

创造力的大小同创新精神的有无有着直接的关系，创新精神是人的创造力的价值目标和动力源泉，不具备创新精神的人，就不可能具有创造性的活动。而包括独立精神、探索精神、批判精神、献身精神等在内的这些创新精神的培养，既是德育的重要内容，也离不开形式多样的德育实践。

（三）从创造力的培养与个性的关系来看，德育能促进个性的发展

所谓个性，是指一个人所具有的一定倾向的心理品质的总和，包括兴趣、爱好、气质、才能、性格、特长等。个性是一个综合性概念，既包括人的兴趣、爱好、性格等主观世界的基础性内容，也包括人的主观能动性

① 鲁洁．德育社会学．福州：福建教育出版社，1998.9.

方面的理想、信念、情感、意志等核心内容，还包括智能、思维等综合性内容。现代教育学认为，在知识经济时代，个性的充分发展有利于人的自主性、灵活性和创造性的充分发挥。个性特点鲜明、突出的人，一般都富有创造性，而个性平淡、一般化的人，则缺乏创造性。培养个性特点，能够激发创造性，而增强创造性，则能进一步促进个性特点的发展。个性与创造性的关系，是直接互动的关系。决定个性的关键性因素是人的主观能动性，即人是否有远大的志向、执着的追求、顽强的意志、充沛的情感等，而这些内容的培养恰恰是德育的重要任务，也是德育的优势所在。因此，德育能够通过铸造个性特色来激发和培养创造性。

（四）现代德育有摆脱我国历史文化传统对人的创造力束缚的功效

我国是一个有着五千年历史的国家，长期受儒家思想的影响。儒家的“中庸”思想所造成的好古、保守的文化传统，使社会长期弥漫着因循守旧、平均主义的风气，“枪打出头鸟”、“木秀于林，风必摧之”的观念在一定程度上大量存在，造成了中国人守成、稳健的心理和缺乏创造力的人格特征。如不求有功、但求无过，安于现状、怕冒风险，易于满足、不求进取，追求官位、鄙薄科技等，严重阻碍了我国现代科学技术的发展与突破。要清除这些影响，除了要运用物质手段和行政管理的方式来解决外，还必须通过教育、引导、启发的方式来排解。从这个方面来讲，就需要德育来清除保守、均衡的文化积淀，创造一个有利于创造力培养的文化环境，为培养创造性人才提供良好的社会条件。

三

突显德育的创造力开发与培养价值是一件十分有意义的工作。根据德育的现状，突显德育创造力开发与培养价值的关键在以下六个方面：

（一）帮助学生树立创造的目标与意图，强化其内在的动机

有证据表明，在有目标的条件下，即使不去指导学生如何做，他们的行为有时也会比无目标时更具有创造性。许多学者也认为，动机在创造过程中扮演着非常重要的角色。[①] 一个强烈希望自己有所发明创造的人，往往更有可能获得发明创造的成果。缺乏强烈动机的人，他的创造力则难以得到充分的发挥，因为他们不可能持续进行创造发明所需要的艰苦工作。因此，帮助学生树立创造的目标与意图是德育的应有之义，也是实现德育

① 于德弘，陆根书．论创造与创造力的开发．西安交通大学学报（社科版），2002（4）．

本质与德育功用之统一的根本途径。对于德育，帮助学生树立创造的目标与意图最重要的一点，就是培养人的主体性，也即培养学生自觉认识、掌握、超越各种现实客体的限定和制约，能在与客体关系中取得支配地位，能按照自主的目的能动地改变现实客体的一种人的特性。人只有具有主体性，才能使受道德教育的人按照人自身的尺度、美的尺度去改善世界，使这个世界真正成为属于人的世界。也只有这样，学生才能形成强大的内在动机，从而树立创造的目标。

（二）要允许学生出错

在某种意义上讲，要开发学生的创造力，首先要让他们相信自身的能力，相信自己有能力提出大量的观点。而任何提出大量观点的人总会出现错误。伟人的伟大之处不在于他们的观点永远正确，而是因为他们为其他思想的发展提供了一个基础，让别人从他们的思想中获得养分并能够在此基础上有所超越。德育要做到允许学生出错，就必须创建一个宽容的教育环境，改变过去思想和言论高度一致化的僵化标准和框架，解除人们精神压抑的桎梏，容许不同思想和言论的争鸣和比较自由的发展。在这样的教育环境下，德育可以按照一种丰富多样、个性自由的人格模式来塑造学生。只要他们不违背社会的基本价值目标和具体的法规，就允许他们的个性全面自由地发展，并在此基础上，增强创造力，走创造性发展的人生之路。

（三）培养明智的冒险精神

任何发明创造都要冒一定的风险，因为创造性工作或多或少会与现在做事的规则相抵触，有创造力的人因此总会有一定的冒险精神。克里福特的研究表明，学生承担学术风险的意愿影响他们的发展与绩效。当然，这种冒险不是无限度的，它应该是明智的。德育不应是冒险精神的反对者和消解者，而应是冒险精神的鼓励者和倡导者。

（四）改变二极思维模式，容忍模糊性

传统德育常常习惯于非对即错、非黑即白的二极思维方式。但在创造性工作中却常常存在大量灰色地带。创造性思想常常是一点点积累起来的，它的发展需要时间。在创造性思想发展的过程中，如果缺乏对模糊性的容忍，常常使人不能获得最佳的解决方案，因而与创造失之交臂。对此，德育要处理好旗帜鲜明与容忍、容许之间的关系，避免出现僵化、教条化的倾向。其实，许多道德规范与思想也是不断发展的。有的思想觉悟与道德规范并不是非对即错的，还存在大量的可探讨性和发展空间。即使学生在思想观念上存在一定的错误，也不一定要马上进行批驳和纠正，而应当保存一定的时间允许他们去思考，通过自我发现、自我批评达到自我提高的目的。

（五）运用有利于创造力培养的方法

传统的教育方法多侧重于道德行为或道德准则的直线传输，对于创造性思维和创造能力的培养则有所忽略。要转向使用有利于创造力培养的思想道德教育方法，并遵循以下三个原则：一是诱导原则。就是不要把现成的道德观念或行为规范全盘教给人们，而是通过揭示、引导、修正来引导人们自己去思考、判断，最后得出正确答案。二是自主原则。就是充分发挥人的主体功能，调动人的积极性。在人的自主活动中，人们可以充分发挥自己的聪明才智，从他们的个性出发，创造性地去完成任务。三是激励原则。就是通过激发人的行为动机来调动和发挥人们的积极性。通过激励，可以坚定人们的思想信念，可以促进人们的思想转化，更重要的是可以激发人们创造的火花。

（六）开发与培养学生的探索精神

探索精神是一种持久的、根深蒂固的个体特质，对一个人的创造力具有重要影响，而培养探索精神是建立富有创造性生活的第一步。现代西方德育给我们提供了许多有利于培养学生探索精神和提高学生道德思维能力的德育模式，如道德认知发展理论、价值澄清理论等。这些德育模式对于培养学生的创造能力、质疑能力、道德思维能力都是有益的。我国的道德教育应吸收其合理和有效做法，并结合我国学生的思维特点，在培养学生的探索精神方面构建自己的理论体系。

（本文发表于《现代教育科学》，2004 年第 3 期）

为道德理性一辩

◈杨述刚

摘　要　某些学者认为，在中西伦理学中，道德理性主义根深蒂固，长期压制着道德情感，阻碍了道德的完善。然而，反观历史便可发现，虽然许多先贤大哲都曾强调道德理性在道德修养中的重要性，但他们没有因此而否定道德情感。道德理性不应成为我们的矛头所指。其实，长期遭受压制的应该是道德理性才对。客观说来，道德情感与道德理性之间并不存在矛盾，从追求人类道德实践之至善这一基本立场来看，二者之间其实是一种“理不离情，情不离理”的辩证统一关系。

关键词　道德情感　道德理性

当今伦理学界围绕道德基础问题展开了激烈的争论，不少学者还提出了“反理性霸权”的主张，认为在中西伦理学中，“道德理性主义根深蒂固，理性几乎成了道德的同义词”①，“情感往往被当作与理性相对立的概念而只能在道德论证中扮演附属的角色”②，而实际上，“情感是道德区分的基础”③，“道德这一概念蕴涵着一种为全人类所共通的情感”④。总之，他们一致认为，道德的真正基础是情感而不是理性，道德研究“必须归正情感之维”，否则，道德哲学就“不是在开启道德之途，而是在堵塞道德之源”⑤。

难道在道德领域，理性与情感真的不可调和吗？为什么同属于人的两种人类心理活动会被我们理解为相互敌对的呢？有必要对这一问题作一个历史的梳理。

---

① 李建华．从道德理性走向道德情感——近代西方道德情感主义述评．中南工业大学学报，2000（6）．

② 吴志文．从道德理性走向道德情感——关于当前道德建设的一点思考．湖北大学学报，1998（6）．

③ 张瑜．休谟之道德情感论．池州师专学报，2007（2）．

④ ［英］休谟．道德原则研究．曾小平译．北京：商务印书馆，2001．125．

⑤ 赵红梅，戴茂堂．文艺伦理学论纲．北京：中国社会科学出版社，2004．293．

一、中国伦理并非无“情”

许多情感论者认为，在中外伦理学研究中，普遍存在着过分夸大理性而鄙弃情感的现象。有位学者曾指出，“情感”向来都是“中国历史极力回避的问题和鄙视的字眼”，他还以中国最为经典的四大名著为例向我们表明道德情感在中国历史上所遭受的不公正“待遇”：《三国演义》从不谈爱情，《西游记》里的爱情是妖精和猪八戒的专利，《水浒传》里的爱情与淫妇是同义词，《红楼梦》里林黛玉和贾宝玉为封建思想毒害而不敢互诉真情。他还指出这种鄙弃道德情感的现象在西方伦理学史上也同样存在，认为苏格拉底“美德即知识”的论断与亚里士多德的《伦理学》“有着一种感情的贫乏”①。其实这种看法有失偏颇，中国四大古典名著的情感之维是不容忽视的。笔者相信，凡是读过四大名著的人，没有哪个能如此轻蔑地否认其中所蕴涵的丰富情感成分。如果不是饱含人类情感，它们也就不会受到古今中外那么多人的热捧与关注了。难道一个缺乏道德情感的小说可以风靡民间近千年而仍不减其风采？这位学者对道德情感的理解未免有失偏颇，难道一提到道德情感就必须得是爱情吗？其他情感，如《三国演义》里关云长的忠君重义，《西游记》里孙悟空的疾恶如仇，《水浒传》里宋江等好汉对贪官污吏的仇视、对穷苦百姓的同情，难道就不算是道德情感吗？至于《红楼梦》、《张生与崔莺莺》等中国古典爱情名著，难道我们连其中所蕴涵的“爱情”因素也要否定吗？

中国古代的礼欲之辨、义礼之辨、王霸之辨、义利之辨、性情之辨、性习之辨等，不论其理论主张的对错优劣，都可以肯定一点，即它们都是对道德基础问题的深层次探讨，道德情感在其中扮演着不可或缺的角色。而中国伦理思想史对于“人性”问题的探讨则更为突出地表现了道德情感“本体论”的理论倾向。提倡“性善论”的人往往会把道德的本原归结为道德情感“善”的一面，道德理性的任务是对其加以弘扬；提倡性恶论的人则会把道德的本原归结为道德情感“恶”的一面，道德理性的任务是对其进行规约；善恶相混说则会将道德的本原归结为道德情感的“善恶混沌”，道德理性则须对个体人性的善恶因素加以甄别，以区分待之，尽量促成二者的相互制衡。其实，它们都试图从道德情感合乎逻辑、合于情理来推演出正确而有效的道德实践。

---

① 戴茂堂，李家莲．伦理学史研究的情感之维．湖北大学学报，2008（5）．

几乎所有的中国古代哲学家都非常重视道德性情问题。早在战国时期就有思想家对“人性”问题进行研究，贤哲孟子采性善之说，主张“生之谓性”，“食、色，性也”。认为人性是人类的本能，生而有之，人性四端（恻隐之心、羞恶之心、辞让之心、是非之心，这四种性情分别对应着仁、义、礼、智四端）乃道德的本原，扩而充之便可成贤成圣。荀子采性恶之说，认为人皆好利，而且好利之心永无满足，而物质财富却是有限的，这一矛盾直接导致了世人不断地错乱纷争，基于此，荀子主张道德礼制，合理分配有限的物质财富，必须“治礼仪以分之，使有贫富贵贱之等”。董仲舒继承并发展了孔、孟、荀的人性思想，认为人性是人与生俱来的一种心理气质，如同“天人合类”、“阴阳相辅”，人之性情也可分作两类，即“仁”与“贪”。此外，他还把人性之“善质”一分为三，即“圣人之性”、“中民之性”、“斗筲之性”。唐代韩愈的“性三品说”与之相近，也主张人性三品，上品之性须教化弘扬；下品恶性则须刑罚克制；中品之性，可上可下，重在教化修炼。这是董仲舒“成性”、“防欲”之教化思想的理论基础。王安石曾明确提出“道德即仁义”、“性情一”、“善恶由习”的伦理主张，认为“人性具有感性和理性两种心理机能”，而把人的“理性能力纳入‘性’的范畴”①，体现了自然人性论的某些特点。明末清初的进步思想家也都把人的自然欲望作为人性的重要内容，否定了“理学”的人性论。“李贽肯定‘人必有私’，并主张‘各获其所愿有’，要求个性自由发展，王夫之还提出‘性日生而日成’的人性变化论。他们强调功利，肯定人欲的合理性，并把‘天理’与‘人欲’统一起来，认为‘天理必寓于人欲以见’，从而否定了‘存天理，灭人欲’。在‘义利之辨’上，颜元针对‘正义不谋利’的传统教条，提出：‘正其义以谋其利，明其道而计其功。’戴震还从政治上对立学家的‘理欲之辨’进行了猛烈的抨击，指出‘后儒以理杀人’甚于‘酷吏以法杀人’，揭露了理学伦理思想的反动作用，接触到了封建礼教的实质。”② 如此等等，不一而论。

二、西方道德“情”多于“理”

在西方伦理学中，强调道德情感的哲学家不在少数。无论是古代有智者派，中古时期的大批基督徒，还是近代的宗教改革派与某些启蒙思想

---

① 朱贻庭. 中国传统伦理思想史. 上海：华东师范大学出版社，2003. 344.

② 朱贻庭. 中国传统伦理思想史·绪论. 上海：华东师范大学出版社，2003. 23.

家，都是道德情感论的忠实信徒。时至现代，则有艾耶尔、史蒂文森等人集其大成。

古代智者派比较看重人性欲望，大都将权利、名誉等当作其行动言论的道德准则。智者卡勒舍莱便认为“至善就是满足所有欲望的权力”①。在他的心目中，道德就是道德情感得到抚慰，道德欲求得到满足。同样，中古时期产生并延续至今的基督教，其教徒无不秉持“神圣”的宗教情感，“信、望、爱”被他们奉为“三大主德”。阿奎那的亚里士多德主义也“不想摆脱这个世界和欲望的陷阱”②，认为“人的欲望指向善，称上帝为善，就是把上帝命名为欲望的目标”③。

道德情感论在近代哲学中所占比重似乎更大，涌现了一大批道德情感论的哲学大家。霍布斯认为：“每一个人都是一个子系统，其目的是自我保存。人类的基本动机就是支配欲和避免死亡的欲望。”④“在霍布斯那里，人只是被他的欲望所驱使。”“理性的作用只是关注事实、算计和理解；理解不能使我们行动。”⑤休谟与斯密也都是道德情感论者，认为“只要说明了快乐或不快乐的理由，我们就充分地说明了恶和德”⑥。“道德这一概念蕴涵着一种为全人类所共通的情感。”⑦“理性是并且应当仅仅是情感的奴隶，他除了服务和服从于情感外，决不能自命还有什么别的功能。”⑧莫尔的第一个道德真理是：“善就是令人高兴，令人愉快并适应于某种感性生活或某种程度的这种生活，善就是保护感性生活。”⑨沙夫茨波利认为，“不是由于理性而是由于道德感，才产生了道德差别”⑩。卢梭将人类道德的基础归结为“自爱心”、“怜悯心”和“良心”等自然情感。他说：“我们能够看到两个先于理性而存在的原理：一个原理是我们热切地关注我们的幸福和我们自己的保存，另一个原理则是我们看到任何有感觉的生物，主要是我们的同类遭受痛苦的时候，会感到一种天然的憎恶。”⑪康德也曾

① ［美］麦金太尔．伦理学简史．龚群译．北京：商务印书馆，2003. 59.
② ［美］麦金太尔．伦理学简史．龚群译．北京：商务印书馆，2003. 165.
③ ［美］麦金太尔．伦理学简史．龚群译．北京：商务印书馆，2003. 167.
④ ［美］麦金太尔．伦理学简史．龚群译．北京：商务印书馆，2003. 184.
⑤ ［美］麦金太尔．伦理学简史．龚群译．北京：商务印书馆，2003. 197.
⑥ ［英］休谟．人性论（下卷）．关文运译．北京：商务印书馆，1997. 511.
⑦ ［英］休谟．道德原则研究．曾小平译．北京：商务印书馆，2001. 125.
⑧ ［美］麦金太尔．伦理学简史．龚群译．北京：商务印书馆，2003. 228.
⑨ ［美］麦金太尔．伦理学简史．龚群译．北京：商务印书馆，2003. 218.
⑩ ［美］麦金太尔．伦理学简史．龚群译．北京：商务印书馆，2003. 219.
⑪ ［法］卢梭．论人类不平等的起源和基础．李常山译．北京：商务印书馆，1962. 67.

指出："怜悯心跟别的人类情感一样，总有受感性因素干扰的危险。"①

现代情感主义的集大成者斯蒂文森，利用元伦理学的语言分析方法，透析隐含在伦理表达背后的人类心理。他指出，任何伦理表达都含有人类情感的因素，都隐含着个人喜好，都涉及"事情如何得到赞成或不赞成，以及人类的努力如何左右它们"诸如此类的人类情感。②

古代伦理思想史上，理性派哲学家并没有拒斥道德情感。苏格拉底认为"美德即知识"，这是他从"道德养成"的层面对"德性"的界定，但这并不能说明他在"本体论"层面反对道德情感。

按照当今美国伦理学家麦金太尔的理解，道德理性实际上是一种实践理性，道德情感作为实践推理的大前提，在道德推理中占有极其重要的地位。在道德实践领域，甚至整个的人类活动领域，理性与情感都不是截然对立的。二者好比一枚硬币之两面，相辅相成、不可分割。亚里士多德尤其重视道德情欲，"按照亚里士多德的描述，大前提永远是某人欲求（或需要、或想得益于）某物。实践的推理即始于此"③。在亚里士多德那里，他所认可的德性就是人类所具有的良好品质，这种良好的品质是通过习惯养成的。尽管在未养成之前需要借助理性意念去培养，但当其一旦养成，就会完全变成一种无思无虑的习惯，不需理性也可照常运作，理性在这里不过是培育道德情感和道德实践的"维特根斯坦之梯"。

三、"情"、"理"相辅相依

综上可见，虽然许多先贤大哲都曾强调道德理性在道德修养中的重要性，但他们并没有因此而否定道德情感。情感派对道德理性或道德规范的批判是有失偏颇的。他们只注意到道德理性对道德情感的规约，"但他们并没有看到人只受自己制定的普遍规律的约束，并且，必须遵从本是自己的意志"④。道德理性不应成为我们的矛头所指。在中世纪的漫长岁月里，道德理性曾长期遭受压制。而在之后的启蒙运动中，科学理性和道德情感主义又大行其道，道德理性再次遭受更为严重的压制。许多著名的启蒙思想家都曾是道德情感主义的忠实拥护者，在科学认知领域，他们高举理性大旗，而在道德实践领域，他们却将个人情感视为理论圭臬。从"休谟难

---

① ［德］康德．实践理性批判．韩水法译．北京：商务印书馆，1960. 133.

② Stevenson. C. L. *Ethics and Language*. New Heven, Yale University Press, 1944. p. 4.

③ ［美］麦金太尔．伦理学简史．龚群译．北京：商务印书馆，2003. 176.

④ ［德］康德．道德形而上学原理．苗力田译．上海：上海人民出版社，1986. 85.

题”到斯蒂文森对伦理表达的元语言分析，道德理性几乎被驱逐殆尽，毫无立身之所，道德哲学几乎成了道德情感理论的代名词。直到现代规范伦理学和德性伦理学兴起之后，道德理性才开始在人们的大脑中复苏。

实际上，道德情感与道德理性之间并不存在矛盾，从追求人类道德实践之至善这一基本立场来看，二者之间其实是一种“理不离情，情不离理”的辩证统一关系。所谓“理不离情”，主要是指任何道德理性都必须服务于追求人类至善的道德欲求和道德情感，否则，便是不道德的，此等人类理性也就不能被称作道德理性；而所谓“情不离理”，主要是指任何道德情感都必须在一定的道德理性框架之内运作，都必须将社会历史及其他众多因素考量在内，而不能恣意妄为、随“欲”而安，否则，便很难达到实现人类至善的道德目的，此等人类情感也就不配被称为道德情感。

霍耐特承认道德探析

◈任彩红

摘　要　霍耐特虽然在《为承认而斗争》中对承认理论进行了构建，但是并未对承认理论自身的一些问题进行澄清，如对“承认”概念的阐释，承认与道德之间何以勾连，并且这种勾连在当代道德哲学中是否可行等问题。因此，对这些问题的厘清成为霍耐特建构承认道德面临的首要问题。

关键词　霍耐将　承认道德

霍耐特在1985年以德语发表的《权力批判》中，在对批判理论进行反思的基础上提出了承认理论转向，而后在《为承认而斗争》中详细地勾勒了承认理论的框架。然而，虽然霍耐特对黑格尔“为承认而斗争”的伦理思想进行了重构，并借助米德的社会心理学成功地使黑格尔的过于思辨的承认理论实现了经验的转向，因而使承认的三种模式——爱、法权的平等以及团结——得以竖立根基，但是霍耐特却未对承认理论自身的一些问题进行澄清，如对“承认”概念的阐释，承认与道德之间何以勾连，并且这种勾连在当代道德哲学中是否可行等问题。因此，霍耐特在其代表作《为承认而斗争》中只是对承认理论进行了构架，而未对承认道德的理论渊源、当代语境及承认道德何以可能进行详细的阐释，直到1997年霍耐特在《承认和道德责任》以及后来发表的《在亚里士多德和康德之间——承认道德的勾画》中对上述一系列问题进行了阐释说明。

一、承认道德语境探析

承认理论在当今道德哲学、社会哲学、政治哲学等领域产生了越来越广泛的影响，然而，“承认”范畴何以可能成为当代人文社会科学关注的核心范畴之一，承认道德的当代语境是什么？霍耐特在《承认和道德责任》中进行了理论溯源。在他看来，从古至今，“承认”在不同的时期以不同的形式在实践哲学中一直起着重要的作用。在古希腊城邦中，只有那些获得社会尊重的人才能享受美好的生活；在苏格兰启蒙运动中，公共的承认或者不赞成呈现了一种社会机制，通过这种机制，个体被激励去获得渴望的美德；而在康德哲学中，“尊敬”成为最高的道德原则，它把绝对命令与每个人作为自身的目的整合起来。因而在霍耐特看来，虽然“承认”以不同的形式在哲学的历史中起着重要的作用，但是以前的哲学家除黑格尔以外都未把承认原则作为伦理学的基石。

直到20世纪70年代，大量的政治斗争和社会运动才使“承认”概念引起了广泛的关注。不管是查尔斯·泰勒对多元文化的讨论，还是女权主义对理论的自我理解，他们都在强调一种规范的观念：个体或者群体必须在他们的差异方面获得承认或者尊重。在霍耐特看来，“从这里到普遍化的视角仅仅是一小步的，社会关系的道德方面不能单单就物质产品的公平或者公正分配被衡量；确切地，我们的正义观也与主体彼此怎样互相承认以及同样地（Aswhat）彼此互相承认什么紧密地相关联”。[①] 因此，霍耐特把承认从政治问题引入了道德哲学的讨论，而这种讨论的出发点则是基于互相承认的具体形式阐释道德的规范内涵。

而在另一篇相应的文章《在亚里士多德和康德之间——承认道德的勾画》中，霍耐特认为之所以勾画承认道德，是因为在当代语境中，单独选择亚里士多德或者康德的伦理学作为衡量我们日常行为的规范准则都不足以引导我们追求美好生活。在他看来，亚里士多德的目的论的伦理学是建基于形而上学的基础上的，然而在后形而上学条件，它所设置的对善的生活的追求失去了根基，更重要的是它没有指明我们应该在何种程度考虑或者尊敬与他人幸福相关的道德责任和义务，而在当今的日常行为中，道德行为者是道德责任和义务的统一体。而康德义务论的伦理学所要求的普遍性的公正视角没有考虑人类行为的复杂结构：首先它是过于形式化的，因为个体的行动者在行动时总是常常与个人的意图、感情和人与人之间的关系相关的，公正的原则的动机经常是无效的；其次，我们所经验的日常的行为并不是完全符合一种道德原则的，而是不同的道德观相互冲突的；再次，某些个人的关系（Personal Bonds）对我们的生活来说是重要的，我们不能要求道德上的公平。因此，“我（霍耐特—笔者注）认为当今道德理论的重要任务是发现一种选择，在这种选择中，两种道德观被整合，以这

---

① Axel Honneth. Recognition and Moral Obligation. *Social Research*. New York: Spring 1997. Vol. 64, Iss1; p. 16.

样一种方式，我们不能分开那个事物（Can Be Somewhat Less Divided on the Matter）”①。

霍耐特朝着这个方向的第一步是把道德的设想定位于对美好生活的追求，用这种方式，霍耐特所勾画的道德观从一开始就保持着与亚里士多德的善的目的论概念的联系，这种联系至少确保了所要追求的道德观与我们的生活状况相关。其次是放弃了康德义务论的伦理学所强调的对所有人都平等的理念，从而设定道德责任和义务，道德在个体追求善的过程中是绝对必要的条件之一。霍耐特虽然在《为承认而斗争》中提出了“美好生活”的形式伦理概念，但它是奠基于承认斗争基础上，从社会冲突的道德逻辑演绎中提出的，而并非从当代道德哲学所遭遇的困境中提出的，并且霍耐特并未对其进行阐释，他写道：“我最后想要扼要描述一种以承认理论为基础的伦理概念，用来完成上述使命。不过上述考察除了阐明正在酝酿中的概念的直观地位之外，无法再提出其他的要求。”② 因此，霍耐特在承认道德的勾画中，虽然也以美好生活为目标，也把新的道德观建基于承认的诸形式之上，然而，其阐释的路径发生了变化，从《为承认而斗争》中承认只是被当作一种媒介，一种引发社会冲突的道德动机转向把承认自身作为道德观，尽管这种道德观包含的内容是多重的。同时，霍耐特开始把道德观与主体间的承认形式关联起来，在此基础上，确保自我同一性和人格完整性实现的主体间的条件得以合理地解释。由此，霍耐特以保护美好生活为目的，开始了建基于承认诸形式上的道德观的勾画。

二、承认与道德何以勾连

霍耐特虽然在《为承认而斗争》中对承认理论进行了建构，提出了社会冲突的道德的动机在于为了获得承认，为了获得尊重，但是未对建构体系所需要的一些基本的前提性问题进行澄清，因此，霍耐特在勾画承认道德之前，不得不面对一系列的理论问题。首先要解决的就是“承认”是什么，其次是“承认”与道德何以勾连，最后是明确承认道德的含义是什么。

对“承认”概念的阐释直接关系到建构承认理论体系自身的根基问题，那么何为“承认”，“承认”是什么，霍耐特在《为承认而斗争》中

---

① Axel Honneth. *Between Aristotle and Kant-Sketch of a Morality of Recognition*. Edited by Wolfgang Edelstein and Gertrud Nunner-Winkler. Morality In Context Elsevier B. V. 2005. p. 42.

② ［德］霍耐特. 为承认而斗争. 胡继华译. 上海：上海人民出版社，2005. 6.

并未对其进行直接的系统的阐释说明。而在《承认和道德责任》中，霍耐特坦白承认，承认道德的探讨所遭遇的第一个问题便是关键概念自身语义的多样性，在他看来，“与‘尊敬’概念——自康德以来，在道德哲学中已经有相对清楚的轮廓——相比，‘承认’概念没有以任何确定的方式被决定，在哲学中没有，在普通语言（Ordinary Language）中也没有”①。鉴于承认概念的自身状况，霍耐特间接地给承认予界定，他分别从女权主义伦理学、话语主义伦理学和社群主义的语境中对承认进行分析。在他看来，在女权主义伦理学中，承认被用来描述充满爱心的关怀和关注，比如母子间的关系；在话语伦理学中，承认被用来表达对参与者和所有平等的他者的尊敬，比如在论辩中参与者的话语行为；在社群主义中，承认被用来表达对不熟悉的生活方式的尊重，比如社会团结框架中。从上述分析中，我们可以间接地推测霍耐特所认为的“承认”包含三层意思：对亲人的爱、对拥有平等权利和义务的主体的尊敬、对共同体的尊重。当然，霍耐特在此并没有明确地给“承认”予定义，直到他借助黑格尔对承认概念的分析，他才得以厘清承认概念的内涵，并通过用现象学的方法挖掘道德损害的具体特征，建立了道德和承认之间的系统关系。

在霍耐特看来，黑格尔通过对历史上的一系列哲学事业的反思，从而得出人类的自我意识的形成必须依赖主体间的承认的获得，人类主体必须依赖他们同伴的尊敬，因此，在家庭领域，主体为了获得情感上的安全感，必须彼此承认他们自然的需要，这就是爱；而在市民社会中，主体获得个体自由，需要平等的尊敬；在国家伦理生活领域中，主体需要彼此尊重他们对社会再生产所作出的贡献。霍耐特通过对黑格尔承认概念的分析，也为证明承认与道德之间的联系做了铺垫。

霍耐特之所以能把承认与道德进行勾连，在于他运用现象学的方法对主体所遭受的道德损害进行了分析。他以否定证明的方式，从个体的一系列非正义的经历出发，阐释了受影响的主体之所以会认为自身受到了伤害，是因为自身的人格完整性和自我同一性没有得到承认或者被否定的承认。在他看来，被拒绝的承认与道德伤害的关联之所以可能，得益于以下前提：

首先，能反思性地关注自身生活、自觉关注自身幸福的主体在道德上是脆弱的、易受伤害的；因为不考虑自己生活的品质标准，不可能解释一

① Axel Honneth. Recognition and Moral Obligation. *Social Research*. New York：Spring 1997. Vol. 64，Iss1；p. 17.

个人在什么意义上确实受到了伤害。

其次，主体积极的自我关系的建立在于其他主体的肯定和认可；不考虑这些主体间的假设的话，完全不可能解释一个人为什么受到了伤害，当他的自我理解因为某些行动、表达或者环境受到了破坏时。

最后，主体的自我实现需要主体在自我认同的条件下才能实现。如果个体的行为能力遭到了否定，个体经历了道德上的不公正对待，那么不可避免地会伴随精神的伤害，从而使建基于主体间的承认上的自我认同遭受损害，那么自我实现也会遭遇不确定性。

从上述前提中，我们可以看出道德损害与被拒绝的承认之所以关联，前提在于人类主体在道德上是易受伤害的，因为他们把积极的自我理解建基于主体间承认的基础上，如果主体得不到他者的认可和承认，主体在精神上将会受到伤害，主体的自我实现也将遭遇不确定性。在霍耐特看来，如果在这些前提假设下，可以大体澄清道德损害的鲜明特征在于承认的拒绝，那么可以在此基础上，尝试区分各种形式的非正义现象。当然，这种区分是从个体的非正义的经历出发的，主体的种种非正义的经历必然伴随精神的冲击，这种冲击损害了对自我关系的理解，从而对主体造成了道德损害。

霍耐特以实践的自我关系为中介，以否定的方式来分析主体被拒绝的承认与道德损害之间的关联，并从中区分出主体所经历的非正义的类型；而后他以积极、肯定的方式建构道德观以保护主体免于这些道德的损害。由此，霍耐特吸收了哲学和心理学的成果，把“自我关系（Self-relation）”定义为个体对自己享有的能力或者权利的意识或者感情，并把其划分为三个层次：首先是自我信任的层次，霍耐特吸取心理学家埃里克森的心理分析学说，把某人自己的需要和欲望看作能被清楚地表达自己的一部分，对自己需要的价值的确定性被称作“自信（Self-confidence）”；其次是自我尊敬，霍耐特借助康德哲学，把主体意识到自己在道德上是有责任的主体，对自己判断的价值的确定性称为“自尊（Self-respect）”；最后是自我尊重，霍耐特借助图跟哈特（Tugendhat）的分析，把对某人自己的能力的确定性称为“自我价值（Self-worth）”或者“自重（Self-esteem）”。在霍耐特看来，“如果自我关系的这些形式被看作诸阶段（在这种意义上即在正常条件下，它们构成了一系列必要的前提），那么它们每个能够与道德损害——相应于不同程度的精神伤害——的诸类型相关”①。因此，霍耐特把这样引发的非正义的每个层次归因于主体被否定或者被忽视的价值。

首先，剥夺某人享受身体健康的确定性被认为是基本的，因为这种行为破坏了某人对自己需要的价值在他者眼中的自信心。除了谋杀以外，典型的例子是身体的折磨、强奸和虐待。

其次，大量道德伤害的例子是忽视诸个体的道德义务（Moral Accountability），这破坏了主体的自尊，这种自尊是主体从他者的认可中获得的自己判断的价值。典型的例子包括从个体的欺骗到法律体系中对整个群体的歧视。

最后，个体的能力没有得到任何的承认，甚至是侮辱和失敬，这样的行为伤害了主体对共同体的感情。

以实践的自我关系为中介，霍耐特以否定的方式，向我们展现了承认与道德之间的关联。在把承认与道德进行勾连之后，霍耐特以积极肯定的方式建构了承认道德观。在他看来，“道德观”是我们必须采用的不同观点的网络，为了防止人们的自我关系受到伤害，而“道德”则是我们互相为了共同确保人格的完整性而必须采用的诸多观点的精华。霍耐特认为我们可以借用亚里士多德的目的论，把组成道德观的诸观点的目的设定为服务于人类的幸福，为了美好生活。既然主体之所以遭到伤害是因为承认的拒绝，从而使主体的自我认同受到了质疑，那么，美好生活的保障就在于建构一种道德观，使主体免于受到伤害，而且这种道德观可以克服康德伦理学义务论的特征，限定道德权利和义务。那么，因为道德的损害是由于主体被拒绝承认或者否定的承认从而伤害了主体对自身的理解，因而为了保证主体的人格完整性和主体的自我实现，霍耐特以积极肯定的方式，以实践自我关系为参照，来建构基于承认诸形式的道德观。由此，霍耐特所要建构的道德观不只包含一种而是三种独立的承认模式：

首先，在实践的自我关系的第一层次“自信”，个体被承认自身的需要和欲望对他者来说是独一无二的、重要的。这类承认具有无条件关怀的特征，在传统道德哲学中，“关怀”或者“爱”的概念可以表达。

其次，在实践的自我关系的第二层次“自尊”，个体被承认具有像他者一样的道德责任。在这里，承认具有普遍平等对待的特征，“道德尊敬（Moral Respect）”的概念可以表达。

---

① Axel Honneth. Recognition and Moral Obligation. *Social Research*. New York：Spring 1997. Vol. 64，Iss1；p. 21.

最后，在实践的自我关系的第三层次“自重”，个体被承认自己的能力对具体共同体是很重要的。这类承认具有特殊尊重的特征，在哲学传统中没有相应的概念，但是“团结（Solidarity）”或者“忠诚（Loyalty）”的概念是可以参考的。

在霍耐特看来，这三种承认形式一起组成了道德观，以确保我们人格完整性的条件。为了避免在具体情况下，由承认关系的范围所产生的冲突，霍耐特对“承认”适用的范围进行了限定：无条件关怀的态度依赖于情感的基础之上；道德的尊敬则对所有主体都是平等的；尊重则仅仅在具体共同体的框架下。

三、承认道德的意义及局限

霍耐特承认道德的建构沿袭着霍耐特建构承认理论的一贯作风：从青年黑格尔的哲学思想中汲取资源，把承认划分为三种形式：爱、尊敬、团结，以否定的形式，借用实践的自我关系为中介把否定的承认与道德斗争的动机相联系。由此我们可以看出，承认道德是霍耐特承认理论在道德哲学中的应用，其目的是为了给“美好生活的形式伦理概念”予理论的支撑。但是我们看到在承认道德观的建构，他力图解决承认理论自身所面对的体系性的难题，更加侧重“承认”理论的当代背景和更加关注“承认”理论体系内部如何勾连，使我们不但从宏观上对承认理论有了大体的认识，而且从微观上了解了其体系何以如此建构！

霍耐特建基于承认诸形式的道德观触及了道德哲学的软肋，一直以来，道德哲学都在亚里士多德的目的论和康德的义务论的伦理学之间徘徊，从事道德哲学研究的哲学家们要么游走于目的论而排斥义务论，要么游走于义务论而否定目的论，常常陷入二者的泥潭中不能自拔。霍耐特看到了道德哲学的这一困境，他的承认道德力图把亚里士多德目的论的伦理学以及康德义务论的伦理学在承认伦理中整合起来，他运用亚里士多德的目的论强调了“美好生活”目标的指引性，也从主体间的条件出发，对康德的义务论进行了修正，不但强调主体的义务，更强调主体的权利不容忽视。他把道德观建基于爱、道德的尊敬以及共同体的团结的“承认”诸形式之上，强调对自信、自尊、自重的实践的自我关系的保护，这为主体的人格完整性的实现提供了可能，使主体能够达到对自身的恰当理解，为主体美好生活的实现打下了坚实的基础。

霍耐特沿袭法兰克福学派的传统，整合了心理学、社会学、哲学等学科的成果，力图解决个人与社会之间的关系。承认道德的建构从个体的经验出发，强调个体所遭受的一系列非正义现象所造成的道德损害，这充分体现了对个体的情感和心理的关怀，对个体的权利的尊重，对个体的社会地位的承认和认可，使个体的人格完整性得以彰显；同时他把主体的自我认同建基于主体间的承认之上，这强调了他者在个体自我实现的重要性，并在悄然之中对个体进行了限制，使个体意识到个体的自我实现必须在一定的规范和约束下进行，从而凸显了个体是共同体中的一分子，他不能脱离社会而存在，强调了个体对社会的依附关系，避免了个体过分利己主义的倾向。由此可以看出，承认道德的构建承袭着哈贝马斯话语伦理学的目的，力图在主体间的交往基础上不但维护个体的正义，也在团结的基础上保持普遍他者的利益，从而为解决私人领域和公共领域的冲突奠定基础，力图在二者之间保持适度的张力的同时达到一种和谐。

【第二辑】

思想政治教育模式与人才创新研究

以文化认同为基础的国情教育模式的探索和实践

对构建以传统文化为载体的思想政治教育有效机制的思考

关于价值认同的道德教育模式的伦理探讨

『毛泽东思想和中国特色社会主义理论体系概论』课的改革与思考

具有侨校特色的思想政治教育模式之思考

马列贵在『管用』 『两课』重在『讲精』

理论、史实、时事与分析

『以问题为中心』的思想政治理论课教学设计

外招生当代中国国情教育『开放式』教学初探

以文化认同为基础的国情教育模式的探索和实践

◈蒋述卓

暨南大学是我国历史上第一所由国家创办的华侨学府，一百年来，按照“面向海外，面向港澳台”的办学方针和“宏教泽而系侨情”的教育宗旨，培养了遍布全球123个国家和地区的各类人才20余万人。目前在校的海外及港澳台学生达11 840人，占在校全日制本科学生的49.3%，是中国内地最大的港澳台侨高层次人才培养基地，是传播与弘扬中华优秀文化、吸收世界各民族优秀文化的重要窗口。多年来，学校认真研究和不懈探索适合港澳台侨生实际的思想政治理论教育教学模式，培养学生的爱国主义精神，提高学生的中华文化底蕴。经过长期的探索和实践，确立了以学生的全面发展为目标、以民族文化认同为基础、以弘扬和培育（港澳台侨）学生的民族精神为重点的国情教育课程体系，取得了以国家精品课程、国家“质量工程”首批“国家文化素质教育人才培养模式创新实验区建设项目”为代表的一大批令人瞩目的教育教学改革成果。

一、以文化认同为基础的国情教育理念和模式的形成

国情教育是当今世界许多国家思想政治教育的主题。正确认识国情，是每个社会成员正确认识社会和选择人生道路的重要途径。“知之愈深，爱之愈切”，国情教育通过教育主体向教育客体传授国情基本知识和分析、认识国情的基本方法，使学生了解中国的历史、现状和社会发展的趋势，更好地激发其爱国主义情感。

1983年，暨南大学针对自身办学使命的特殊性和学生群体的多元性，根据“因材施教”原则，摒弃“一刀切”的方法，采取了“兼顾差异，分流培养”的方式。学校对境内外两类学生的培养目标分别定位，确定不同的要求。对境内学生，按照教育部、中宣部的有关规定设置课程，进行系统的思想政治教育；对境外学生（主要是港澳台侨学生），学校从自然、历史、现实及比较四方面进行爱国主义教育，先后开设了“中国地理”、“中国古代史”、“中国近代史”、“中华人民共和国史”和“华侨史”等课

程，培养学生的爱国主义情感和历史使命感。

1996年，按照中央《爱国主义教育实施纲要》的指示精神，学校开设了“中国传统文化概论”、“中国近现代史纲要”、“当代中国概论”、“人生修养导论”、“港澳基本法”、“中西科技比较”等爱国主义教育系列课程。该系列课程，一方面以正面教育为主，介绍民族优秀的文化传统，中华文明的博大精深以及对人类文明的巨大贡献，激发学生的民族自豪感和自信心；另一方面以历史唯物主义态度，使学生实事求是地了解百年中国的屈辱史，以史为鉴，知耻而后勇，激发学生的责任感和紧迫感。

2003年，根据中共十六大报告“面对世界范围各种思想文化的相互激荡，必须把弘扬和培育民族精神作为文化建设极为重要的任务，纳入国民教育全过程，纳入精神文明建设的全过程”的指示精神，学校党委与社会科学部及时抓住契机，专门研究探讨培养学生民族精神的有效途径，构建了以国家意识、文化认同和公民人格为内涵的国情教育课程体系，分别开设了“中国传统文化概论”、“近代中国纲要”、“当代中国概论”、“人生修养与法律基础”（包括港澳基本法）四门国情教育课程。

学校党委与社会科学部在研究中达成共识：以文化认同为基础，以国情教育为突破口来探索多元文化汇聚中的爱国主义教育模式。文化认同是实现民族认同、增强民族凝聚力的基础。构建以文化认同为基础的国情教育模式，帮助学生学习中国文化，了解中国国情，正确认识中国，最终实现文化自觉，有利于在多元文化背景下，增强学生的民族意识和爱国主义情感。十六大报告将民族精神定义为爱国主义、团结统一、爱好和平、勤劳勇敢、自强不息，揭示了以爱国主义为核心的民族精神包含国家意识、文化认同和公民人格三个层面。民族精神的实质是“族群归属”，也就是对某一特定的民族、文化和传统的认同，并由此而分享共同的历史、共同的情感和共同的生活方式。归属于最大的族群，是国家认同；归属于最久远的族群传统，是文化认同；把这种归属内化于个体的知情意行中，就是公民人格。基于这样的认识，学校建立了以国家意识、文化认同和公民人格为内涵的国情教育课程体系，并制订出整体优化的教学计划。

“中国传统文化概论”讲述中华民族优秀传统文化和民族精神，帮助学生认同中华文化，博大精深的中华文化源远流长，是凝聚全体中华儿女的根本力量所在。“近代中国纲要”主要讲授近代中国社会现代化发展的历史进程及其内在规律性，帮助学生认同中华民族、感悟中国国情、提升国家意识和民族意识。“当代中国概论”主要从源流、国情和发展的角度，揭示中国现代化建设的必然和中华民族复兴的可能，帮助学生加强对国家的认同，增强学生的民族自信心和自豪感。“人生修养与法律基础”主要讲授人生观、价值观、道德观和法制观，把国家意识和文化认同内化于个体的知情意行中，使学生真正成为中华民族精神自觉的弘扬者和传播者。四门课程围绕着培养富有民族自信心与自豪感的爱国者这一目标，从基础理论、实践成果、历史深度和具体应用的角度构成了一个结构合理、功能互补、相对稳定的课程体系。帮助学生学习中国文化、了解中国国情、正确认识中国，最终实现文化自觉。

目前，国情教育课程体系与思想政治教育课程体系构成了学校思想政治教育的两条生命线。暨南大学国情教育模式已取得了以国家精品课程、国家“质量工程”首批“国家文化素质教育人才培养模式创新实验区建设项目”等为代表的一大批令人瞩目的教育教学改革成果。

二、以文化认同为基础的国情教育模式的实践

学校按照文化认同的基本理念，通过点（文化认同）面（民族认同、国家认同甚至制度认同）结合、逐步推进的方式推动全校范围内国情教育的教学内容、教学方法和教材的改革。

（1）打造了各级各层次高水平国情教育精品课程。学校的国情教育课程从设立之初就站在一个很高的起点上，强调精品意识。现在，国情教育课程中已经涌现出一大批精品课程。2006 年 12 月，“中国传统文化概论”课程获批为国家级精品课程，以国家精品课程“中国传统文化概论”为龙头的各层次国情教育精品课程体系已基本成型。2003 年，“港澳基本法课程建设”课程被评为广东省省级重点课程，同年，“中西科技比较”课程获批为暨南大学校级精品课程；2005 年，“人生修养与法律基础”课程获批为暨南大学校级精品课程；2006 年 5 月，“中国传统文化概论”课程获批为广东省精品课程；2008 年 7 月，“当代中国概论”课程获批为暨南大学校级精品课程。

（2）建设了一批具有文化内涵的国情教育系列教材。教材是教学活动的重要因素，最终会影响教学效果。构建以文化认同为基础的国情教育课程体系，首先要有好的教材。根据多年的探索，学校已完成了一批高质量的教材建设：《中国传统文化新论》获第三届广东青年社会科学优秀成果二等奖；《爱国主义概论》获 2003 年广东省精神文明建设优秀理论研究成果著作三等奖；《当代大学生人生修养导论》获 2005 年广东省优秀图书二等奖，并被学校推选申报国家“十一五”规划教材项目。2003 年开始，融

入新的教学理念，与教学内容相匹配，与教学模式相呼应的系列教材《中国传统文化新论》（在香港发行）、《简明中国近现代史读本》、《当代中国概论》、《人生修养与法律基础》全部出版发行，使用五年来，广获同行好评和学生的认可。

（3）建立了以文化体验为核心的“致效”教学法。为增强教学的适应性，提升教学的教育性，国情教育课程注重“双向互动性、方式多样性、内容丰富性、启发哲理性”。在教学中，依据教学内容和学生实际，适时采用多项变数教学教育法，将境外学生的心理需求、行为调适与教育内容结合起来，以达最佳教育效果；采用专题教学、案例教学、课堂讨论等多种方式进行文化比较，实现知识教学向方法教学的过渡；采用情境教育法，利用隐性情境和情感情境，达到学生的思想共鸣，使他们在潜移默化中接受主导教育。同时，依托学校完备的网络设施和良好的多媒体教学条件，将课堂教学延伸到网络学堂，为学生提供了自主学习的“虚拟教学环境”。国情教育课程“中国传统文化概论”、“当代中国概论”、“人生修养与法律基础”等建立了“计算机辅助教学课件”，并全面开展了网络课程建设，“中国近代史纲要”被评为2007年学校网络优质示范课程。2006年完成的“爱国主义教育课程资源库”，不仅提供了图文并茂、生动逼真的教案和各种参考资料，而且还可以通过网络进行交流、讨论和答疑等，丰富了教学资源，促进了教学互动。

（4）形成了“两个课堂”相结合的国情教育实践平台。实践教育是国情教育的重要环节。多年来，国情教育课程坚持以课堂教学为主渠道教育学生，以社会实践为依托锤炼学生，形成了“两个课堂”相结合的实践教学模式。首先是深入社会大课堂开展社会调研，课程充分利用国务院侨办与暨南大学共同举办的“中国文化之旅”、“中国寻根之旅”活动，充分依托1999年学校成为首批国家大学生文化素质教育基地的平台，如广东高州冼太夫人庙中华传统文化教育基地、井冈山革命纪念馆和虎门鸦片战争博物馆爱国主义教育基地、与广州市博物馆和黄埔军校共建的“国情教育实践基地”的功能，增强港澳台侨学生对中国文化的认识和体验，在社会考察中，针对“兴奋点”，引导学生认清社会责任。其次是聚焦热点、难点问题，在学校小课堂中，针对“困惑点”，建立了“疑”——存疑释疑；“读”——引导阅读；“论”——共同讨论；“析”——分析材料；“写”——选写课题五环教学法，引导学生自觉学习，积极思考。最后是回到社会大课堂，在学生“三下乡”社会活动与青年志愿者服务活动中，针对“动情点”，引导学生的人文情怀、文化自觉和时代使命。

(5) 获得了一批国情教育教学研究成果。全方位、多角度的教学研究为构建国情教育教学模式提供了理论依据，同时也推进了教学理念具体落实到课程建设上。在教学实践基础上的理论探讨和理念升华从不同途径获得了各级有关方面的认可。近年来，学校国情教育的研究课题获国家、省部级、厅级研究项目资助，如“文化力与综合国力系统研究”获国家级社科基金项目；“大学潜在课程与人才成长问题的研究”获教育部“21 世纪初中国高等教育人才培养体系研究计划项目”；“中国传统文化概论课程的跨文化教学研究”获批为侨办教育教学改革项目；“境外生法制教育与德育整合的主要问题及对策研究”获广东省教育规划项目；“以传统文化为载体的思想政治教育可行性问题研究”获广东省教育厅立项。通过系统研究和集体攻关，使国情教育教学取得了一系列成果，在《中国大学教学》、《高等教育研究》、《高教探索》等杂志发表相关教学研究论文 25 篇。

1999 年，学校成为首批国家大学生文化素质教育基地；2007 年，学校成为教育部、财政部首批文化素质教育人才培养模式创新实验区建设高校。

三、以文化认同为基础的国情教育模式的影响、意义和推广价值

国情教育系列课程以“多元一体，和而不同”思想为基点，以国家意识、文化认同和公民人格为内涵，通过在理智上达成共识，在情感上产生共鸣，在意志上达成共同追求的文化自觉，以培养学生的民族精神和爱国情怀，是一门融知识传授、能力培养、素质教育为一体的综合性课程体系。本成果经过近 10 年的探索和建设，已建成了以国家精品课程、国家“质量工程”首批“国家文化素质教育人才培养模式创新实验区建设项目”等为代表的一大批令人瞩目的教育教学改革成果，具有重要的理论意义和实践推广价值。

(1) 从教育理念上说，在文化多元化的语境下，“文化自觉”问题日益凸显。未来的竞争，是各民族在文化创造力上的竞争。一个在文化上丧失了自信的民族，一群缺乏坚强意志和健全人格的民族是不能获胜的。因此，一个民族如何在文化多元化的趋向下继续保持身份上或文化上的认同就成为一个重要问题。著名社会学家、思想家爱弥尔·涂尔干曾指出：“没有一个民族的道德教育是建立在把现实社会变成与传统毫无相关的白纸之上的。”中国的历史文化传统是中华民族的“根”与“魂”，文化认同是实现民族认同、增强民族凝聚力的基础。构建以文化认同为基础的国

情教育模式，帮助学生学习中国文化、了解中国国情、正确认识中国，最终实现文化自觉，有利于在多元文化背景下增强学生的民族意识和爱国主义情感。从这个意义上说，以文化认同为基础的国情教育具有促进现代化发展和中华民族复兴的伟大战略意义。

（2）从课程体系上说，国情教育是系统工程，系统工程要求用系统的观点研究诸要素之间的内在联系和层次关系，有序地构建国情教育课程体系，才能充分发挥教育的综合效应，实现教育目标。民族、文化、国家的三位一体是现代化的产物，拥有国家意识、文化认同和公民人格三层内涵的国情教育课程体系，把民族性与人类性有机统一起来。既强化国家意识，又具有国际化的胸怀；既弘扬民族文化，又吸收世界文明成果；既倡导传统道德人格，又培育现代公民品格。这是现代教育的真正意蕴所在。

（3）从教学内容上说，以文化认同为基础的国情教育，在某种程度上解决了思想政治教育的实效性问题。在思想政治教育有效路径的探索中，各高校都意识到文化软实力的重要性。过去我们的教育往往只有政策内涵而缺少学理底蕴；只有“官方”的灌输而无“民间”的自觉；只有强硬的说教而无人本意识。而真正有效的教育，不仅在于社会怎么强调它，更在于社会对于它的有效接纳。也就是说，具有可信度的教育，它的目标、内容与方法，应当是为受教育者所自觉认同的。从这个要求来审视，以文化认同为基础的国情教育模式把教育的政治功能与文化功能有机结合起来，对高校思想政治教育的发展具有先导性及示范性作用。有助于提升思想政治教育的文化品位，拓展思想政治教育的文化资源，增强思想政治教育的感染力、渗透力和实效性。

（4）从教学方法上说，国情教育是着眼于培养真正了解文化传统和社会现实的公民，国家意识的养成需要知行合一，文化认同依赖自身思考和体会，公民人格培育需要公民生活实践。因此，国情教育课程通过凝聚课堂教学、社会实践、校园文化等各种教育形式，提供了一个开放、互动的学习空间，建立了以“文化体验”为核心的“致效”教学法。通过情境教育，利用隐性情境和情感情境，达到学生的思想共鸣，使他们在潜移默化中接受主导教育。由此完成了从教学到教育的转变，这对突破当前思想政治教育困境是一种新的探索。

（本文发表于《光明日报》，2008 年 11 月 22 日）

对构建以传统文化为载体的思想政治教育有效机制的思考

◈程京武 卢 宁

摘 要 构建以传统文化为载体的思想政治教育有效机制，有其理论的、实践的和学科发展的需要；同时，传统文化与思想政治教育在内容上、功能上和价值取向上的契合，为思想政治教育以传统文化为载体提供了可行性。因此，构建思想政治教育的有效机制，需要在理念、学理、对策和实践层面提出我们的思路，以提升思想政治教育的文化品位。

关键词 传统文化 载体 思想政治教育 有效机制

在经济全球化、文化多元化、信息网络化和社会多样化的前提下，如何在思想政治教育中形成有效的导向力量和规范力量，根据中央“要把马克思主义世界观的教育同中华民族优秀文化传统教育结合起来”的指示精神，构建一个以马克思主义为根本指导思想，以中华民族优秀传统文化为载体的高校思想政治教育的有效机制，是提升思想政治教育的文化品位，建设具有中国特色、中国风格、中国气派的现代思想政治教育的迫切要求。

一、思想政治教育以传统文化为载体的必要性

科学地界定思想政治教育载体，是有效选择合适载体的理论前提。所谓思想政治教育的载体，是指在实施思想政治教育的过程中，能够承载和传递思想政治教育的内容或信息，能为思想政治教育主体所运用，促使思想政治教育主客体之间相互作用的一种活动形式和物质实体。也就是说，思想政治教育载体必须承载思想政治教育的目的、任务、原则、内容等信息，并能为思想政治教育者所操作；思想政治教育载体必须是联系教育主体和教育客体的一种形式，主客体可借助这种形式产生互动。思想政治教育是一项教育人的实践活动，总是要通过一定载体才能进行。

党的十七大报告指出：“切实把社会主义核心价值体系融入国民教育

和精神文明建设全过程，转化为人民的自觉追求。”① 这就为思想政治教育载体的实践探索和理论探讨指明了方向。真正有效的思想政治教育应该是建立在有效的载体基础上的“文化自觉”。著名社会学家、思想家爱弥尔·涂尔干曾指出：“没有一个民族的道德教育是建立在把现实社会变成与传统毫无相关的白纸之上的。”当代思想政治教育根植于中国传统文化的土壤之上，离不开本土化的国情和人情，以传统文化为载体是保证高校思想政治教育有效性的前提条件。

第一，从理论上看，以传统文化为载体是把握思想政治教育内在本性与规律的要求。“思想政治教育是一个系统工程。”系统工程要求用系统的观点研究思想政治教育要素的构成，诸要素之间的内在联系和层次关系，有序地构建以社会主义核心价值体系为主轴，全面地、完整地体现马克思主义的立场、观点、方法及其教育的有机的严密的整体。唯有如此，才能充分发挥思想政治教育的综合效应，实现思想政治教育的目标。思想政治教育过程的要素包括教育主体、教育客体、教育介体和教育环体。教育主体，是思想政治教育过程中有目的地对教育客体施加教育影响的个人或群体，在思想政治教育过程中组织引导思想政治教育过程。教育客体，是在教育过程中，既完成自身从知到行的转化，又反作用于教育者和教育介体。教育介体，是指在思想政治教育过程中，教育者用来影响受教育者的一定社会所要求的思想品德规范及其方法、手段。教育环体，是指对人的思想品德的形成和发展以及思想政治教育过程产生影响的一切外在条件的总和。在思想政治教育过程中，这几个要素互相联结、互相制约、互相依赖，整个教育过程就是不断解决这几个要素之间矛盾的无限循环过程。载体就是各要素的联结点，是思想政治教育系统不可或缺的重要组成部分之一。作为思想政治教育这一过程综合组织形式的载体，要求能提供教育主体和教育客体相互作用的空间和持续“渗透”的能力。中国传统文化是中华民族五千年文化积淀的成果，是中国社会的文化背景，高校思想政治教育理论同样置身于中国传统文化这个大的文化背景之中。这就注定了承担着文化传承任务的思想政治教育必须根植于传统文化，绝不能割裂传统，而应当积极地吸取传统文化的精华，充分利用传统文化这一人文资源载体服务于思想政治教育。

第二，从实践上看，以传统文化为载体是增强思想政治教育有效性的

① 胡锦涛．高举中国特色社会主义伟大旗帜　为夺取全面建设小康社会新胜利而奋斗．北京：人民出版社，2007．

需要。作为塑造人的灵魂的思想政治教育，是以解决人的思想和精神为根本任务的社会实践活动，具有知识传授、能力培养和价值观教育的功能。但是思想政治理论教育的主要目标是科学价值观的教育，它以科学的世界观、方法论教育人、启发人。因此，加强和改进思想政治教育工作，提高思想政治理论教育的实效性，不仅在于社会怎么强调它，更在于社会对于它的真正有效接纳。也就是说，真正具有可信度的思想政治理论课，它的目标、内容与方法，应当是为受教育者所自觉认同的。从这个要求来审视，我们必须以传统文化为载体，构建思想政治理论教育的有效机制。改革开放虽然使我国的社会生产力得到了空前的发展，但外来思想对我国主导思想文化正在进行着有力的冲击。在这种复杂的条件下，只凭相关的思想理论教科书对学生进行单纯的思想教育，已不能适应形势的需要。我国是一个文化大国，我们的祖先以他们过人的聪明智慧、丰富的情感体验和生活阅历创造了优秀的精神文化，这是一笔用之不尽、取之不竭的宝贵财富。在今天加强高校思想教育特别是思想素质教育的过程中，应重视发掘我国优秀传统文化的精华，对学生开展传统文化的教育，这对学生爱国主义思想的形成、人道主义精神的培养、人格理念的提升，都将起到十分重要而积极的作用。江泽民同志曾经指出，“我们的文化建设不能割断历史。对民族传统文化要取其精华、去其糟粕，并结合时代的特点加以发展，推陈出新，使它不断发扬光大”。以传统文化为载体，有助于深化思想政治教育的机理和规律的研究，有助于构建一个理论体系完善且具有持续发展能力的思想政治教育有效机制。

第三，从学科发展看，以传统文化为载体是整合思想政治教育资源的有效渠道。从提高人的全面发展的高度来看，大量的学科是以提高人的科学文化素质为目标的，而思想政治教育则是以提高人的思想道德素质为目标的诸多学科之一。思想政治教育所依托的学科是一门政治性、科学性和实践性很强的学科，既同人们思想的心理的智慧的活动及其发展规律密切相关，又与社会的政治、经济、文化和各种社会生活紧密相连。思想政治教育的研究不仅有着自身的历史文化背景，还有着独特的研究目的，“更好地发挥文化教化功能与思想政治教育的内在契合性优势”。在人类教育史上，德育、智育等的分化与细化，为我们提供了更加深入细致地探寻教育规律、提高教育成效的思维方式与实践形式，但没有改变人的素质整体性提升的规律与教育活动的整体性存在方式。① 在现实的思想政治教育中，

① 沈壮海. 思想政治教育需要文化营养. 中国教育报，2008－01－14（7）.

思想政治教育所蕴涵的文化含量的丰富性却被有意无意地忽略，将对人的文化素质的发展，从思想政治教育目标中割裂开来；将育人的职责，从极其广泛的文化领域卸将下来；将具有丰富育人力量的文化资源，从思想政治教育资源中排除出去。片面理解思想政治教育的政治性，忽视思想政治教育的文化性，导致思想政治教育资源的单一化和教育形式的呆板化。“诚则明矣，明则诚矣”深刻说明了思想政治教育的内在交融性与共生性。因此，以传统文化为载体，有利于思想政治教育继承优秀文化传统，促进思想政治教育学科整合和拓展。

二、思想政治教育以传统文化为载体的可行性

当今社会，思想政治教育社会化趋势日益彰显，思想政治教育的主客体及其身份呈现多样化发展态势，适应这种新变化，选择一个覆盖面广、承载信息多、更富特色的合适载体，是保证思想政治教育有效性的前提条件。

党的十七大报告指出：“当今时代，文化越来越成为民族凝聚力和创造力的重要源泉、越来越成为综合国力竞争的重要因素，丰富精神文化生活越来越成为我国人民的热切愿望。”因此，“要全面认识祖国窗体顶端窗体底端传统文化，取其精华，去其糟粕，使之与当代社会相适应、与现代文明相协调，保持民族性，体现时代性”。这就为思想政治教育以传统文化为载体奠定了基调。充分利用传统文化这一人文资源载体服务于思想政治理论课，运用传统文化来活化思想政治教育的内容和方法，拓展思想政治教育的资源，增强思想政治教育的实效，营造和谐的思想政治教育文化氛围，是传统文化的题中应有之义。

第一，以传统文化为载体的思想政治教育在内容上的可行性。文化从广义来说，是指人类社会历史实践过程中所创造的物质财富和精神财富的总和。从狭义来说，是指社会的意识形态，即观念形态的文化，其中价值观和具体化的规范是文化的核心内容。从本质上说就是人化，就是指内在于一切事物中的人类对于世界的理解和认识，是人类的世界观、价值观和审美观。从这一个角度来看，思想政治教育实际上与文化有着千丝万缕的关系，甚至可以说思想政治教育本身就是文化活动的一种。所以有人说：“教育对人的影响事实上也就是文化对人的影响。”① 文化对人的影响具有

① 吴松．教育与文化．高等教育研究，2002（6）．

全面性，既包括科学知识、专业技能的影响，又包括思想观念、道德规范的影响，也就是说，文化本身蕴涵着大量的思想政治教育内容。它能潜移默化地影响人们的思想和行为趋向，引导人们树立正确的价值观。

高校思想政治教育所承担的教育内容包含：政治教育——社会目标教育；思想教育——价值观教育；道德教育——社会规范教育。社会主义核心价值体系要求高校思想政治教育把以往政治教育、思想教育和道德教育的内容，整合到马克思主义指导思想、中国特色社会主义共同理想、民族精神与时代精神、社会主义荣辱观这一体系上来，以帮助人们提高理论认识和科学思维能力，而中国传统文化本身蕴涵着大量的思想政治教育信息，是一种潜在的巨大教育力量。中国传统文化是一种以“仁爱”为核心，以文化教化为目的的伦理型文化，思想政治教育可从中提炼出有现代意义的内涵并加以借鉴和现代阐释。例如，中华传统文化的辩证思维有利于更好地理解马克思主义基本理论；中华传统文化求真求善的精神有利于培育中国特色社会主义共同理想；中华传统文化深厚的爱国传统有利于凝聚民族精神；中华传统文化注重人格修养，强调修身、正心、明德，有利于牢固树立社会主义荣辱观；中华传统文化知行合一的道德修养方法对加强思想政治教育的实效性有借鉴意义。

第二，以传统文化为载体的思想政治教育在教育功能上的可行性。美国人类学家克莱德·克鲁克洪指出：“一种文化都是一种结构，它并不是信念和行动的所有在物质上可能、在功能上有效的模式杂乱无章的搜集，而是一种有相互依存性的系统，并且具有按某种感到合适的方式分隔和排布的形式。”① 作为文化传承的思想政治教育当然也必须合宜地身处于文化结构中为其预留的居所，体现并发挥它合宜的文化作用。

中国传统文化在思想政治教育中具有承载、传导功能。向教育客体传导社会要求的政治观点、价值观念和道德规范是思想政治教育载体的目的和主要功能。思想政治教育是一个以载体为基本渠道、以传导思想政治教育信息为中心的过程。中国传统文化是一种潜在的巨大的教育力量，以深刻而持久的渗透功能影响着人们的内心世界。中国传统文化在思想政治教育中具有整合功能。思想政治教育通过价值整合，对社会成员施加有目的、有计划、有组织的教育影响，使他们形成符合一定社会所需要的思想品德。中国传统文化是中华民族五千年文化积淀的成果，思想政治教育理

---

① [美] 克莱德·克鲁克洪等. 文化与个人. 高佳等译. 杭州：浙江人民出版社，1986. 31.

论必须置身于中国传统文化这个大的文化背景之中，才能保证思想政治教育信息有效传递后，实现良性的“信息反映”，内化融入自己的思想和行为中，实现既定的教育目标。中国传统文化在思想政治教育中具有濡化功能。所谓文化濡化，就是指由于传播，两种或两种以上的元素互相接触，其中的一种文化吸收或采纳了另一种文化元素或集丛，并使它与主体文化协调起来，最终成为主体文化中的一部分。中国传统文化具有多元一体的性质，符合高校思想政治教育一元主导与多样发展的时代要求。为构建一个坚持马克思主义为根本指导思想，以中华民族优秀传统文化为基础，以科学精神借鉴西方文化的高校思想政治教育理论的有效机制提供思想资源。

第三，以传统文化为载体的思想政治教育在价值取向上的可行性。思想政治教育是通过传递人类文化，促使其社会化，进而又反作用于一定社会的实践活动。思想政治教育的本质就是育人，当代文化教育学的创始人斯普朗格明确主张：教育绝非单纯的文化传递，教育之为教育，正在于它是人格心灵的唤醒，这是教育的核心所在。科学实施教育活动，必须把握人的思想形成与发展的规律，研究和掌握人的本质理论。

“以人为本”向来被认为是中国传统文化的一大特色。“中国传统文化的精神是人文主义。表现为：不把人从实际关系中孤立出来，也不把人同自然对立起来；不追求纯自然的知识体系；在价值论上是反功利主义的；致力于做人。”[①] 以儒家文化为核心的中国传统文化，是一种伦理型的文化，“仁者爱人”是一种早期的人本主义思想。“仁”既是一种人我关系的准则，也是实行这一准则的普遍的方法论，在维系中华民族的发展与处理社会、个人的关系等方面发挥了主导作用。以人为本的中国传统文化，以人的尊严和人的发展价值取向来探讨人生重大问题。它倡导以人为本，注重人格修养，追求至善至美的人生境界。例如，“天下兴亡，匹夫有责”的社会责任意识，“修身、齐家、治国、平天下”的群体价值，“刚健有为、自强不息”的进取精神等一系列弘扬人的价值而形成的中国道德教化，无不体现出人性精神的理论。中国的传统文化之所以有别于世界其他国家民族的传统文化，就在于它的以儒学为主体的人文精神。传统文化中蕴藏的核心价值观和普适价值——“人文精神”，既是中华传统文化的核心，也为思想政治教育理论课在新形势下形成有效的导向力量和规范力量提供了思想资源，有助于构建具有中国特色的思想政治理论教育体系。

---

① 张岂之．中华人文精神．西安：西北大学出版社，1997．

三、思想政治教育以传统文化为载体的实践性

思想政治教育是一门以马克思主义理论为基础，综合性和实践性都比较强的科学。它通过培养健康完善的人格，提高人的思想道德素质来促进人的全面发展为目标的教育学科，思想政治教育能否真正发挥自己的优势，其重要环节在于能否从中国优秀传统文化中吸取营养，使其在自身内容的建构上具有丰富的文化内涵和文化精神。为此——

在理念上要关注思想政治教育的文化使命，增强“文化自觉”的意识。长期以来，我们的思想政治教育注重理论上的科学性、功能上的目的性，却很少探讨人们所实际接受的思想政治教育能在多大程度上成为中国文化的一个有机组成部分。科学的理论要用科学的方法进入大学生的头脑，并在学习和实践的过程中，逐步内化为自己的成才目标、理想信念和精神支柱。而离开深厚的民族土壤，片面强调灌输，必然会丧失其文化根基，致使思想政治教育只有政策内涵而缺少文化底蕴；只有“官方”的灌输，而无“民间”的自觉。费孝通先生认为，文化自觉是当今时代的要求，它指的是生活在一定文化中的人对其文化有“自知之明”，明白它的来历、形成的过程、所具有的特色和它的发展趋向及其优点和缺点，懂得发挥优势、克服缺点。思想政治教育要帮助学生在充分认识文化和国情的基础上树立文化的自觉意识。

在学理上要研究思想政治教育的文化价值，将思想政治教育的内容融于优秀传统和历史文化中。深入、系统的理论研究是高屋建瓴地构建思想政治教育有效机制的必要理论前提和思想保障。中华民族优秀的文化传统，包括天人合一的易文化，仁爱忠恕的儒文化，性空随缘的释文化，自然“无为”的道文化，还有从其中衍生出来的孝文化等，以其厚重的底蕴和深邃的哲理，给人以深刻的思想和道德的启迪，具有陶冶情操、修养身心的功效。大学生多一分厚重的传统文化底蕴，就会少一分轻浮的言行举止；多一分对传统文化的认知，就会少一分对多元文化的迷茫和困惑。思想政治教育者应该对中国传统文化精髓进一步挖掘，厘清中国传统文化的来龙去脉及其变化发展的内在机制，为中国传统文化凭借自身魅力感染人、影响人提供科学依据。

在对策上要整合思想政治教育的文化资源，以指导我们自己的实践。思想政治教育兼具政治性与文化性，要求我们在遵循思想政治教育规律的同时，也应该自觉遵循文化教育的规律，注重不断拓展文化资源、充实文

化内涵。科学理论来自人类知识的总和，对人类所创造的丰富的文化成果的学习，自然应该是我们理解、掌握科学理论的基础、前提和重要路径。传统文化是抽象的概念，其载体存在于典籍、历史遗迹和民风民俗之中。中国自古就有重视“中华元典”的优良传统，并从中汲取精华为当世所用；中国自古就要“读万卷书，行万里路”，体验积淀了深厚底蕴的传统文化遗迹；中国自古就强调“文化就是生活”，感受节日风俗、地域方言等民族文化的活化石。因此，通过所看、所学、所悟的方式，提高学生对中国传统文化的修养，并最终将中国传统文化知识转化为自己的真才实学，并在日常生活中“行诸己”，以实现“道在日用”的目的。

在实践中要拓展思想政治教育的文化渠道。中国传统文化源远流长，构成了中华民族赖以生存的深厚的文化根基，孕育、塑造并提升着整个民族的精神和气魄。作为思想政治教育的文化载体，要求思想政治教育充分利用各种文化要素，将内容渗透于课堂教育、社团活动、校园文化建设等各种文化活动中，以增强学生对整个中华传统文化的认同感。以课堂体系建设为主渠道，通过设置“中国传统文化概论”等新课程，延伸社会实践活动等方法，深挖传统文化的教育资源，实现传统文化教育与思想政治教育二者的有机融合；以社团活动为辅渠道，通过举办以教师为主导、以学生为主体、以社团为纽带的丰富多彩的校园文化活动，使优秀传统、历史文化教育在潜移默化中实现自我教育；以人文环境建设为软渠道，提升文化品位，以自然环境建设为硬渠道，美化校园环境，以自然之美和人文之美和谐统一的氛围来陶冶情操、修养身心。

（本文发表于《高教探索》，2008 年第 5 期）

关于价值认同的道德教育模式的伦理探讨

◈金　焱

摘　要　所谓道德教育模式，是在一定的道德教育理论指导下，依据道德教育过程的规律而形成的道德教育过程中比较稳固的教育程序及其方法的策略体系。多数人认为主流的道德教育模式是承袭传统的，其价值取向是以社会为本体，并把它当作行为的最高道德选择。现代的道德教育模式则受西方道德理念影响，价值取向是以个人为本位，重现实需要或以个人利益为选择，认为只有建立在人本立场上的价值取向才更具道德。为此，我们将从伦理的角度重新审视道德教育价值取向问题，并力求超越中西方道德教育价值取向的对立，建构起一种新的以价值认同为基础的道德教育模式，以适应中国大学教育的发展。

关键词　道德价值取向　个人本位与社会本位　价值认同的道德教育模式建立

我们在进行道德教育时，习惯把学生的价值取向分为两种类型：即以社会为本位的价值取向和以个人为本位的价值取向，甚至把以社会为本位的价值取向视为中国优秀传统价值观念及主流思想的最高道德原则，而以个人为本位的价值取向则归结为西方传统价值理念及现代进步的最优道德选择，并就两种类型的价值取向谁更具有道德教育效果而争论不休。对此问题的争论，一是根源于人们对价值取向的意义、根据、态度以及所表现出导向功能的思考；二是反映着人们的道德立场、道德觉悟以及道德思维的趋向。以社会为本位价值取向强调行为选择应以“奉献”为基础：其一，价值取向的“奉献”是道德的基础，是人类文明发展和进步的产物；其二，价值取向的“奉献”不但是道德的基础，也是社会进步的基础，凡是离开以“奉献”为基础而夹杂其他任何考虑的价值取向，其本身就是不道德的；其三，价值取向的道德基础只能是“奉献”，“奉献”是衡量道德与否的决定性条件，也是判断道德行为的唯一尺度。以个人为本位的价值取向则以现实的需要或“利益”为出发点：其一，道德价值取向从本质上讲是主体与客体的利益关系，关系的基础应以客体满足主体为前提，这是行为选择的动力；其二，道德价值取向同时也是一种权利，尊重个人权利是现代民主政治及法治的核心理念，其意义为个人自主性为正当，否则是不道德的；其三，以个人为本位的价值取向是行为选择的第一要义，是既利自己也利他人更利社会的，它平衡了社会各种利益，是社会发展的和谐，这就是道德。

本文仅对道德教育中的价值取向问题进行理论澄清，同时也进行伦理分析，旨在对大学生进行道德教育的过程中，能使他们在更优或更高的层面进行正确的价值选择，并建构起一种新的以价值认同为基础的道德教育模式。

一、社会本位与个人本位价值取向的伦理界说

价值取向是道德哲学的重要范畴，是人们行为选择的出发点，也是道德教育的出发点。它指的是一定主体基于自己的价值观在面对或处理各种矛盾、冲突、关系时所持有的基本价值立场、价值态度以及所表现出来的基本价值倾向。它具有实践品格，其突出作用是决定、支配主体的价值选择，因而对主体自身、主体间关系及其他主体均有重大影响。价值取向是主体对价值追求、评价、选择、认同的一个倾向性态度，即一个人以什么样的态度对待社会价值和自我价值，并作出相应的选择。因此，价值取向是社会发展过程中最能体现人们行为选择具有道德意义的衡量标准，一方面，价值取向这个概念是从人们对待满足他们需要的外界事物的关系中产生的；另一方面，价值取向使每个人在社会各类关系中能展现及实现各自完整的价值和品格。为此，我们可以看出，不论是被赋予了崇高意义的以社会为本位的价值取向，还是平衡了社会各种利益的以个人为本位的价值取向，都具有伦理上的意义和价值。

人的本性中需要有奉献精神，这是证明自己价值最有力的回报，这种精神在人生中的作用和地位很难估量，而它的情感现象又是那么神秘、奇特、复杂而又微妙，并会使人滋生出一种既根源于人类本能又超越于人类本能的崇高信念，使人充满创造力并富于牺牲精神。经验也证实，人们正是在奉献——自我实现这一逻辑关系中成长并成为一个具有真正价值的个体。因此，人不能没有奉献精神，它是人类对自己的创造力及人生意义的一种具有伦理价值的评价，同时也是张扬人性的最好例证，社会本位的价值取向深刻烙印着这种文明。然而，功利主义伦理学家边沁也曾告诉过我们，人的一切创造都是利益的驱动，快乐与幸福的原则就是利益。大自然

冷酷地把人安置在利益这一巨大的势力之下，我们所有的概念、判断以及生命限定都隶属于利益这一巨大的势力。利益结构着社会，利益联结着人，利益几乎显示了一切社会性的逻辑。因此，个人本位的价值取向总是同社会发展进程直接或间接地联系着，在社会发展的关系中，利益的形式和价值，较之于社会本位价值取向的抽象思辨更加引人关注。

我们若从道德哲学的高度作进一步分析，似乎社会本位的价值取向更具有伦理的目的性，而个人本位的价值取向则具有伦理的工具或手段性。目的性是人高于并优于动物的本质之所在，人从对目的的追求和确立中发现了适合的工具或手段，工具或手段的认定与应用强化并推动着目的的实现。人不能没有目的，正如人不能没有信念一样；人也不能没有工具或手段，正如同人不能生活在真空中一样。目的和手段建构起了完整的人生。因此，对人来说，目的有价值，工具或手段同样有价值。因此，社会本位和个人本位作为两种既有一定联系又彼此相悖的价值取向类型，各有自己的理论特质和价值意义。第一，社会本位的价值取向肯定奉献具有无上的境界和至高的价值，是完整人生必须孜孜不倦地追求、信守并在价值取向中躬行践履的，人应执着于奉献，为奉献而抛弃一切世俗的功利，具有超越时代的精神，为他人而牺牲既得利益甚至于生命，则更具道德价值。个人本位的价值取向并不认为奉献在价值取向中具有最高或终极的价值，它认为人的价值与幸福的根本在于利益的实现，利益的实现是对人的价值的最好证明，人的价值实现是社会进步的内在力量，同时也是人类文明最有力的支撑体，人类摆脱愚昧走向自由正是道德所追求的。第二，社会本位的价值取向肯定奉献在价值取向中所具有的内在价值，其根本意向是为他人而奉献，把奉献视为价值取向的圣地，要求纯化价值取向动机，端正价值取向意向，任何夹杂着个人目的性的价值取向都是不道德的，并拓展出一种绝对主义和奉献至上主义的伦理精神。个人本位的价值取向只承认奉献在价值取向中的工具价值或手段价值作用，主张为了达成利己的快乐与幸福这一更高层面的目的，需要奉献作为补充，当因奉献的因素动摇了个人本位的根基时，为了个人本位的利益与稳定，在价值选择时可以牺牲个人的奉献，因为个人本位的稳定与持续是社会的大利，奉献则是个人精神层面上的崇高，在社会大利与个人崇高发生冲突时，以崇高而牺牲大利是不道德的，并彰显出一种实用主义和相对主义的伦理精神。第三，社会本位的价值取向认为奉献是一条精神之路，挚诚地为他人、为社会奉献，是灵魂对至善至美的热烈向往，主张人应时刻从他人利益出发，去寻找判断人生意义的价值标准，看重的是人对奉献本身的境界追求，在对奉献他人与社会的追求上持理想主义立场。个人本位的价值取向则认为“人的每一种本质活动的特征，每一种生活本能都会成为人的一种需要”[①]。“人们所奋斗争取的一切都同他们的利益有关”[②]，并以此为论据，主张以利益一致作为判断人是否幸福的价值标准，故而特别看重价值取向的实效性或功效性，在对价值的追求上持现实主义立场。第四，社会本位只承认奉献在价值取向中的内在根据和至上意义，崇尚价值取向无我，而其他一切价值选择对奉献价值来说都是从属、派生的，选择结果的合理性来源于人本性中的“善”，从而可以说这是一种价值一元论。个人本位视线中的价值取向无疑是多元的，多元价值理念中当然包含各种利益选择，这无疑有利于在各类关系中营造出一种道德上彼此宽容的社会环境，多元的价值理念只要求对人的行动后果作正当与不正当的评价，它并不追究行动的动机，更不要求人们具有与人格内在一致的美德。因此，后果论的宽容与多元价值理念的宽容适应了复杂的现代生活。第五，社会本位的价值取向执着于奉献的终极之路，将奉献视为一种信念，信念促使人们在价值选择与现实生活中不受私欲的困扰，成就的是一种信念伦理。个人本位的价值取向将行为选择看作是人的利益责任，考虑的是在价值取向的选择与生活中可能作出的决定会造成什么后果，并设法在行为过程中加入能取得某些成果或能决定人们企求的某些结果的行为，强调人们应对价值选择的结果负责，并认为善的本质是一种对他人和社会有利的行为，故是一种责任伦理。

社会本位与个人本位的价值取向的伦理特质与理论差别，也许还表现在其他一些方面，但从上述所确证的几个方面我们可以看出，它们都是对价值取向的伦理本质与作用在理论与事实上的认识，在阐述和论证的过程中均涉及人们对目的与手段的理解，深化了人们对价值取向的内在规定性的思考，从而由里及表地影响着人们的价值选择。因此，这是在对大学生进行道德教育时，我们必须理性面对并加以关注的理论与现实课题。

二、社会本位与个人本位的价值取向的伦理评析

社会本位和个人本位的价值取向本质上是对价值取向的功能和作用的两种不同的认识。

社会本位从目的上探讨奉献的价值，赋予奉献以目的性的意义，认为

① ［美］伊芙琳·莫斯奇塔．价值取向的精神．邵文实译．北京：北方文艺出版社，2002. 153.
② ［美］W. J. 莱德里，D. 杰克逊．价值取向的幻象．北京：中国国际广播出版社，1988. 82.

为他人和社会奉献是人们追求善的目的，具有崇高或至高无上的价值，奉献的全部价值就在于它的无私与忘我，因此，价值取向之为奉献的目的是人应当遵循道德的最好理由，舍此便会使价值取向的目的性受到损害。这种理论强调了为他人和社会奉献的内在价值和目的价值，有益于确立起价值取向的真诚、纯洁和神圣性，在现实生活中也有益于人们找到抵抗非道德因素的侵蚀或进攻，培养追求崇高品格的志向。无论时代发生怎样的变化，奉献永远熠熠生辉、光耀人间，永远是一种纯洁高尚的精神境界，是鼓舞和激励人们奋发向上的巨大力量。在这样一个充满纯粹目的的价值取向里，比之现代社会以价值取向为规范模式或“利益互换”来看，奉献更能使人间永驻真情，能使世界充满爱心。

然而，在个人本位的价值取向看来，对价值选择持圣人般的追求只不过是不切实际的梦想，并认为价值取向的选择不在于利己或利他本身，而在于是否能促成人本目的的实现，它更多体现的是对人的功效，即功利，这是根据个人自身完善和发展的精神性需要来进行选择的，这就是人为什么要选择人本为价值取向出发点的具有道德性的理由。套用经济学的解释，这是因为通过人本的行为选择所能得到的预期收益超过预期的成本，选择人本价值取向这种模式，就是为了而且也能够降低双方获取效用而产生的交易成本。因此，在重视功利、强调个性和民主的现代社会，人不仅是社会中的一个角色，更重要的是意志自由的行为者。马克思在《共产党宣言》里确立了个体发展优先于社会发展的原则。——在那里，每个人的自由发展是一切人的自由发展的条件。个人本位高度推崇个人的价值与尊严。个人的价值与尊严，用康德的话来讲，就是把个人看作目的，而不是仅仅把个人看作满足其他个人或群体意志的手段与工具。可以说，个人本位的价值取向对社会进步发展大于社会本位的价值取向，因为社会活力与社会的进步和繁荣，有赖于每一个社会成员的能动性与创造性。这种价值取向无疑有助于人性的发展和人在价值选择面前的理性态度，从而为价值取向的道德选择提供了基础性的保障。

我们在对大学生进行道德教育时，理应在理论的高度对两种不同的价值观进行伦理辨析，而不应仅仅停留在一般的分层教育方法上。因此，就其理论或事实的缺失和偏颇之处而言，社会本位的价值取向常常把人的物质欲望和功利追求同价值取向的崇高性对立起来，似乎以追求人的物质欲望或功利为条件的价值取向，有悖于道德最深层的理念，即道德天生就是超越功利的，这就会把人引向利他主义的极端。但若从事实及更理性的角度对社会本位的价值取向作深层分析就可以发现，仅有奉献的价值取向实质上是有悖于人的道德性的。因为在强调奉献是价值取向的基础时，这本身就意味着追求的是一种不圆满且自私的生活。我们说如果一个个体在特定的时间和空间条件下，以牺牲自己的适应性来增加、促进和提高另一个个体适应性的表现，这一价值取向无疑是合理的，但人必定是生活在社会关系中，从人类社会的演进过程来看，利益追求也是人类社会属性的核心。在社会中，各种利益主体能够在公正的程序下尽可能地寻求自身利益的最大化，是“和谐”的基本条件。利益可以是罪恶的，也可以是富于德性的，关键是什么样的利益，是怎样使我们的利益合乎德性。从这一点看，强调社会本位必然涉及自我利益与他人利益之间取舍的问题，利益是道德需要缘起的出发点，正是因为社会客观存在利益的冲突与选择，才有道德对人的行为的调节。社会本位的道德虽然坚持无私利他，鼓舞人们无私奉献的至善热忱，却反对一切个人利益的追求，抛弃为己利他和单纯利己原则，而以无私利他要求人的一切行为。这样，一方面它对每个人的欲望和自由侵犯便最为严重：它侵犯、否定每个人的一切目的利己的欲望和自由；另一方面，它对增进社会和每个人利益最为缓慢，因为它否定目的利己、反对一切个人利益的追求，也就堵塞了人们增进社会和他人利益的最有力的源泉。因此，一个社会良好的社会道德秩序，并不意味着不存在利益，现代社会是思想多元化的，也是利益多元化的，不同的主体肯定具有排他性的利益。在利益分化的格局下，不同群体或个人都有权合法地追求自己的利益。中国改革开放30余年取得了举世瞩目的成就，若问其中最重要的收获是什么？人们都会回答：承认追求利益的正当性、合理性，这是众多收获中最具有决定性作用的一个收获。正是由于这一理念的重大突破，今天的中国才能吸引世界目光。

个人本位作为价值取向类型的另一面，注重人们的实际目的，主张将这些实际的目的或需要视为道德选择的基点，强调物质利益在道德选择面前的基础地位，把行为出发点的物质基础提到十分重要的高度来认识，并赋予行为选择中的功利、效用以伦理的意义，由此彰显价值取向的现实性和功利性，表达了现实中的人的自然要求和合理欲望，理论上具有一定的合理性，实际上也切合人的行为趋势和生活态度。同时，我们也承认个人本位的吸引力主要在于它强调了行为选择的道德与利益的结合，肯定人们追求幸福的价值，在理论上也提出了一个能解决价值取向道德争纷和分歧的根本原则——最大多数人的最大幸福。然而，它难于解释追求最大幸福的个人怎么才能被引导到追求正当幸福上来，它的有些结论也常常和人们直觉到的正当幸福观念相忤：比方说它为了最大功利可能宽容某些个人对他人的严重侵害，当然，这种侵害在理论上或是法律上是可行的，然而，可能正是这样的“宽容”牺牲了人们的价值取向中真正的道德性，故而不能对人们的行为选择作出清晰的伦理描述。此外，个人本位的价值取向毕竟只是意识到了人的功利性与现实性，并且它所确立或论及的功利幸福常常表现为世俗生活的功名利禄、富贵荣华、舒适安逸等，这就意味着在人们的眼里，功利幸福的道德价值远远高于并优于人的幸福本身，个人本位成为人们谋利计功或追求人生幸福的工具或手段，成为人们为追求功利和幸福进行价值论证和伦理辩护的最佳场所。这就势必大大强化人们的功利意识和功利追求，导致功利主义和实用主义泛滥的局面。而现代社会已将一切工具理性化，个人本位价值取向在功利性原则的“感召”下，人性和灵魂正在被分割。功利主义思想家边沁甚至设计出“强度”、“纯度”、“持久性”、“确定性”、“继生性”诸项指标，试图运用数学方法对人生的苦乐进行精确计算，而计算的结果，甚至连最坚定的功利主义者也感到震惊与困惑！倘若作进一步简单引申，把功利之一的苦乐计算看成是人类生活的祛魅，那么，这种祛魅的实质即在于人性问题上的目的论图式的消解。正是从这个角度，舍勒批评说，现代道德所造成的一个最深层次的价值缺损，就是“高贵隶属于有用”，或曰“生命价值隶属于有用价值”。如果说经济发展的科学实证性和精确的数字化必然地要应用于自然领域的话，那么将类似的原则贯穿于现代的生活模式中，就会不可避免地消解整个人类的文化个性、人格魅力和特有灵性，甚至是道德性。这种现代性的道德价值缺损出现的根本原因何在呢？按马克思的话说，是因为社会的基础结构发生了根本转型。商品经济的发展冲破传统自然经济的限制，使古来就有的牟利冲动获得了可以无限伸张的纯粹形态。工具理性固有的缺陷也在这种纯粹形态下得到无限而合理的张扬。当所有商品都在交换价值及其货币符号的抽象形式上得到通约的时候，将世间的一切东西转换成商品并计算其货币量值的大小或多少，就不仅变得可能，而且真的成了现实。因此，随着整个社会生活功利的数字化，祛魅就合乎逻辑地表现为将所有形式的奉献和崇高都浸泡于功利谋划的冰冷之中，过去人们一向不能出让的东西，这时都可以拿来交换，“甚至像德行、奉献、信仰、知识和良心等最后也成为买卖的对象”。也正是在这个意义上，有人把货币（金钱）看作手段变成目的的最极端的例证。正如齐美尔所认为的那样，从来没有什么东西能像商品经济时代的货币一样“如此彻底而毫无保留地变为一种心理上的价值绝对，变为一种统御我们行为取向的无所不包的终极意图”。因此，现代社会，在用所谓的现代工具和技术对这个本来就充满幻想的人类生活进行祛魅的过程中，也将人性特有的高贵德性与道德价值一并给祛除了。这很难说清是人的悲哀还是生活的进步。以个人本位的现代价值取向的畸形膨胀，已使这个世界的丰富魅力和灵性蜕变，无论是在广度上还是在深度上都达到了无以复加的程度，甚至可以说，人类生活的文化个性、伦理道德和主体灵性的丧失，乃至终极价值的耗散和人生意义的失落，已经构成了现代生活的基本品质。我们承认利益与生存有关，但生存并不等于生活。人活在世上，生存是第一位的，是前提，但不是人生的全部。生存的意义只在于是一种必需，是存在于物质世界的一种必需，它是一种现实性的概念。而生活则在于感受和领悟生命的极乐及生命的狂喜。因此，在人类世界中，生存是手段，生活才是目的。因此，利益不是人生的全部。可见，过分地强调价值取向的个人本位并不能真正地确立起人类生活的真正道德价值，反而还会妨碍人的道德价值的真正实现。现实生活中，个人本位已成为一些人抛弃伦常、追求私欲的借口，个人本位也成为一些人不负责任、追求私利的辩护工具，个人本位更成为一些人追逐以个人占有欲为主要目的的低级的行为，并由此造成了一系列不容忽视的社会问题。

三、价值认同的价值取向模式的伦理建构

迄今为止，我们关于价值取向理想的争论，大多集中于价值取向的社会本位上，即奉献的非目的的合目的性、奉献的非功利性等问题，而较少涉及社会利益与社会互动中的价值取向功利性问题。然而，当中国社会急速地向市场经济模式转型，我们发现，价值取向的社会本位，在大学生们的自我意识中，他们对价值的理解与认同、社会关系的互动过程之中的认知都有了新的意义。这不仅归结为伦理态度，还深刻地关系到人性、人的社会生存策略、社会沟通以及对于快乐幸福的感觉。随着价值选择在生活世界中的功能和意义越来越重要，其问题也越来越多、越来越严重，价值选择问题就不再是个人的问题，即使可能具备了某种合理自由选择的内质，但一经面对社会，就要被迫面临对利益的诱惑与社会适应的压力。自我利益与社会利益的伦理冲突就会给价值选择带来很大的挑战与困扰。

我们应当承认，在现实生活中人们相互关系的模式，仍然是按照互惠及互利的规则来设计和建构的。行为选择中功利的价值原则在很大程度上压过了奉献的价值原则，这是现代道德教育的极大无奈和失败的原因，也是典型的现代人精神上的一种病痛，尤其是大学生这一层次的学生，他们

的价值观已基本形成，并深受启蒙思想的影响，他们追求的是“凡人的幸福”。“凡人的幸福”的基本内容就是物质生活的舒适富足和感官欲望的充分满足，为此，他们把感性快乐确立为现代价值的首选价值或最高价值，因为他们相信人在价值选择方面是自由的，没有任何力量能把特定的价值强加于个人。而现代人精神上的另一种病痛则是人们对于精神追求与物质利益的渴求不能达成理想一致的痛苦，特别是在追求“凡人的幸福”过程中又迫切地渴望建造或拥有某种神圣东西。但对于道德这样一件非物化的“产品”来说，决定其价值的不只是它的性能和质量，也不只是以一般社会等价物来衡量的市场价值，而是它对于人们内心的某种需求的适合程度，是它在人们心中呈现的是什么样的模式。对于社会来说，正确的价值取向体现着人们行为上对社会的贡献水平，代表着整个社会的信念、风尚、价值观和成就。正确的价值取向，也是普遍性的社会价值观的典型表现。如果价值选择仅仅流于物质财富、金钱与快乐，或流于忘我、牺牲、奉献，而不能取得普遍的人们及社会的价值认同，这就不具有真正的道德性。也就是说，价值的正确选择不仅是精神上的无私忘我或物质上的动力追求，还应是能引起良性的广泛的伦理意义的互动，即共同的价值理念的认同。大学生这一层面的教育，不仅是给予他们正确的教育，还要给予他们足够的知识来认知选择的利与弊。但我们也应当看到仅有知识并不能使我们的行为更具道德性，随着社会生活物质水平要求的提高，奉献追求的境界也越来越被人们所忘却，而以道德为标志的行为选择却远远不能与之相称。一个重要而被普遍忽视的线索，是对于当代行为选择价值认同的研究。大多数人把行为的价值认同当作边缘问题，没有给予足够重视。这是影响价值选择的关键。我们不可想象，仅有奉献或功利而没有价值认同作为基础的价值选择，能有多大的感召力。

行为选择的价值认同涉及个人与社会的关系定位，个人与社会要建立和谐与公正，这看似形式问题、技巧问题，实质涉及价值标准问题。因为选择或接受一种价值理念与否，都与是否认同其价值标准有内在联系。而行为选择的价值认同，也不是如同政治民主的四年一次投票所达成的基本价值认同，而是每日每时、每地每处都发生在日常生活中的选择。

行为选择的价值认同从根本上分析，还在于它思想意识认同、生活方式认同、内心信念认同，是价值观念整合之后重建的伦理道德观的认同。针对当代青年人的思想方式，在进行道德教育的过程中，教育者对行为选择认同的价值核心，应该从传统的普遍社会价值的确定，转向个性化价值的确定，也就是从共同价值的满足，通过人与人的响应方式，走向个性化伦理价值的认同。更通俗的理解就是一种新的价值选择：这一新的价值选择指的不是功利，不是金钱，而是文化价值的层面。大学生虽然生活的文化背景和受教育背景不同，但同时也应当承认全球化使得当代青年人有了相似的生活旨趣、类似的价值选择与相同的责任担当。现代社会，青年人的政治背景可以流动，经济背景也可以流动，唯有他们的文化背景是相对稳定与可靠的，这是价值取向和谐与稳定的基础。现代社会的价值选择问题，就是在与社会文化相一致的社会化价值满足的基础上，如何能更细致、全面地响应个别价值，使人们能从自身个别化的利益中，获得对价值选择的认同。这既有共同利益的实现，也有个性化要求的满足。人们对社会的满意越全面，价值构建的结构就越强，社会价值就越高。因此，物质层面的认同或现实功利的重心应转向文化价值层面，因为文化价值层面是一种普遍的基于现实又超越现实的理想形态，它包括价值关系未及的、约定俗成的价值判断、生活方式和行为过程，它是指在社会关系的活动中所产生和蕴涵的，推动人们和谐相处的，以人为主体，通过关系互动所彰显出来的精神力与物质力的综合结合力。从这个意义上可以说，道德教育中，文化价值认同是价值模式构建的重要组成部分。如果从文化哲学的视角来看，一种文化形态生生不息向前发展的最持久动力，莫过于体现该文化的内在精神及其个性，同时也正是这种内在精神及其个性使该文化展示出了独到的魅力。我们面对的是受过高层教育的青年人，尽管他们的价值关系中包含着对理想与信念的追求，但由于市场经济几乎无法避免交换原则的渗透，价值选择过程中具有功利性是无可避免的，而这一点在道德价值层面上应被看作是中性的、工具性的，而不应给予不道德的定论。因此，在价值选择的过程中，只要合乎社会程序中的各方利益、合乎价值选择过程的伦理秩序，就具有伦理价值性。因为只要价值选择有一种良性循环的秩序，是一种良好的互动关系，比之强调奉献或功利则更具有道德性。在现代社会中，我们已经难以仅仅依凭内心的奉献去塑造整个社会，也难以仅仅依凭社会潮流去统一规范价值模式。因此，我们在对不同文化背景的大学生进行道德教育时，应当超越社会本位与个人本位的价值取向的对立，建构起一种新的以人类优秀文化的认同为基础的价值模式：

第一，人类优秀文化是支撑生命延续的一种信念，这是不同文化背景下的人们在其生活中所选择并坚定不移的主导价值观，这种主导价值观是人们共同追求的目标——美好、德性，并对人类行为有着支配性和决定性的影响，这种影响既是一种精神纽带，更是一种深层次的凝聚力。这种凝聚力超越了价值取向中的奉献力量，也超越了价值取向中的功利诱惑。同时追求美好与德性也是价值取向稳定的磐石，是人们对价值选择不定性的突破，这种突破以精神性突破为根本，也正是这种精神性的突破，才使得人们从信念中获得惊人的力量，并抗衡着“外力”的不断侵蚀和诱惑，理解这一点是价值选择稳定的首要前提，同时也是价值选择重要的道德标志。

第二，人类优秀文化总是以平等的姿态去成就各种文化的融合，理解各方文化与希望被各方所理解，就像一枚钱币的两面，缺一不可，并通过有效的跨“文化”意义的价值理解，发现其相互融通性。相互融通性不是某种具体地存在于某种文化中的东西，也不是不同文化价值的简单混合，而是通过文化层面的价值比较获得的一种感受美好与德性的真知。熟知并不是真知，价值取向也需要从讨论协商的多元主义出发，建立一种新的、对彼此都可资借鉴的文化价值原则，这种新的文化价值原则的逐渐明晰，就可能成为一种普遍价值的认同资源，并以此认同为契机，进而对价值取向的全部内涵进行一种不带任何偏见的道德解释。

第三，人类优秀文化是价值选择中多元宽容精神的体现。尽管建立的是一种新的价值体系，但差异总是绝对的，在价值关系中就应当承认差异、宽容差异。若从文化的普遍价值视角看，我们也期待不同的价值形态间能够达成基础性的一致或同一，并在价值关系中推崇差异与兼容，协调“相似”和“相近”，以此实现一种“和而不同”、“合而不一”、“兼容并包”、富有弹性的价值取向旨趣。如果无视价值认同多元化的事实，而强行把它们统一于一方的价值之中，就可能造成价值关系的紧张与压迫。因此，从多元宽容的价值立场出发，我们欣赏、鼓励的是不同价值形态间的“相似”、“相近”、“相容”、“相补”，这样才能体现不同价值取向间的和谐，才具有道德性。

第四，人类优秀文化的价值认同具有道德感召力。道德感召力以道德责任为价值选择的内在支撑，是价值选择的根，没有道德责任，价值选择就只剩下物质的外壳。道德责任是人们对价值取向理想目标的确认和承诺，是对价值取向理想人格的设定和确信。道德责任在价值选择的实践中具有不可取代的作用，它具有广泛的渗透性和主体的自觉性。现实生活中，没有一个有担当的人在选择和设计其基本价值取向模式和具体生活策略时，不渗透着道德责任的考量。同样也没有一个有理智的个人，在接纳外来的和形成自己的价值取向信条、生活理想甚至奉献信仰时，不内含着对道德责任的思考和选择。失去道德责任的价值选择是不会有生命力的，价值选择不仅需要从道德责任那里获得论证和支持，而且其功能就在于促进和保障道德所倡导的社会秩序的建立和稳定。道德责任既是社会接纳个体的尺度，也是个体趋同于社会的尺度。只有当基本的道德原则和道德规范真正内化为个体的一种自觉的内心要求和内在精神力量，从而转化为价值选择目标的一种道德信仰时，人们才能有更多的理解、沟通和融合。

总之，在普遍价值与个性发展之间保持必要的张力，也许就是我们在进行大学生道德教育中谋求当代价值取向合理发展的基本思路。在现代化的整个历史进程中，不同价值取向观念的价值冲突也许将会伴随始终。因此，在一种新的“优秀文化”的意识下妥善地解决好普遍价值与个性发展的关系问题，是时下价值取向讨论不可回避的重大问题。而达成这一目标的有效手段，就是行为选择在价值认同的平等心态之下，进行富有建设性的“对话”，在对话中匡正价值偏见，达成有效的价值取向共识。

长期以来，价值取向已经不再是一种选择，而是被定义为生命的一个过程。人类将其作为习惯接受的时候，往往不会思考价值取向的本质与意义。但这种公式化人生已经被新世纪的潮流打破了。随着新生活的多元化，价值取向也被赋予了多重色彩。今天，该是我们重新审视价值取向功能的时候了，只有认清了价值取向的功能，我们才能更好地面对新的价值取向关系。

参考文献

[1] 傅荣，郑华. 价值取向的优点. 南昌：江西科学技术出版社，1990.

[2] [美] 妮娜·奥尼尔，乔治·奥尼尔. 开放的价值取向. 北京：社会科学文献出版社，1992.

[3] [美] 大卫·舒尔茨. 价值取向与自我完善. 北京：中国妇女出版社，1994.

[4] 卢敏. 凡人的价值取向计谋. 成都：四川人民出版社，1994.

[5] 刘忠勋. 信仰：德育的真正意蕴. 通化师范学院学报，2001 (3).

[6] 余玉花. 社会转型期观念的变化与思想政治教育. 思想·理论·教育，2000 (8).

[7] 蔡永莲. 社会转型与德育的有效性. 思想·理论·教育，2000 (8).

[8] 鲁洁. 人对人的理解：道德教育的基础. 教育研究，2000 (7).

[9] 叶澜. 试析中国当代道德教育内容的基础性构成. 教育研究，2001 (9).

“毛泽东思想和中国特色社会主义理论体系概论”课的改革与思考①

◈刘 华

摘 要 即将在高校政治理论课中开设的“毛泽东思想、邓小平理论和‘三个代表’重要思想概论”课，是对高校学子进行马克思主义中国化教育的一个重要环节。在教学活动中，我们必须争取做到：教学实践中展现中共85年奋斗凝聚而成的三大重要理论成果的逻辑一致性；注意展现“概论”课的中国特色；“概论”课教学大纲的设计以坚实的理论政策为基石并将重点放在当代。

关键词 毛泽东思想 邓小平理论 “三个代表”重要思想 教学改革

我国高校即将在2006年全面开设一门新的政治理论课，即“毛泽东思想、邓小平理论和‘三个代表’重要思想概论”（以下简称“概论”）。作为一名长期从事毛泽东思想概论、邓小平理论概论课教学的一线教师，笔者在此就该课程的教学谈几点思考与建议。

一、教学实践中必须展现中共多年奋斗凝聚而成的三大重要理论成果的逻辑一致性

从课程名称即可了解本门课程的基本内容：毛泽东思想、邓小平理论和“三个代表”重要思想这三个独立的思想理论体系，三者既相互独立，又存在理论上的延续性。根据《中共中央宣传部、教育部关于进一步加强和改进高等学校思想政治理论课的意见》精神，“概论”这门课程的基本教学内容主要包含以下三个方面：

（1）中国共产党把马克思主义基本原理与中国革命和中国社会主义建设的具体实际相结合的历史进程。这就是说，“概论”必须表现出中国共产党85年奋斗的历史进程中，其主要指导思想随着历史的演进而传承并创

① 本书发表于2006年。

新的具有合乎历史逻辑的理论发展过程。换言之，“概论”必须反映马克思主义中国化的历史，而不能将毛泽东思想、邓小平理论和“三个代表”重要思想的所有内容糅合在一起，以致课程的讲授体现不出中国共产党指导思想随历史的演进而不断与时俱进的历程。学生通过学习中共艰苦卓绝的革命和建设的历史及其指导理论内在的逻辑演进的历史，能更加深切地体会理论联系实际的唯物主义哲学之思维方法，从而有利于当代大学生理性思维能力的加强。

（2）中国共产党在实现马克思主义中国化的过程中先后形成了既有内在逻辑联系又各具不同时代特色的三大理论成果。“概论”课的教学既要把毛泽东思想、邓小平理论和“三个代表”重要思想作为一个不断与时俱进的历史过程展现出来，又必须在讲授中各有侧重，随着历史的发展而展现三大理论成果在不同时代的重大成就，以利于学生分别了解马克思主义中国化的阶段性成果，从中体会到历史与逻辑的统一，进一步掌握理论联系实际的方法。

（3）三大理论成果的基本原理与主要内容。“概论”课在教学中应该富于逻辑地展现这三大理论成果的具体内容以及各个基本原理的发展变化，使学生从中看出理论的发展和创新过程，从而能够实实在在地领略中国共产党的理论指导思想既实事求是又与时俱进之精髓。

此前，高校政治理论课一直把“马克思主义中国化的理论成果”的教学分解为毛泽东思想概论、邓小平理论概论以及在邓小平理论概论中加进“三个代表重要思想”这一块，使得本有其内在逻辑的一门课变成了两门课甚至是三门课。而且有的由历史类教师来教，有的由经济类教师来完成。这既在理论上无法体现马克思主义中国化的历史进程和其所固有的内在逻辑联系（至少联系不紧密），而且对于教师的教和学生的学都不方便，因而成效不显著。所以说，改变是必然的。现在党中央以及教育部将马克思主义理论中国化的三大理论成果——毛泽东思想、邓小平理论以及“三个代表重要思想”合并为一门，既反映了中国共产党把马克思主义基本原理与中国实际相结合的历史进程以及这一进程中取得的三大理论成果，又将三大理论成果的内在逻辑联系有机地展现了出来。我们在具体的教学实践中就必须做到：首先，在教学内容的排列上三个单元一个也不能少，并且要讲深讲透。其次，不能简单地把三个单元看作是三大内容简单的拼盘式汇集，而是要在教学中将三个单元中体现的三大理论成果之间本身所具有的一脉相承的内在逻辑关系充分揭示出来。

二、“概论”课的核心概念是中国特色

毛泽东思想、邓小平理论和“三个代表”重要思想拥有一个共同的特征，那就是它们均为马克思主义中国化的产物。追溯三大理论的源头，是发源于西方文化之河的马克思主义，奉马克思主义为正溯是三大理论的共同点。然而，它们又分别是马克思主义在指导中国革命和建设的不同阶段的产物，它们的身上凝聚着异常浓厚的中国色彩，中国特色是他们的最大共同点并且体现在三大理论成果的逻辑主线之中。这一逻辑主线在历史的发展过程中又分为三个层次：一是中国必须走中国特色的新民主主义道路才能使中国屹立于世界民族之林；二是中国必须走中国特色社会主义市场经济之路才能加快中华民族复兴的步伐；三是走中国特色社会主义道路必须随着世情、国情和党情的变化而发展才能使我国的现代化取得切实的成功。无疑，毛泽东思想是第一个层次的产物，邓小平理论是第二个层次的产物，“三个代表”重要思想是第三个层次的产物。这三个层次逐步递进，都具有鲜明而浓郁的中国特色。

由此，可以把毛泽东思想定位于：具有中国特色的革命道路的成功——通过新民主主义走向社会主义。具体来说，在毛泽东思想指引下，新民主主义革命取得成功，为实现中华民族伟大复兴创造了前提；社会主义制度的建立，开始了在社会主义道路上实现中华民族伟大复兴的历史征程。总结毛泽东思想这一单元，它为建设中国特色社会主义准备了必要的制度前提和良好的思想条件。

可以把邓小平理论定位于：具有中国特色的社会主义建设道路——社会主义市场经济道路之开辟，即将社会主义道路与市场经济制度有机结合，通过改革开放实现中国的现代化。具体说来，在邓小平理论指引下，中国人民走上了具有中国特色的社会主义市场经济之路，通过改革开放的伟大实践，赋予民族复兴强大生机。总结邓小平理论这一单元，它为建设中国特色社会主义指明了方向，规划了蓝图。

可以把“三个代表”重要思想定位于：具有中国特色的 21 世纪中国现代化之路——进一步完善社会主义市场经济之路。具体说来，在“三个代表”重要思想指引下，中国人民全面建设小康社会，加快推进社会主义现代化，使社会主义中国发展和富强起来，从而对人类进步事业作出重大贡献，中华民族的伟大复兴展现出灿烂的前景。总结“三个代表”重要思想这一单元，它为中国特色社会主义市场经济之路在新世纪的进一步成功

指明了方向。

以这样的思路展开教学内容，可以把这门课程的学习与实现中国的社会主义现代化和中华民族的伟大复兴紧密联系起来，为提高大学生的思想认识打下坚实的理论基础。

三、“概论”课教学大纲的设计必须以坚实的理论政策为基石并将着重点放在当代，体现与时俱进的要求

根据前面两个方面的设想，笔者认为“概论”这门课程的教学要点大致可以设计如下：

导论。在导论部分，着重阐明三点：一是把马克思主义基本原理与中国实际相结合，不断推进马克思主义中国化，这是中国共产党的理论贡献。二是毛泽东思想、邓小平理论和“三个代表”重要思想，这是一脉相承又与时俱进的马克思主义中国化的三大成果。三是用社会主义市场经济制度推进中国的现代化，实现中华民族的伟大复兴，这是中国共产党的历史使命。

第一单元，中国特色新民主主义革命道路的成功——通过新民主主义走向社会主义现代化道路的起点。共设三章：一是具有中国特色的革命道路。讲授在中国共产党及其领袖毛泽东的率领下，中国走出了一条不同于一般资产阶级民主主义革命的新民主主义革命道路；建设新民主主义社会；开创了一条适合中国特色的社会主义改造道路三个方面。二是关于中国革命和建设的最初的成功探索。讲毛泽东思想初步回答了中国革命和建设的若干重大问题；系统解决了把以农民为主要成分的革命军队建设成新型人民军队的问题；精辟论证了革命斗争中的政策和策略问题；科学提出了思想政治工作和文化工作的一系列具有长远意义的重要思想；成功解决了在农民占人口大多数的国家建设无产阶级政党等五个方面内容。三是毛泽东思想的精髓与活的灵魂。讲坚持实事求是、贯彻群众路线和实行独立自主三个方面。整个第一单元小结：新民主主义革命的成功，为实现中华民族伟大复兴创造了前提。社会主义制度的建立，开始了在社会主义道路上实现中华民族伟大复兴的历史征程。毛泽东思想为建设有中国特色社会主义国家奠定了基本的意识形态和准备了必要的制度前提。

第二单元，中国特色社会主义建设道路的开辟——通过改革开放及社会主义市场经济之路实现中国的现代化。共设五章：一是邓小平理论的历史地位。讲实事求是、解放思想才能抓住时代的主要问题；新时期的鲜明特点是改革开放；邓小平理论是指导中国人民实现社会主义现代化的科学

理论三个方面。二是社会主义初级阶段理论。讲中国正处于并将长期处于社会主义初级阶段、分“三步走”基本实现现代化和党的基本路线一百年不动摇三个方面。三是社会主义本质。讲发展才是硬道理、科学技术是第一生产力和通过一部分人、一部分地区先富起来最终达到全社会共同富裕三个方面。四是社会主义市场经济和社会主义民主政治。讲市场经济是资源配置的有效手段，中国要走社会主义市场经济之路；社会主义民主与法治是现代化国家的有机构成之一，没有民主与法治就没有社会主义，推进党和国家领导制度改革。五是国家的建设和统一。讲团结一切可以团结的力量和用“一国两制”实现祖国统一。整个第二单元小结：十一届三中全会以来，中国共产党找到了建设中国特色社会主义的正确道路——社会主义市场经济之路，赋予中华民族复兴以新的强大生机。邓小平理论为建设中国特色社会主义现代化指明了方向，规划了蓝图。

第三单元，坚定不移地走社会主义道路——用制度创新完善社会主义并赋予社会主义新的生命力。共设三章：一是“三个代表”重要思想产生的历史和时代背景。讲20世纪末叶，以苏联为首的国际社会主义阵营分崩离析，世界社会主义运动跌入低谷，众多的前社会主义国家公然宣布放弃马克思主义、放弃社会主义道路。值此多事之秋，“三个代表”重要思想应运而生。它一方面强调中国仍坚持社会主义道路不动摇；另一方面则强调中国共产党只有努力做到“三个代表”，才能让社会主义的旗帜在中国长久地飘扬下去。二是“三个代表”重要思想的主要内容。第一，中国共产党对执政规律认识的深化。讲党是中国工人阶级也是中国人民和中华民族的先锋队；巩固党的阶级基础和扩大党的群众基础；发展是党执政兴国的第一要务；以改革的精神推进党的建设四个方面。第二，中国共产党对社会主义建设规律认识的深化。讲建设社会主义社会的本质要求；促进社会主义物质文明、政治文明和精神文明的协调发展；坚持党在社会主义初级阶段的基本纲领；正确处理改革发展稳定的关系；走中国特色的精兵之路五个方面。第三，中国共产党对人类社会发展规律认识的深化。讲顺应世界多极化和经济全球化的发展趋势；尊重文明的多样性和提倡发展模式的互补性；正确认识资本主义的历史进程；正确认识社会主义的历史进程四个方面。第四，中国共产党对马克思主义中国化的进一步创新、拓展。讲求真务实是党的思想路线的核心内容；坚持科学发展观；加强党的执政能力建设；加强党的先进性建设；构建社会主义和谐社会五个方面。三是“三个代表”重要思想的重大意义。讲马克思主义具有与时俱进的理论品质、新世纪全面建设小康社会新阶段需要实现理论创新、党的基本经验归结起来就是“三个代表”。“三个代表”重要思想是新世纪新阶段全党全国人民实现全面建设小康社会宏伟目标的根本指针。整个第三单元小结：全面建设小康社会，加快推进社会主义现代化，使社会主义中国发展和富强起来，是对人类进步事业作出的重大贡献。中华民族的伟大复兴已经展现出灿烂的前景。“三个代表”重要思想为建设中国特色社会主义在新世纪新阶段的进一步成功指明了道路。

以上教学要点设计需作以下三点说明：

第一，三大理论成果（三个单元）的内容分量和具体内容设定体现了重理论与重当代的特征。毛泽东思想是马克思主义理论在中国实践的开端，它的实践历程在“中国近现代史纲要”这门课中讲述，因此，我们的“概论”课在大纲设计中对其只设定了以理论讲授为主的三章篇幅。邓小平理论是马克思主义理论在中国实践中根据中国国情所作的修正、改革与拓展，对邓小平理论的讲授须理论与实践并重，故而，在教学设计中安排了多于毛泽东思想的五章篇幅。“三个代表”重要思想则无论其理论还是实践都是我们党和国家正在进行中的事情，加之还有以胡锦涛为总书记的中央领导集体的理论贡献，在教学设计中分量也较重，占了三章篇幅（随着时间的推移，以胡锦涛为总书记的中央领导集体的理论贡献今后将单列一单元，专章讲授）。

第二，三个单元具体内容的设定均有理论和政策为依据。第一单元以中共中央《关于建国以来党的若干历史问题的决议》为依据。第二单元以胡锦涛同志在纪念邓小平诞辰100周年大会上的讲话为依据安排章节内容。第三单元以胡锦涛同志2003年“七一”重要讲话中所列“三个代表”重要思想的内容为依据。三个单元的小结，是以十六大报告的结尾部分为直接依据的。笔者认为，我们党的思想路线的发展过程大体是：毛泽东——实事求是；邓小平——解放思想；江泽民——与时俱进；胡锦涛——求真务实。因此，本门课程各单元之间以及各单元各章节之间是有历史的、理论的逻辑联系的，而这种联系又都与中央文献及党和国家领导人的重要讲话所阐述的要点基本一致。

第三，“概论”课的设计和讲授注意与高校其他政治理论课区别开来。“概论”课的名称本身决定了这门课程的内容更多地侧重于理论以及理论观点之间的相互联系，因而，对三代中央领导集体提出的许多属于策略层次的认识没有必要在章和节的标题上表现出来。对于这门课来说，需要大学生掌握的是比较稳定、成熟的基本理论，具体的政策和策略可在教学过程中由教师适时加入，这在第三单元中表现得最为明显。像西部大开发、科教兴国、依法治国、以德治国等江泽民同志的战略策略思想没有列为专章，这样处理，是为了突出“概论”二字的要求，即这门课主要是讲理论而不是讲政策和策略。过去在高校思想政治理论课教学中经常遇到的问题之一，是各门课程之间的交叉重复。新设定的四门课之间也有可能出现这个问题。例如，“中国近现代史纲要”的现代部分与“概论”中的毛泽东思想部分有所交叉。所以，我们这门课程的设计特别强调理论部分，而实践部分则由“中国近现代史纲要”讲授。从“概论”这门课来说，如果以上设计和论证成立的话，本课程与“中国近现代史纲要”以及与“马克思主义基本原理”两门课程重复的问题基本可以得到解决。

具有侨校特色的思想政治教育模式之思考
——兼谈正确处理社会主义主流文化与多元文化关系

◈杜应娟　卢　宁

摘　要　侨校的思想政治教育肩负着为“一国两制、和平统一”和中国“和平崛起”服务的历史使命。侨校的思想政治教育应该遵循思想政治教育的规律，正确处理社会主义主流文化与多元文化的关系，积极构建具有侨校特色的综合性的思想政治教育模式。

关键词　思想政治教育　主导文化　模式

暨南大学是一所具有百年历史的社会主义华侨高等学府。学生来自世界五大洲100多个国家和地区。具有生源文化多样化、价值观文化多元化的特点。作为侨校的思想政治教育，既要宣传社会主义主流文化，又要保持多元文化特色，这就需要正确处理好社会主义主流文化与多样文化的关系。

一、宣传社会主义主流文化，弘扬主旋律是侨校思想政治教育的要求

1. 侨校思想政治教育的使命是为“一国两制、和平统一”与中国“和平崛起”服务

思想政治教育的上层建筑性质决定了它必须服从和服务于社会发展的规律。服从社会发展规律，就是要适应社会政治、经济、文化的发展。因此，其不可避免地要受到社会政治经济制度和社会主流意识形态的制约。在我国，思想政治教育的性质和目标必须与社会主义政治、经济、文化制度及其发展相一致，以宣传社会主义主流意识形态为主导，以培养“有理想、有道德、有文化、有纪律”的新人为目标。在侨校，思想政治教育必须以“一国两制、和平统一”的方针为指导，以民族认同、国家意识为导向，依据港澳台学生的实际，确立“面向港澳台”、培养有利于坚持“一

国两制”和“祖国统一”的人才为目标。对于华侨华人和留学生，思想政治教育要以中国“和平崛起”的方略为指导，以传播中国历史文化为导向，确立面向海外、面向世界，以培养有利于中国崛起的和平使者为目标。

2．在比较多样文化中宣传主流文化

思想政治教育的根本任务是服务社会，促进社会政治、经济、文化的发展。首先要为巩固社会政治经济制度服务，为发展经济提供稳定的政治前提服务；其次要为维护社会主流文化的主导地位服务。

在经济全球化时代，在世界不同社会制度并存和竞争的条件下，在我国，坚持社会主义制度，稳定社会政治经济秩序，维护和发展社会主义主流文化或主导意识形态，很自然地就成为思想政治教育的重要职责。根据思想政治教育必须遵循、服从与服务社会发展规律的要求，通过向学生传播精神文化，生产思想产品，维护和丰富社会主义主流文化。不仅如此，思想政治教育还负有借鉴和吸收有益文化，批判和抵制有害文化的职责。这就使得侨校在思想政治教育的对象来自于不同社会政治经济制度下的国度或地区，不同文化相互碰撞、相互激荡，思想政治教育面临着多种文化的挑战和选择的教学环境下，通过将社会主义文化置于不同文化的比较研究，宣传社会主义主流文化。比如，传播中国历史文化、介绍中国改革开放等，均符合思想政治教育为“一国两制、和平统一”和中国“和平崛起”服务的教学要求。

二、遵循思想政治教育规律，设计侨校特色的思想政治教育体系

1．侨校思想政治教育体系的设计要遵循思想政治教育规律

思想政治教育是社会和社会群体用一定的思想观念、政治观点、道德规范，对其社会成员施加有目的、有计划、有组织的影响，使他们形成符合一定社会所要求的思想政治品德的社会实践活动。它是塑造人的全面素质、促进人的全面发展的工作，既具有个体价值，也具有社会价值。个体价值是思想政治教育对受教育者的内在价值，是相对于社会价值而言的，是社会价值的基础。社会价值是指思想政治教育对社会政治、经济、文化和生态等方面的作用，是个体价值的验证和延伸。思想政治教育内容是思想政治教育系统的基本因素，是思想政治教育目的和任务的具体化，是实现思想政治教育价值的重要途径。因此，侨校思想政治教育内容要形成自己的特色和体系，其设计就需要考虑两方面因素：个体需要接受途径和社

会要求的灌输途径。

个体需要引起动机，动机支配行为，根据这一规律，思想政治教育要得以进行，首先要有接受的需要，然后才能推动接受的进行。从这一因素来考虑，思想政治教育的内容应该包含使受教育者获得未来生存和发展所需要的认知判断能力、推理能力、独立自主精神和平衡人际关系的协作态度，以及创造力、意志力、与周围的人和自然环境和谐共处的亲和力。这些都需要具有对学生的人文关怀。因此，在侨校，思想政治教育内容设计的切入点应该是人文关怀，其核心就是以人为本，做到尊重学生，理解、关心和帮助学生。

但是，个体的需要在本质上是社会性的，因此，在思想政治教育内容设计上还需要考虑社会对受教育者的要求。

根据这两方面的要求，思想政治教育的内容应该包括世界观、政治观、人生道德观、法制观教育。在中国，这些内容包括马克思主义、中国特色社会主义共同理想、社会主义荣辱观、以爱国主义为核心的民族精神和以改革创新为核心的时代精神在内的社会主义核心价值体系。在侨校，要根据港澳台、华侨华人、留学生的生活背景、学习特点来设计其教育内容。

2. 侨校特色的思想政治教育体系

（1）世界观教育，可以使学生获得对自然宇宙、人类社会和人类自身的知识，而历史学习可能是比其他方法更被广泛运用的一种方法。学生通过学习中国历史，不仅可以获得历史知识，更重要的是可以学会用历史方法，以历史的眼光去认识世界，着力点在于学会并运用历史方法认识问题。历史方法可以粗略地分为两种：第一种是将历史视为未来趋势或长期变化的研究，这是一种宏观的研究，注重宏观的视野、非个人的因素、整体社会经济的发展，或“历史的必然性”等大视野、大方向、大趋势。第二种是微观的研究，注重从微观的角度、个人的因素、特殊的时机以及该具体事件的独特性等方面。这种教育对每个学生都是应该有的。

（2）政治观教育，又称为国情教育、爱国主义教育，可以使学生获得关于民族、国家的知识，增强社会责任感；使他们能够在较大的脉络中去体会自己的人生经验，这些对港澳台学生是至关重要的教育内容。这种教育也可以使华侨华人、留学生更好地界定和理解他们在当今世界的经验，懂得国家之间需要平等、相互尊重，世界和平需要世界人民共同维护。而中国传统文化、中国近现代历史文化以及中国人口、资源、环境状况、科技发展成就等都可以成为其学习内容。

(3) 人生道德观教育，又称为人生修养。可以使学生探讨个人道德和公共道德的关系，明确个人在社会中的道德责任，形成健康的生活方式和生活态度。这是个人社会化的过程中非常重要的内容。也是人文关怀的体现。这种教育可以满足学生内在的道德需要，体现生命意义和生存价值。对于塑造大学生独立精神、创造能力、自主意识将起到非常重要的作用。这些是每个学生都需要学习的。

(4) 法制观教育，可以使学生获得有关人的权利与义务、自由与纪律、社会公平与正义的知识，“做一个合格公民”。港澳台学生以及华侨华人、留学生权益意识比较强。但是对于义务、纪律的认知和体验比较欠缺。需要加强这方面的教育。

上述四个方面的内容构成了侨校思想政治教育内容的主要部分，它们是一个整体，缺一不可。思想政治教育的有效性是这些内容合力作用的结果。

三、营造人文关怀的侨校氛围，构建综合性思想政治教育模式

1. 侨校思想政治教育必须考虑的客观因素：各民族文化的影响

思想政治教育必须认真考虑的一个客观因素是各民族文化的影响。文化既以观念形态反映生产力发展水平和生产关系等过程，又以观念形态植根于人们的思想意识之中，成为人们的深层心理结构。每个人都不自觉或自觉地受到本民族文化的熏陶，首先表现为风俗习惯、道德观念、价值取向等，然后形成心理积淀，这就是本民族文化的影响。同时又受外来文化的影响，在我国，优良的文化传统影响并且决定着思想政治教育在社会生活中的地位。

在侨校，内招学生长期接受民族文化特别是革命传统文化的熏陶，有着比较好的社会主义主导文化的基本观念和较高的认知水平以及较好的情感态度。但是市场经济条件下新产生的文化观念，他们比较容易接受和认同。来自香港、澳门的学生，由于受到资本主义社会的熏陶，其有着比较多的西方资本主义的思想文化观念和对西方资本主义政治经济制度比较认同的情感态度；在港澳回归祖国十余年后，由于“一国两制”的实施，以及祖国的逐渐强盛，港澳学生对祖国的认同感在逐步增强。来自台湾的学生，受到深厚的中华传统文化的熏陶，但是又有别于内地学生，他们对资本主义政治经济制度比较认同，因而有着比较多的西方资本主义文化观念。华侨华人学生，由于其父辈或祖辈的传承，对中华文化有一点了解，有着浓厚的兴趣，但是没

有切身的体验和理解。留学生则大多数对中华历史文化不知或知道得很少，随着中国的逐渐崛起，他们对中华历史文化逐渐增加了解的兴趣，希望有机会亲身体验中华历史文化的博大与神秘。可见，不论是在什么国度或地区，任何学生都会受到当地社会政治经济制度的影响和当地文化的熏陶，都会有一种政治思想和文化观念占据着主导地位，支配其思想言论和行动，同时又会受到其他文化的影响。

大学生正处于青春期，属于价值观形成时期，其思想观念具有很大的可塑性。他们的思想活跃而不稳定，容易接受新思想、新的文化观念，在开放的社会历史条件下，头脑中原有的主导思想观念与新观念将发生碰撞、冲突、激荡，因而产生思想困惑。因此，加强侨校的思想政治教育有着重要的历史意义和现实意义。

但是，思想政治教育有效性的取得，除了主阵地、主渠道的知识教育以外，还需要有身心、情感的体验，或者说“熏陶”。因此，营造侨校的人文关怀氛围，形成侨校特有的校园文化，就显得很重要了。

2. 营造侨校人文关怀氛围的方式

（1）以文化载体增强思想政治教育的渗透力。

这里指的是利用文化产品来开展活动。引导读书活动，组织音乐、绘画、戏剧欣赏；组织社会实践活动，参观中国历史文化纪念地、博物馆等；指导学生自己开展校园文化建设，使多种文化绽放异彩。这种实践性的参与活动，对于港澳台、华侨华人、留学生更有吸引力，他们有着极大的兴趣参与其中。这能够使学生在不知不觉中受到全面的影响，有利于增强思想政治教育的吸引力和渗透力。但是需要注意，这里是有组织的，不是放任自流的。

（2）开辟网络思想政治教育新阵地。

网络载体具有以下明显特征：信息的海量化和专门化；信息传播和更新的快捷化、跨国化、跨地区化；传播手段的多媒体化；传播方式的双向或多向互动性、平等性。因而大学生上网成为学习过程中必不可少的环节。作为侨校，网络使用的国际化程度相对其他学校要高。思想政治教育迫切需要用先进的文化技术手段占领这一新阵地。比如加强思想政治教育主题网站建设，开设各种交互式栏目，与学生对话、讨论，对学生进行正面引导，析事明理，解答疑惑；设计体现时代特征的、具有较强吸引力的各类思想教育软件，达到寓教于服务、寓教于管理、寓教于乐的效果，增强思想政治教育的针对性和实效性。

利用网络载体，既能够满足学生的求知欲，又能及时给学生提供新的学习内容，还可以适时监控学生的学习情况，特别是对于侨校学生来说，由于其生活背景、语言体系、知识基础不同，在网络上可以选择自己的学习层次和学习进度，提高学习效率。

总之，侨校思想政治教育需要遵循历史使命，花重力、以主渠道宣传社会主义主导文化，弘扬主旋律；建构具有侨校特色的内容体系；形成综合性的具有侨校特色的思想政治教育模式，正确处理社会主义主导文化与多样文化的关系。

马列贵在“管用” “两课”重在“讲精”
——以自然辩证法课程教学为例

◈黄颖黔

摘　要　高等学校的马克思主义政治理论课和思想品德课（以下简称“两课”）教育是一项系统工程，工作难度大、牵涉面广，教学成效取决于诸多因素。本文以自然辩证法课程为例，分析影响“两课”教学质量的若干问题，秉承“学马列要精、要管用”的原则，探讨“两课”教学改革的途径和方式。

关键词　思想政治理论课　“讲精”

一、教学内容：推陈出新，整体优化

教学内容是制约“两课”教学质量的首要因素。在教学实践中，这方面暴露的问题相当突出，具体表现是：条条框框限制较多，课程体系陈旧保守，既吸收不了当代科技革命提供的新素材，也容纳不下改革开放时代的新思维；课程编排不合理，重复内容比比皆是。一些教学要点在本科甚至中学阶段已有反映，在研究生阶段依然照讲不误；各种版本的教材如出一辙，大道理连绵不断，表述论证不分主次、不辨难易、不胜其烦，理论的现实性、预见性和针对性若有若无，可操作性似是而非……凡此种种，人所皆知。

显然，“两课”教学内容如果没有实质性的改革创新，宝贵的课时被用来佐证经年不变的理论，这种“两课”教育就不会有多少实际意义。用来应付“红头文件”的“两课”教学是极其可悲的：教者勉为其难，凑够工作量、保住饭碗了事；学者心不在焉，熬到考试、学分到手就摔课本。

实际上，“两课”传授的观念、知识和技能非同寻常，“两课”的地位和作用是任何其他课程都无法替代的，扎扎实实地做好“两课”教学，对于培养高层次人才无疑是至关重要的。而学生们也深知业务能力固然重要，但政治素质和文化素养同样不可或缺。他们并不拒斥“两课”，只是

希望理论联系实际，能够学以致用。

以自然辩证法课程为例，这是理、工、农、医类硕士研究生的公共必修课，旨在回答当代科技革命进程中的哲学问题，揭示自然界和科学技术发展的一般规律，主张人类与自然界和谐共处，极力倡导科学社会化和社会科学化。这门课程知识跨度大、时代感浓重，能够使研究生们开阔眼界、明辨是非、改善知识结构、培养科技创新能力，其实用价值显而易见。

尽管自然辩证法是一门新学科，理论体系尚无定论，但这恰恰是学科发展的重要契机，同时也为教学改革提供了广阔空间。基于这种考虑，近年来暨南大学社会科学部秉承"学马列要精、要管用"原则，对该课程进行了内容优化，调整重点是突出邓小平科技理论的指导作用、大幅充实现代科技发展素材、及时反映当今世界 STS（科学—技术—社会）发展态势，调整方向是思想性和科学性兼顾，同时与新修部颁教学大纲精神协调一致。调整后的自然辩证法课程按以下四个单元依次展开：

（1）科学文明的发展历程。这是跨学科的文化熏陶，打破科学与人文的界限，旨在帮助研究生开阔视野。一方面是利用科技史素材，回顾人类科技文明的来龙去脉，介绍若干有代表性的科技思潮、科技事件和科技人物，探讨各个历史时期科学技术的发展特点，说明科技进步的必然性和合理性。另一方面是结合哲学史素材，剖析东西方科学文化异同，评述自然哲学的演进线索，直言各家各派的利弊得失，阐发哲学与科学的同根并蒂关系，直言唯物辩证法就是现时代的科学世界观。

（2）科学认识和科学方法。就是结合研究生的专业所学，以专题形式介绍科学方法论，意在帮助启发研究生的创造性思维。教学内容涉及科研活动各个环节，如科研动机、科学与非科学的界限、批判借鉴、移植嫁接、科研选题、观察试验、机遇灵感、创造性思维、符号模型、理想实验、理论假说、工程设计、成果评审、技术评估等。

（3）科学道德和科学伦理。针对研究生今后学术和职业生涯可能遇到的问题，进行科学价值观教育，倡导真善美，鞭笞假丑恶。重点讲授科学的道德伦理和行为规范，评述科学共同体中特有的社会现象，如精英选拔、人才流动、性别差异、争夺优先权、学术争鸣、同行评议、马太效应、科技奖励、职称评聘、"下海"经商、剽窃诈骗、智能犯罪等。

（4）当代中国 STS。这是以科学—技术—社会的互动关系为主线的时事政治教育，及时传递科技前沿动态和高科技领域的国际竞争态势，说明新技术革命对人类社会的广泛影响，剖析当今世界 STS 一体化发展趋势，介绍促进科技发展的政策和措施，着重论证当代中国独有的 STS 纲领——

"科学技术是第一生产力"，以及相应的STS战略——"科教兴国"和"可持续发展"。

这样编排的课程内容点多面广、求真务实、常讲常新，任课教师可以充分发挥主观能动性，做到教学与科研相互促进；而研究生们也可以感觉到课程内容是为他们"量身定做"的，对未来的事业前程确有裨益，其学习主动性和自觉性大为增强。

二、教学方法：教为主导，学为重点

科学合理的课程内容只是"两课"教育实施的前提，切实可行的教学方法才是"两课"教育成败的关键。据实而言，目前的"两课"程序式教学法依然盛行，教学策略在总体上是"不得法"的。这表现在：教师一个人唱独角戏，课堂讲授耗时过多，按部就班地讲理论，从头到尾满堂灌；学生被动地参与教学过程，学习缺少主动性，读书囫囵吞枣，笔记一字不漏，期末死记硬背两周就拿到高分；理论联系实际的训练流于形式，大道理讲得枯燥无味，就用趣闻逸事调剂一下，用理论解释现实生活，惯于大而化之、牵强附会；确有部分教师尝试过各种新式教学法，实际情形好不尴尬，启发式教学是面面相觑、启而不发，讨论式教学是片言只语、深沉木讷……

在"两课"教育中，程序式教学废而不止，发现式教学倡而不行，这固然与教师和学生素质有关，但主要是教学班编制不合理所致。"两课"教学班大多是同系同级编班，学生人数众多，动辄五六十人，甚至过百人。在大班课堂上，启发式教学明显缺乏针对性，讨论式教学更是难以实现，除了程序式教学法，教师别无更好选择。这就如同"行军锅上搞小炒"，师生双方都是心有余而力不足。

对于本科教学，"两课"多为大班教学，专业课多为标准班教学，前者的教学质量自然不及后者，这种系统落差，每位"两课"教师都有亲身体验（对暨南大学"教学评估得分"进行相关分析可以提供实证说明）。至于研究生教学，"两课"是跨院、跨系、跨专业的大班教学，专业课是同一研究方向的小组教学，两类课程的教学法全无可比性，这里已无必要找寻教学质量的系统落差，值得探究的倒是系统反差出自何处。

"两课"大班教学尽管原则上不能舍弃程序式教学法，但能够适当变通、灵活运用。暨大自然辩证法课程在这方面作过许多探索，总结出若干行之有效的办法。基本思路是讲"精"的、讲"管用"的，充分考虑研究生的学识素养和专业所学，多方引导研究生进行自我教育，教学工作由“以教为主”转变为“教为主导，学为重点”。从操作层面上看，特别注重把握以下要点：

(1) 体现学科交叉。自然辩证法是马克思主义的科学技术哲学，是哲学与科学融会贯通的产物。依据这一规定，教学应该是哲学和科学并重，力戒厚此薄彼。既要用哲学思维探寻和把握科技活动的规律，又要用科学精神检视和匡正哲学理论。重点论证科学与哲学的同源共生、联袂嬗变关系，指明科学的真谛就是唯物辩证法，哲学的力量就是科学理性。

(2) 传扬科学精神。科学技术不仅具有“形而下”的器用价值，而且蕴涵“形而上”的人文诉求。应该让研究生知道，科学共同体奉行实事求是原则，恪守逻辑理性，强调宽容自律，倡导公平竞争，鼓励推陈出新。科学家以探求和捍卫真理为天职，以造福人类为己任，勇于自我批评，惯于怀疑一切，不畏强权暴政。科学精神与人文精神没有隔阂对立，因为献身科技的人们始终信守道义和良知，精神生活异彩纷呈。

(3) 穿插案例教学。在教学进程中引入案例，让研究生解剖麻雀，进行自我教育，这样可以收到举一反三、触类旁通的效果。案例应保持生活的原汁原味，最好是研究生过去经历的、现在遭遇的或者将来面对的问题。例如，科学伦理单元讨论“你的课程论文被导师修改过，投稿时怎样署名”，STS 单元剖析“你的考研动机”等，每位研究生都觉得有话可说，愿意一吐为快，进而展开相互交流，大家都能获益。教师应尊重研究生的见解，从旁诱导策应可以，但不强求“统一认识”，因为解决实际问题并非总有标准答案。

(4) 开发第二课堂。自然辩证法的内容极为丰富，课堂教学只能提纲挈领地择要讲授，这就需要研究生在课下充实完善。教师应为每个教学单元选配参考文献，列出马列经典篇章、专门著述和期刊，要求研究生课外学习、自行消化。在科技史、科学哲学和 STS 领域，欧美学者紧密追踪现代科技发展，研究手段新颖，研究成果丰硕，唯物辩证倾向也相当明显。对于这些成果，师生双方都得积极主动地去消化、吸收。

(5) 培养科研能力。在教学进程中要对研究生进行科学研究训练，要求把课程内容与他们的专业所学结合起来，自选题目和方向，探讨各自领域里的科学哲学、科学社会学和 STS 问题，将个人见解写成课程论文。教师可课下辅导，对优秀论文当堂评点，让研究生相互传阅，以求共同提高。撰写课程论文是考试项目，论文成绩占课业成绩的 30%。

大班教学不具备全员参与的、个性化的师生互动条件，因材施教的难度很大。以上措施虽未摆脱程序式教学法，但由于课堂教学有的放矢，注重学以致用，既精炼“教法”，又激活“学法”，教学针对性增强了，教学效果也自然较好。

三、课业考试：综合测评，规范严谨

课业考试是教学的重要环节，按常理属教学法范畴，这里单列说明，只是因为大学考试问题太突出，而关注此事的人又太少。

近几年，国内各大学扩招势头迅猛，本科生和研究生教学压力骤增，教学质量早有下滑倾向，近年来毕业生就业已经出现问题，社会公众和大众传媒对此也高度关切、多有非议。考试成绩是衡量教学质量的基本指标，如果考试缺乏信度和效度，长此以往，大学教育将陷入“诚信”危机，无以面对社会公众。

就“两课”考试而言，许多“两课”教师考试基本知识匮乏，对考试目的和意义认识不清，考试设计和操作缺乏科学依据，考试质量长期在低水平徘徊。例如，闭卷考试范围狭小，试题分量普遍不足，题型单调呆板，学生考前死记硬背就能过关；开卷考试分量不足、难度不够，答案唾手可得，学生过关最有保障；“理论联系实际”虽是必考内容，“理论”是普遍真理，“实际”是大政方针，“联系”早有定式，“穿鞋戴帽”式的应答虽无个人创见，学生拿分却相当稳健；阅卷评分主客观偏差较多，体育尖子分、人情分、印象分和提携分（56～59分补足60分）时有所闻；全班人人过关、多数优良的考试结果就更是贻笑大方，依照教育测量学，这样的考试效度和信度极低，足以判定考试无效。尽管这些问题在大学各门课程中都不同程度地存在，但出现在“两课”最不应该，因为这违背了政治教育和思想品德教育的主旨。

“两课”考试“失真”、学生的成绩与其思想状况明显不符、考分正偏态分布等问题，严重背离了教育学规律，引发了一连串的负面效应，如挫伤优等生的学习热情、放纵差等生的懒惰心态、掩盖教学问题、减免教师的教书育人责任、损害“两课”教学声誉，所有这些都为“两课”教学平添了重重障碍。另外，由于考试统计分析是检查学生学习状况和教师授课质量的基本手段，而目前有些“两课”教改活动竟然全不涉及考试环节，教改的实效值得怀疑。

在课业考试环节，暨大自然辩证法课程没有任何创新，参照研究生培养条例，课业成绩由闭卷考试（偏重理论知识）和课程论文（偏重科研能力）成绩综合评定，不提交课程论文和缺勤较多者，取消考试资格。对容易出现问题的闭卷考试，历届任课教师已有共识，就是科学命题、严格把关、统一口径。

（1）全程覆盖，确保考分量。为保证考试的长度和宽度，试卷应有足够题量，条目取自每个章节，全面覆盖教学内容，低分条目多出，高分条目少出，总条目数一般超过25个。题型应富于变化，少考或不考定向应答题，客观题型考应知应会内容，分数至少占40%，主观题型考理解和应变力，允许个性化的自由应答。

（2）深浅适中，平均分摊难度。为提高考试的区分度，多数试题应保持适中难度，配以少许浅显题和高难题，但不出偏题、怪题。试题难度分散分布，各题潜在得分倾向应大致相似，使优等生各题都倾向得高分、差等生各题都倾向得低分，以求减少偶然误差，拉开分数档次。

（3）实事求是，踩点评分。课业成绩只取决于试卷应答和课程论文，舍此无他。绝不批出印象分、关系分和提携分。对那些考试不及格的研究生，重修课程时，教学要求和考试尺度依然不变。

（4）考试分析。对考试成绩应作统计分析，全面掌握研究生的学习状况和思想倾向，检视教学工作的薄弱环节，在教研室内交流经验，相互评议，以求共同搞好教学工作。

需要指出的是，任课教师规范教学程序、恪守考试制度，是在维护学生利益，完全符合教育规律。但近些年来，由此惹来的麻烦太大、误解太多。如果继续“动真格”做下去，说不清、道不明的阻力相当大。个中缘由，人人尽知，不说也罢。

理论、史实、时事与分析

——"毛泽东思想和中国特色社会主义理论体系概论"课程教学再探讨

◈吴　昱

摘　要　"概论"课程是大学思想政治教育课程中的重要科目，它有丰富的理论内涵，涉及新民主主义革命与社会主义建设的相关史实，又与今日中国社会的改革发展有密切的联系，如何上好这门课程，直接关系到大学生正确的价值观、世界观、人生观的培养，也能促使他们更加深入地思考国家的发展与个人的追求之间的有机结合，从而体现"概论"课程的教学目的。

关键词　《概论》　理论　史实　思想政治教育

一、引言

作为大学生思想政治教育四门课程之一的"毛泽东思想和中国特色社会主义理论体系概论"① （以下简称"概论"），是深入了解中国近代新民主主义革命与社会主义建设历史进程及科学理论的重要钥匙。学生在完成"中国近代史纲要"学习后，对"概论"中涉及的相关史实会有似曾相识的感觉，而课程中涉及的理论，又需要有足够的事实支撑才能令学生有所收获。为了改变学生一贯的"枯燥无味"的印象，令他们在学习相关理论之余能够结合当前国家社会发展的热点、难点问题进行分析，教师便不能仅仅依靠教材照本宣科，必须大力拓展相关外沿知识，提高学生的思考能力、分析能力，最终达到提高思想政治素养的目的。

在教学的实践中，除了广泛使用多媒体教学手段、拓展网络教学的功能应用之外，笔者认为最关键的一点，还是要回归到"概论"课程的教学原旨上来，也就是要引导学生认识与思考：中国共产党为什么可以带领中

① 为行文方便，下文均以"概论"指称"毛泽东思想和中国特色社会主义理论体系概论"。

国人民取得新民主主义和社会主义建设的胜利？在革命与建设过程当中，马克思主义中国化的进程扮演和发挥了什么样的角色与作用？如何认识在革命时期与社会主义建设时期所遭遇的挫折？如何认识中国特色社会主义理论体系在改革开放三十余年中取得的成就以及对今后社会主义现代化建设的指导意义等。唯有让学生在更广泛的语境中了解整个中国革命与建设的历史及成就，才能培养起学生正确的世界观、价值观与人生观，树立共产主义信仰，为日后投身社会主义现代化建设而努力。

在具体的教学方法上，笔者坚持这样的方法：吃透理论、深入史实、结合时事、分析思考。既有对教材学习要求的落实贯彻，又结合当代大学生的学习心理，拓展他们的知识面及思考深度，达到"提高大学生的思想政治素质，促进大学生的全面发展"[①] 的目的。缺漏之处，敬请专家学者指正。

二、吃透理论，思想引导

作为大学四门思想政治课之一，"概论"具有非常鲜明的理论特点：它是马克思主义中国化的理论成果，是中国化的马克思主义，是紧密结合中国革命与建设实际发展的理论体系，是指导我国继续推动社会主义现代化建设、实现小康社会和民族复兴的重要理论。它既有深刻的理论性，又有强烈的现实意义，既可以让学生了解中国革命发展的艰辛过程，又可以结合他们的亲身体会分析改革开放与中国特色社会主义带来的变化，更可以引导他们分析中国未来的发展前景与社会走向，思考自己的人生道路与职业设计，因此，具有相当重要的地位与意义。

在课程的教学当中，笔者始终将理论的讲授放在第一位，只有吃透理论，理解理论产生的背景、理论的内涵及其意义，才能使学生正确认识马克思主义中国化进程及其理论成果的积极意义，才能培养他们的共产主义信仰与树立为现代化建设贡献力量的决心。《概论》全书有十五章，前两章概述马克思主义中国化的进程及我党思想路线的精髓，是整门课程的总括；第三四章讨论新民主主义革命与社会主义改造问题，是毛泽东思想体系的重要内容，也是奠定我国社会主义建设基础的重要理论；从第五章开始，则对中国特色社会主义理论体系进行了全面细致的介绍，但在论述过程当中，又结合以毛泽东同志为核心的党的第一代领导集体对社会主义建

---

① 中共中央关于进一步加强和改进大学生思想政治教育的意见. 2009 年中央 16 号文件.

设的思考与主张，探讨相关的理论发展过程，形成前后呼应的讲解体系。因此，在引导学生学习的过程中，应当紧扣这一设计思路，分析理论的产生、发展与具体内容。

在整个课程体系当中，马克思主义中国化的进程与成果无疑是重中之重，而实事求是、一切从实际出发、理论联系实际、马克思主义理论与中国具体国情相结合，是我们在讲解当中必须反复强调及用事实证明的。在教学的过程当中，应当在学理逻辑上对学生分析清楚，中国近代的问题，是对外驱逐侵略、对内实现民主的问题，但无论是立宪派、资产阶级革命派还是早期共产党人中的教条主义者，都没有取得成功的一个重要原因，在于他们并没有意识到理论与实际之间的差异，片面地以为引用别国的理论就可以解决中国问题。马克思主义中国化的理论最终可以指导中国革命与建设取得成功，正是因为一方面它符合马克思主义一般性与特殊性之间的辩证关系①；另一方面又深入研究中国社会的具体情况，为中国革命的实践与建设的发展提出了具体方案，因此才能取得最后的胜利。学生在理清这一思路之后，自然会对整个课程体系的思想内容有了全面的把握，并在结合历史事实的基础上，继续思索这一理论的正确与影响。

三、深入史实，有理有据

理论的探讨是"概论"课程的基础，是"概论"课程的骨干，而具体历史事实的描述与分析，则能使整门课程变得有血有肉、变得鲜活起来。虽然"概论"课程中的历史内容，部分已经在"中国近代史纲要"中有所涉及，但许多具体内容，包括中国共产党的具体革命斗争过程、社会主义改造的成就与问题、社会主义建设初期的挫折、改革开放的历史进程等，都是在授课过程中结合理论分析的重要史实。

在近三年的授课中，笔者十分注重在理论分析中结合历史事实的作用。例如，在第一章第二节"毛泽东思想"的讲授过程中，首先对毛泽东本人的生平进行提纲挈领的介绍，特别是结合其思想的变化过程，分析当时知识分子从改良主义、无政府主义、联省自治思想到共产主义信仰的选择过程，并结合近代中国革命进程的成功与挫折，探讨毛泽东思想产生的背景与成果。在课堂讲解之后，又布置学生观看电影《建党伟业》以及在

① 何萍．20世纪马克思主义哲学中的两种传统——从20世纪初的一场马克思主义哲学论争谈起．哲学研究，2003（8）．

课堂上播放50分钟的毛泽东生平纪录片，这对于学生深入了解毛泽东本人及毛泽东思想的产生和发展起到了良好的效果。不少学生都反映，过去对毛泽东的印象仅仅停留在"领袖"这一模糊概念之中，对毛泽东思想也没有什么认识，通过老师讲解与观看影像资料，了解了比较多的背景知识后，再学习毛泽东思想体系，便感觉熟悉与亲切了许多，有了更深厚的兴趣和更深刻的学习体会。

在讲解历史事实的过程中，不可避免地会涉及革命与建设过程中党的错误与挫折。在这一问题上，首先是要引导学生用正确的立场去理解和分析，通过阅读和分析《关于建国以来党的若干历史问题的决议》，并结合教材中"毛泽东思想"、"邓小平理论"、"实事求是"等章节，从正面引导学生认识这些错误发生的原因和加深认识党的正确思想路线的重要性；其次要注意科技时代给学生带来的海量信息与复杂情势，要重视学生在课程学习中提出的问题与疑惑，尤其是他们在网络上了解的许多违背史实的言论，要用充分的历史材料去回应，才能令学生学有所获，在增长知识的同时树立正确的历史观和思想信仰。

四、结合时事，课堂讨论

中国特色社会主义理论体系，是一个与时俱进的理论体系，它既有丰富的理论内涵，又在社会主义现代化建设不断推进的今天，结合生产力发展与人民物质文化增长的矛盾变化而增添新的内容。因此，在结合史实讲解相关理论的同时，也必须结合时事与社会的发展，拓展学生对毛泽东思想和中国特色社会主义理论体系的认识深度。

笔者在教学过程中做了一个尝试，每次上课都用十分钟左右的时间，与学生分享一周以来的重要时事要闻，内容包括党的重要会议与政策、社会热点新闻与问题、学校新闻动态等，或者让学生自主发言，与大家分享他最为关注的时事要闻。通过这样的方式，一是迅速调动课堂气氛，集中学生注意力；二是引发学生关注社会、思考社会；三是为课程的讲解引入提供了很好的主题与内容。在这一过程中，教师也不一定拘泥于讲授的进度，可以结合相关的时事，启发学生阅读教材的相关章节，或者是相关主题的研究著作。这样的方法往往可以触发学生除专业以外的兴趣，对培养他们的思考能力与实践能力有不错的效果。

2011年3月召开的全国政协会议上，全国政协委员、北京中华民族博物馆馆长王平提出："我们也不要鼓励我们农村的孩子去上大学，因为一旦农村孩子读了大学，就回不到自己的家乡，回不去自己的家乡就是一个悲剧。”① 这一言论不仅引起了社会舆论的关注，也在课堂上引起了学生的热烈讨论。当时课程内容正在讲授中国特色社会主义经济体系，笔者便结合这一问题分析了农村发展与社会主义经济发展之间的互动关系，并在课堂上推荐学生阅读曹锦清的《黄河边的中国》② 一书。课后，这一问题的讨论依然没有停止，并且有几位同学以“大学农村籍学生的就业取向”为题，参加当年的“挑战杯”比赛。可见这一教学尝试取得了相当不错的效果，也能令学生将理论与实践结合，更加深入地理解课程内容和社会发展之间的关系。

五、分析思考，行诸于文

在“概论”的课程教学当中，除了教师讲解、学生讨论之外，还需要引导学生将自己的所思所想落实为文字，将他们的思考系统化地表达出来，这也是“概论”课程当中实践教学的要求之一。在笔者近三年的教学中，先后以“中国改革开放三十周年”、“和谐社会”、“人文科学与文化建设”等题目，要求学生或是撰写专题论文，或是以团队形式编辑 PPT，以实体成果的形式，展现他们对这些问题的理解和认识。

例如，在 2009 年秋季学期中，笔者要求学生以四个人为小组，以“改革开放三十年家乡的变化”为题编辑 PPT，并用六个课时的时间让学生集中展示。由于有竞争的压力，许多同学都绞尽脑汁，在 PPT 的材料、版面设计、色彩、视频方面下了比较多的功夫，展示的效果十分突出。而这一作业的更大收获，则来自于 PPT 的编辑过程中，不少同学对自己的家乡发展变化有了更多深刻的体会，他们在作业中都提到，因为太过熟悉，所以并没有注意过家乡变化的问题，反而是在作业之中，通过改革开放前后资料的收集与对比，有了更多的亲身体会，也更加能够感受到改革开放的伟大与中国特色社会主义理论体系的作用。这一效果，比教师在课堂上单纯的讲解，无疑更为贴近现代大学生的学习需要。

在作业的写作过程当中，笔者还强调专题论文必须按照严格的学术规范进行写作，如引用他人成果必须注明出处、版面与章节的设计安排要按

① 王平：不鼓励农村孩子上大学回不去家乡是悲剧. http://news. ifeng. com/mainland/special/2011lianghui/content-4/detail_ 2011_ 03/08/5025815_ 0. shtml.

② 曹锦清. 黄河边的中国——一个学者对乡村社会的观察与思考. 上海：上海文艺出版社，2003.

照学校统一的模板要求等。由于不少学生尚未在专业的学习中撰写论文，因此，这样的训练不仅让他们体会到学术研究的严谨，也逐步培养他们在学习当中正确的态度与作风。这样的习惯，亦将成为他们大学学习生活的宝贵财富。

六、结语

“概论”课程的目的，并不仅是相关理论的分析与讲解，它还应该融入大学教育的体系当中，为培育符合适应新时代社会主义建设的人才而努力。正确的世界观、人生观、价值观以及坚定的共产主义信仰、严谨的工作作风、出色的专业知识技能和公民标准的道德品尚，是我们培育学生的目标和努力的方向。一门思想政治教育课程虽然不可能全部达到这些要求，但在培育学生正确的思想观念和分析能力上面，应该做更多的努力。

通过对“概论”课程理论的深入分析与讲解、对中国近代革命与建设的历史过程的具体把握、对当代中国社会发展的持续关注与分析以及在思考过程中的研究与表达，是我们在今天推动“概论”课程教学改革的一些方法与体会，所有改革手段的目的，都是要进一步发挥这门课程的功能与作用，让学生在课程中学有所思、学有所获，为他们的思想成熟与发展提供动力和帮助，为我们未来的社会建设与社会发展提供足够的人才资源。

“以问题为中心”的思想政治理论课教学设计

◈陈联俊

摘　要　“以问题为中心”的思想政治理论课教学设计是对传统“以教材为中心”的教学模式的突破和探索，其内涵是研究型教学和启发式教学的体现。这种教学设计中需要突出理论思维、历史思维、现实思维和创新思维，需要教师从个体维度、群体维度、社会维度、国家维度和全球维度进行教学，需要教师采取师生探究法、互动讨论法、演讲答辩法、角色扮演法、小组论文法、调查陈述法等方式方法开展教育教学活动，改善教学效果，实现教学目标。

关键词　问题　思想政治理论课　教学设计

高等学校思想政治理论课是大学生思想政治教育的主渠道。如何提高思想政治理论课的吸引力和实效性，一直是课程教学的重点和难题。课程主要面向广大低年级大学生，一方面要从学生的知识基础和身心特点出发，增强课程本身的感染力和凝聚力；另一方面要坚持课程的导向性，用思想和理论渗透课程教学的全过程，在潜移默化中训练学生的思维能力。有鉴于此，本文探索性地提出“以问题为中心”的课程教学设计。

一、坚持“一个理念”

所谓“一个理念”，就是坚持“以问题为中心”的教学理念。长期以来，思想政治理论课不断进行教材和教学体系改革，以谋求良好的教学成效。虽然这些教学改革在不同程度上取得了一定的进展，但是其与教师和学生的教学期待还有一定的差距。其中重要方面是教学理念的更新不够，即使教学改革中不断提倡研究型教学和启发式教学，但大多时候没有真正落到教学过程中。研究型教学和启发式教学的中心就在于“以问题为中心”。所谓“以问题为中心”，是与传统教学的“以教材为中心”相对应的教学理念。大学教育的实质是向学生提供新知，启发学生思考。即使思想政治理论课的课程性质决定着需要向学生进行政治理论教育，也应该从时代特点和学生特征出发进行教学设计，以提高教学的接受度。

"以问题为中心"的教学理念是实现从教材体系向教学体系转变的关键所在。因为教材的编写和使用有其内在的局限性，其不可能与现实社会保持紧密的联系和实时的跟进，只有实行"以问题为中心"的教学，才可能使教师一方面注重教学理论要求；另一方面从现实社会变动出发进行灵活教学，才能实现课堂教学与社会生活的同步，提高课程的说服力和学生的兴趣度。

"以问题为中心"的教学理念不是抛弃教材的教学，更不是只谈现实、不谈理论的教学。学生对课程知识体系的掌握和巩固离不开教材，没有教材的思想政治理论课教学有可能偏离教学方向，脱离教学目标，教材对于教学基本内容和方向的规定是需要的，但是这不等于必须完全按照教材进行教学设计。在坚持基本教学内容和教学思路的前提下，教师要结合现实社会发展，寻找教学问题，以问题为中心展开教学，通过层层设问，抽丝剥茧，既在教学中提出问题、分析问题、解决问题，又将理论渗透其中，拓展教学深度和广度，同时训练学生的理论思维能力和判断能力，"把关爱学生的生命价值、引导学生思想与生命的健康成长作为教学的起点和归宿"。[①] 所以，"以问题为中心"的教学理念与思想政治理论课教学目标的实现是相辅相成、密不可分的。这种教学理念的关键所在是对于"问题"的认识和把握。好的问题会成为教学的突破口，大大提升教学效率，起到事半功倍的效果。对问题的设计和提炼要避免两个误区：一是脱离教学的假问题。问题是服务于教学需要的问题。现实社会中的问题不计其数，如果任意问题都可以拿来进行课堂教学，将会使得教学失去中心任务，变成大杂烩的课堂教学。二是脱离实际的假问题。问题的设计既要服务于教学，更要从现实出发，防止出现从抽象理论中设计的问题，使得学生失去对问题的敏感性和兴趣性。只有既从整体考虑教学目标的需要，又能紧密结合现实社会发展的真问题才能成为课堂教学的点睛之笔，将思想政治理论课的教学推向新的教学高度。

二、体现"四种思维"

在坚持"以问题为中心"的教学理念指导下，将知识传授与思维训练相结合，注重学生思维能力的培养和训练，实现思想政治理论课的能力培

---

① 李萍，林滨. 试谈高校思想政治理论课教学实效性的三个基本维度. 思想理论教育导刊，2005（9）：61.

养目标。主要突出体现四种思维：

（1）理论思维。“对一切理论思维尽可以表示那么多的轻视，可是没有理论思维，的确无法使自然界中的两件事实联系起来，或者洞察二者之间的既有的联系。”① 思想政治理论课的性质决定着必须注重学生理论思维能力的提高和培养，这就要求教师在课堂教学中要有理论思维意识。所谓理论思维意识，就是要求教师不能简单地将现实社会问题变为课堂教学的主要部分，而失去教学的深度和高度要求。要想提升课堂教学质量，思想政治理论课的教学既要关注现实问题，又不能仅仅关注现实问题，必须将现实问题上升为理论问题进行解剖，才能满足大学生成长和成才的需要。理论思维意识的培养要求教师平时养成思考和研究的习惯和能力，不断提升自己。一是注重经典理论著作的阅读与研究。众多思想家对人类社会问题作出过深刻、精辟的论述和研究，这些理论思想资源应该在教学中得到充分的挖掘和利用。只有教师关注、研究经典著作，才能在教学中将其实质价值发挥出来，启迪学生思考问题。二是逐渐形成教师理论思维的独特视角。大学教育应该强调教师的个性化教育，只有教师的个性化思维能够有效影响学生的时候，教学效果才能得到体现。学生吸收不同教师看待问题的独特理论视角，将会形成其观察社会、思考社会的个性化思维。

（2）历史思维。历史是过去的现实。“每一个时代的理论思维，从而我们时代的理论思维，都是一种历史的产物，它在不同的时代具有完全不同的形式，同时具有完全不同的内容。”② 要想培养学生对现实的深刻理解，需要从历史的角度进行教育和引导。历史思维意识主要表现在三个方面：第一是注重历史事实的运用。思想政治理论课教学内容决定着其抽象性特征，要将抽象理论转换为学生能够理解的具体形象，需要历史事实进行诠释。教师在运用历史事实进行教学时，实际上就是在培养学生的历史眼光和历史思维。第二是注重历史角度的分析。对于理论和现实问题，如果仅仅停留在就事论事的角度，往往会失之偏颇，但是如果能够将问题的视线转换为历史发展的角度进行分析，就有可能得出不同的结论。第三是注重史料借鉴的严谨。对于课堂教学中的历史史料不能想当然地随意运用，更不能采用道听途说的材料进行教学。历史研究向来注重史料考证的严谨性，在思想政治理论课教学中，要想增强教学的说服力，提高教学的长久生命力，就需要认真对待案例材料的来源考证工作。

① 马克思恩格斯选集（第4卷）. 北京：人民出版社，1995. 300.

② 马克思恩格斯选集（第4卷）. 北京：人民出版社，1995. 284.

(3) 现实思维。“人的思维是否具有客观的真理性，这不是一个理论的问题，而是一个实践的问题。”① 这就要求教师在教学过程中，不能脱离实际进行教学，否则将会降低教学效果、削减教学成效。现实思维是保证教材体系向教学体系转化的重点所在，包括三个方面：一是指对现实问题的把握和运用。教师要善于观察现实社会中不断出现的问题和现象，并适时将其引入课堂加以阐述和分析。这就要求思想政治理论课教师关注时事、关心社会，并能够运用理论分析现实问题，回答学生的现实关切，引导学生的思想动态发展。二是指教师对学生实际情况的了解和把握。社会的发展总是会对大学生产生或多或少的影响，并且不同专业、不同地区的学生有着不同的表现和特征，思想政治理论课教师不能对此熟视无睹，而必须从学生的特点出发，适时调整教学的思路和方法，以取得最佳的教学效果。三是教师对现实研究状况的关注和了解。教师要想不断提高自己的教学水平，就必须学会在研究中更新自己的知识结构。思想政治理论课教师要自觉养成关注现实研究的习惯，因为只有从现实的经济、政治、文化、社会等研究的动态中，才能透过纷繁复杂的社会表象，把握现实发展规律。

(4) 创新思维。创新思维是指在综合多种知识和思维的基础上产生的突破常规的思维模式和方法。创新思维是面向未来的思维方式，其立足于时代，超越于时代，凸显了人类的创造性特征。对于思想政治理论课教师来说，教育教学的社会情境发生了很大变化，仅仅依靠传统教育教学方式方法已经不能适应新时代、新知识、新学生的要求，必须依靠创新思维不断开拓新的教学领域、教学内容、教学思路、教学手段和方法等。创新思维意识的培养需要教师改变观念，勇于尝试，敢于突破，紧密联系时代和社会的发展进行教育教学改革，以不断谋求更好的教学效果。创新思维与教师的知识积累以及能力的培养是并行不悖的，只有具备了雄厚的知识基础和充分的能力锻炼，才能进行行之有效的创新举措。创新思维意识对于大学生来说，是发挥自身主体性和能动性的重要体现，是创造性人才的主要特质。只有教师在教学中有意识地进行创造性思维的培养和训练，才能使学生摆脱应试教育的束缚，改变其固定的思维框架，进而在学习和工作中不断取得新的成果。

---

① 马克思恩格斯选集（第1卷）. 北京：人民出版社，1995. 55.

三、尝试“五重维度”

在思想政治理论课教学过程中，“以问题为中心”的教学理念将会使得教师超越教材，以更广阔的视野进行教育教学。教师对于问题的把握可以尝试从以下五个方面的维度进行：

第一，个体的维度。个人是社会的基本组成部分。不了解个体，就不可能真正认识社会，所以对于个体问题的解剖和分析是思想政治理论课面临的重要任务。传统思想政治理论课教学中，往往注重于宏大叙事，无论是教材还是教师，其着眼点都是整体上的铺陈叙述。这种教学虽然有时代和社会的高度，但是离学生的实际较远，所以往往容易造成思想政治理论课“大而空”的印象，破坏了课程的吸引力和凝聚力。“如果走入马克思恩格斯浩瀚的著述文献，我们几乎看不到这种由原理、原则、理论要点等凝聚而成的理论框架，而是关于无数具体的历史和社会现象的丰富的、鲜活的分析，其规律性认识和方法论揭示都内在于这些微观的具体的分析之中。”① 所以，教师要尝试从个体角度还原理论和事实，使得学生能够从自身的角度感受到理论的说服力和事实的震撼力，而不会感觉理论离生活很远，与自己无关。

第二，群体的维度。人是生活在群体之中的，对于群体的分析和把握从来就是马克思主义基本的分析方法。马克思主义在资本主义产生之时，就将社会分为两大对立群体，即资产阶级和无产阶级，并且对这两个阶级的基本特征和关系进行了深入的剖析和论证，从而得出结论：资产阶级必然会被无产阶级所推翻而取代，最终实现全人类的解放。当今社会的时代已经与资本主义初期时代不可同日而语，但是对社会群体的调查仍然是我们需要坚持的基本研究方法。思想政治理论课的性质决定着需要研究群体、分析群体，从社会群体中发现社会的走向和趋势。群体维度的教学对于学生认清纷繁复杂的社会现象有其特殊的作用，只有从群体角度进行社会解剖，学生才会逐步学会正确对待不同的立场和观点。

第三，社会的维度。不同个体与群体的共同活动组成了社会本身，社会就是无数个体和群体的结合。思想政治理论课教师对于社会整体的剖析是建立在对个体与群体的分析基础之上的，但是思想政治理论课的任务决定着教师不能停留在个体和群体的认识上，而必须将其上升到社会发展的

① 衣俊卿. 历史唯物主义与当代社会历史现实. 中国社会科学，2011（3）：48.

高度。历史唯物主义对于人类社会发展的认识是建立在科学论证之上的，其对于人类社会的发展动力、发展规律、发展趋势的逻辑推理是经过实践证明的。即使在信息时代，这些理论资源仍然没有过时，而是发挥着其不可替代的作用，关键是思想政治理论课教师要结合时代特点对其进行创造性的阐释，使学生既要对理论有切身感受，又能将自己的思想认识超越个体和群体，使其世界观、人生观、价值观能够在教学中得到升华。

第四，国家的维度。国家将随着社会的发展而逐渐消亡，这是马克思主义的基本论断。但是，今天民族国家仍然存在，并且还发挥着重要作用。作为民族国家的公民，有责任、有义务担当时代的使命，为民族国家的发展贡献力量。思想政治理论课教师的国家意识形态教育不可或缺，如果没有意识形态教育，思想政治理论课就可能偏离其基本课程方向，甚至改变其课程性质。这一点的重要性毋庸置疑，但是值得深思的是意识形态教育不是口号式的灌输，而应该是用理论和事实力量的感染和说服，否则就可能适得其反，消解意识形态教育的成效。尤其是随着网络时代的来临，意识形态教育必须紧跟时代发展，适时运用新型信息技术，与学生进行互动交流，才能适应时代和当代大学生的需要，占据学生的精神领域。

第五，全球的维度。全球化是大势所趋，无论是支持还是反对，都不能改变这个基本发展趋势。个人、群体和民族国家，要想获得进一步发展，必须融入全球化的趋势之中。思想政治理论课作为担负引导学生思想发展的理论课程，必须而且应该展望全球、放眼世界，而不是闭门造车、自说自话。只有适时关注全球发展趋势，用全球眼光来分析中国问题，才能增强理论本身的解释力和渗透力。当代大学生获取信息的渠道广泛，其年龄特点和智力特点决定着其对于教师的说服教育持有一定的批判态度，要引导和转变其思想认识，教师对信息的了解和把握就要高于学生，善于从不同国家的比较分析中进行逻辑推理论证，使学生心悦诚服地接受教育和熏陶。

四、探索“六种方法”

“以问题为中心”的教学理念需要通过多种教学方法进行实践，只有通过行之有效的教学方法才能使得思想政治理论课课堂丰富多彩，打破沉闷单调的教学模式和格局。具体可以从以下六个方面进行探索：

（1）师生探究法。教学贵在教学相长，传统“满堂灌”的教学模式之所以需要改革，就在于其没有将教师与学生置于对等提高的位置。其潜在的思想观念是教师就是知识和真理的掌握者，只有教师才有资格在课堂上宣讲真理，学生必须吸收和接受教师的知识和认识。“师生探究法”的核心在于教师放下身段，自己与学生一起探索、研究理论和现实问题，从而互相启发，共同提高。“师生探究法”的关键是转变了传统教学中的主客体模式，而将其变为主体间模式，有利于发挥学生的积极性和主动性，改善教学效果。①

（2）互动讨论法。信息时代来临以后，知识已经成为共享资源。与此相对应的，大学教育应该从传统的传授知识的重心，逐步向启发思想、训练思维和引导方向进行转变，使得学生成为能够终身学习的现代公民，而不仅是知识的承载器。教学模式应该充分发挥学生之间的互相启迪作用，思想政治理论课教学中，学生之间对于问题有着相似的背景，更能够在讨论中获得共鸣，提高其参与的广泛性。教师在讨论中的角色主要在于能够概括、提炼学生的观点和思路，并适当进行方向性引导，避免将其变为众口一词、流于形式的互动式讨论。

（3）演讲答辩法。当代大学生所处时代及其成长背景决定着学生需要不断提高自身的思考能力和表达能力。“以问题为中心”的教学应该给学生创造表达的机会和场合，通过学生选择多种主题进行课堂演讲，以锻炼其逻辑思维能力和口头表达能力，并且教师和同学还可以就其演讲的内容进行现场提问和答辩，以激发其对问题的深入思考。演讲主题既可以是现实话题，也可以是理论探讨，还可以是历史回顾等，关键是让学生能够发现问题的意义和价值。

（4）角色扮演法。思想政治理论课教学要突破陈旧的教学模式，教师需要给学生创造不同的教学情景，使其在情景中受到启发和教育。如某些高校兴起的“模拟联合国”活动等，都可以使学生在不同的角色扮演中获得知识、启迪思想、增长见识。类似的课堂教学角色扮演活动还可以结合教学问题进行设计，重要的是这里的“角色”既要能够为学生们所熟悉，又要超越中小学简单的思想教育活动，所以需要教师与学生共同进行角色设计和场景布置。例如，伟人再现、政治决策设计、政治组织模拟、拟人化教育等都是不错的角色扮演活动。

（5）小组论文法。小组论文法是指由教师指定论文主题或由学生选择主题，先由小组同学分别思考，再经过小组讨论，最后形成主题论文的教

---

① 扈树生，张学军．对思想政治理论课实施探究式教学法的思考．思想教育研究，2006（10）：58.

学方法。这种方法既吸收了传统论文写作中个体思考和训练的优点，又吸收了教师指导、学生讨论酝酿的过程，对学生的思维训练有其特有的优点和长处。事实证明，经过小组论文法训练的学生写作时，视野更加开阔，思路更加明确，分析问题更加深入，这是学生集思广益、博采众长的体现。小组论文法需要注意的是防止个别学生在其中滥竽充数，放弃自身的任务和责任，所以需要教师和小组成员之间的互相监督和督促，以达到预期效果。

（6）调查陈述法。“以问题为中心”的教学模式还需要突破课堂限制，将其延伸到大学生的社会实践活动中去，让学生根据一定的问题去进行社会调查和社会实践活动，制定详细的调查或实践提纲，分工合作，做好调查笔记和调查资料的收集，最后形成比较完善的调查报告。在社会调查过程中，从调查题目的选择到调查报告的写作，教师要适时进行指导，主要方式可以采取小组陈述的方式，由教师和同学共同进行评议讨论，以保证社会调查或实践的质量和水平。

总之，“以问题为中心”的思想政治理论课教学是对传统教学模式进行改革的新路径探索，它对于改善思想政治理论课的教学效果，实现其教学目标，有一定的开拓性作用。但是，其具体内涵、实施的措施和方法以及改进技巧等还需要进行不断的试验和摸索。

（本文发表于《思想教育研究》，2011 年第 11 期）

外招生当代中国国情教育“开放式”教学初探

——以暨南大学为例

◈卢　宁　刘红萍

摘　要　国情教育历来是高校思想政治教育的重要内容。高校外招生是一个特殊的群体，对其进行国情教育具有重要的现实意义。有别于传统教学方式，开放式教学的有效性更强，更符合国情教育的要求。本文以暨南大学为例，对国情教育的“开放式”教学作一初步的探讨。

关键词　外招生　国情教育　“开放式”教学　暨南大学

大学生国情教育是高等学校思想政治教育的一项重要内容。江泽民总书记在党的十四大报告中强调指出：要“在全国各族人民特别是青少年中，进一步加强近代史、现代史教育和国情教育，增强民族自尊、自信和自强精神，抵御资本主义和封建主义腐朽思想的侵蚀，树立正确的理想、信念和价值观”。准确地把握国情，是国家科学决策的基础，而正确认识国情，是每个社会成员，包括当代大学生认识社会、选择人生道路的前提。

暨南大学是我国华侨高等教育学府，也是中国内地最大的港澳台侨高层次人才培养基地。目前在校的港澳台及海外学生有上万人，具有成分多元化的显著特点。相比于内地学生，境外学生由于生活区域以及思维习惯、价值观念、知识构成和心理行为的差异，对传统文化、价值观念、国家与民族等的感知和认同较为淡薄，总体来说对当代中国的国情了解不深。随着“一国两制”的实施和发展，面对港澳经济社会与整个国家的未来日益紧密联系在一起的现实，正如李克强同志在出席香港大学百年校庆的讲话中所指出的，“香港的繁荣与祖国的建设，需要千千万万掌握现代知识技能、熟知国情区情、通晓国际规则的人才”。因此，国情区情教育是港澳和内地教育界共同的任务。

暨南大学高度重视国情教育建设，自20世纪80年代中期始，在“兼顾差异，分流培养”的基础上，积极探索，系统打造了“中国传统文化概论”、“近代中国纲要（含港澳台侨史）”、“当代中国概论”、“人生修养与法律基础”四门结构合理、功能互补，相对稳定的国情教育课程，初步构建了以学生的全面发展为目标，以文化认同为基础，以弘扬和培育学生的民族精神为重点的国情教育模式，并在长期的教学改革实践中逐步积累了一些对外招生进行国情教育的特色方法。通过规范的、系统的国情教育，帮助境外学生深入了解国家的历史与现状，在提升文化知识水平的同时，培养学生的民族情感、国家意识和爱国主义精神，使其能够承担起维护国家统一、促进港澳台发展的历史使命。目前，四门国情教育课程中，“中国传统文化概论”获国家精品课程奖，“人生修养与法律基础”、“当代中国概论”为校级精品课程，“近代中国纲要”为校级网络优质示范课程。学校培养了大批港澳学生，为港澳社会输送了大量人才。

一、“开放式”教学的意义

传统的国情教育途径是多样的，学生在学校各级党政工团组织的政治理论学习活动中，以及学校组织的各种社会实践中都可以深化对国情的认识，但目前外招生的国情教育主要还是依靠课堂教学，即在相对封闭的空间内组织教学的形式来进行的。

课堂教学能够实施多种形式的教学手段，如通过课程的设置，开展各种专业课程的教学活动，通过有关国情的报告会、讲演会和讨论会等学术活动来完成国情教育的教学任务。课堂教学内在的优点：一是能够保证教学质量，学生可以接受系统的、权威的教育；二是能够保证教学效率，在课堂教学中，通过教师的讲解，学生更易于获取、吸收大量的间接经验和知识，全面快速地提高个人素质；三是课堂教学具有组织性强而社会成本低的特点，便于教学活动持续而稳定地开展。因而是国情教育的主要形式。

但是，课堂教育所体现出来的弊端也是显而易见的。一是课堂教学由于场地的原因，限制了教学对象的数量。二是课堂教学缺乏互动，限制了信息的流动和情感的交流。三是在课堂教学活动中通常是以教师为主体，一味地进行灌输式的教学，限制了学生的参与，不能有效地激发学生学习的自主性和能动性。同时，由于是单向的知识灌输，其教学效果主要取决于教师对知识的掌握以及传授能力，因而教师的责任心和业务素质也会影响学生对知识的获取。

当代开放社会是一个信息快速发展的时代，科学技术更新换代的周期越来越短，自然与人文知识积累速度无与伦比，这使我们面临的世界以分秒计算，瞬间完全迥异。教育事业紧随时代步伐，适应社会发展，是不懈的追求目标。而国情教育的理念和方法也要不断推陈出新，既要为现实服务，也要追求更好的教学效果。因此，转变传统教学理念，探索国情教育新路径，是有效开展国情教育的一项长期的课题。

开放教学是指以知识教学为载体，把关注人的发展作为首要目标，通过创造一个有利于学生生动活泼、自主学习的教学环境，提供给学生充分发展的空间，从而促使学生在积极主动的探索过程中，各方面素质得到全面发展。这不仅是一种教学方法、教学模式，更是一种教学理念。区别于传统教学方式，“开放式”课堂教学有着显著的特点。一是在教学理念上，侧重于以学生为主体，凸显学生的主体性地位，注重提高学生的学习积极性和主动性，充分激发学生的思维，培养学生的想象力，提升学生的创造力。符合教育的目的在于发现人的价值、发挥人的潜力、发展人的个性的历史使命。① 二是在教学过程中，将课前、课中、课后各个环节统一设计，全面提高学生的综合素质，充分锻炼学生理论转化为实践的能力。三是在教学效果上，开放式教学更有利于学生自主学习能力的培养。在学生适应了自主收集和分析信息，独立地思索与探究，积极地参与实践之后，学习便不再是一种被动的行为，而是一种良好的习惯，有利于促进学生终身学习能力的养成，更为重要的是，可以培养学生独立的学术和人格，造就一大批具有创新思维的人才。

二、“开放式”教学的实践

将国情教育与开放式课堂教育相结合，改变学生被动学习的状态，使学生在自主学习的过程中发现乐趣，充分提高学生的学习兴趣和学习热情，达到最佳的教学效果。在具体的教学实践中，应当统筹兼顾，从多个方面予以落实。

(1) 教学内容的选取。对外招生进行国情教育，目的在于增进外招生对祖国基本情况的了解，增强其国民身份的认同意识。在教学实践之中，首先应当从教学课程设置和教材编纂着手。为此，暨南大学从 20 世纪 80 年代开始先后开设了“中国传统文化概论”、“港澳基本法”、“中西科技比较”、“人生修养与法律基础”、“当代中国”等针对性较强的国情教育

① 李阳，郝佳．探究构建开放式教学课堂．辽宁师专学报，2010（3）．

课程，并相应地编撰了一批具有文化特色的国情教育系列教材，例如，《中国传统文化新论》、《爱国主义概论》、《当代大学生人生修养导论》、《简明中国近现代史读本》、《当代中国简明教程》、《当代中国社会发展导论》、《人生修养与法律基础》等，为暨南大学国情教育打下了坚实的基础。

（2）教学方式的选用。暨南大学在国情教育中坚持"双向互动性、方式多样性、内容丰富性、启发哲理性"的原则，在开放式课堂教学中，针对外招生的具体情况，采用形式多样的教学方法，例如，专题教学、案例教学、课堂讨论等，以达到最佳教学效果。以"当代中国"教学为例。该课程在系统讲授当代中国改革开放以来各个领域改革发展的基础上，组织学生以小组为单位，自行选出教师所列出的当代中国社会问题展开调查研究，并撰写调研报告、制作 PPT、上台演讲；然后再由教师补充和讲评。各小组的报告、课件、发言综合计分，作为期中考试分数计入平时成绩中。这种将有限的课堂教学以"学生小组"为平台、以"专题研究"为内容，延伸至课堂之外、学生的业余生活之中，拓展了教学内容，扩大了教学空间。不仅推动学生关注当代中国社会发展，在调研中加深对中国国情的了解和认识，增强民族自豪感和自信心，同时提高了他们的学习兴趣以及研究和思辨能力。

（3）教学关系的处理。在开放式课堂教学中，要营造学生与老师之间互相平等、互相尊重的教学氛围，同时也要构建学生之间团结协作、切磋交流的学习氛围。在"开放式"课堂教学中，学生应回归主体的地位，教师则发挥引导性的作用。教师要鼓励学生勇于发表不同的观点和看法，对有见地的合理之处给予肯定，即使存在不足甚至是错误，也要在肯定其积极思考的基础上加以适当方式的引导和指正。

（4）教学过程的控制。"开放式"教学的一个主要特点就是"开放"。在教学过程中，所谓课前"开放"，是指置身于一个开放的社会和校园中，学生要主动关注身边发生的事情，以佐证课堂知识。所谓课中"开放"，就是通过讨论和辩驳，让不同的思想互相碰撞启发，达到锻炼学生思维能力的目的。所谓课后"开放"，一方面是组织学生学习研究课堂教学中涉及的实际问题，比如"当代中国"的环境保护问题、教育问题、人口问题、就业问题、收入差距问题、民主政治问题等；另一方面是组织学生走向社会，实地考察，比如暨南大学在学生"三下乡"社会活动与青年志愿者服务活动中，引导学生认识和体验国情，树立人文情怀、文化自觉和时代使命①。进一步强化学生对所学知识的认知，增进其对中国国情的深入了解。

三、“开放式”教学的反馈

“开放式”教学法在当代国外各个层次的各门学科的教育教学中均普遍实行，如本国语教学中的“开放式”作文教学法等。它强调教学需要给学生予研讨的机会，要让学生发表自己探究的结果和意见，把各个学生看到的、想到的集中起来，使大家对要认识的事物有全面的了解，促使其从感性认识提高到理性认识。当代中国国情教育采用“开放式”教学尝试，从外招学生反馈的信息来看，效果是良好的。

（1）学生普遍认同“开放式”国情教育教学。根据“当代中国”课程 2010 年上学期在暨南大学部分课堂所作的一项调查显示，246 份问卷中，赞成“开放式”教学方式的达到 219 份，占总样本比例的 89%，这表明“开放式”教学为学生所欢迎。

（2）学生通过自学自研，提高了学习的积极性和关注中国的主动性。2010 级临床医学专业刘守琦同学说道：“中国国情研究这一命题对我本人来说，是一个十分大的挑战。这是因为我在初中和高中的时候，一直就不太关心中国。但几个月下来的学习，使我大大改变了以往的态度，并了解了中国如何由落后的国家变成世界经济十强的国家。中国虽然是地大物博，但同时也是世界上数一数二的人口众多的国家，如何养活这么多人？基本是一个不可能的任务，但中国就是成功了！而且慢慢地也走进了小康社会。我相信中国在今后的时间内一定可以达到‘总体小康’水平的。”这是该同学在了解了当代中国“三步走”发展战略及其实施情况后发表的感言。

（3）学生初步掌握了一些学习研究问题的方法。当代中国国情特征是先进与落后同时存在，把握这一特征就要用“两分法”看待和认识中国，既要看到中国发展的事实，也要看到中国在发展中存在的问题以及国家对解决这些问题所采取的措施，增强对国家发展的信念。2008 级经济学院李琦卉同学小组的报告是探讨“当代大学就业问题”。他们指出了大学生就业难的社会原因，比如，马健彰同学认为与教育体制和农村经济发展有关，赵剑英同学认为与全球金融海啸冲击有关，并强调了大学生自身的问

① 蒋述卓．以文化认同为基础的国情教育模式探索．光明日报，2008－12－04（10）．

题。但同时，他们也“了解到中央政府为解决‘大学生就业问题’、‘农村人口就业问题’和‘4 050 人员’就业问题采取了很多措施，来缓解当代中国在就业问题上面临的沉重压力”。戴晶莹同学说：“也许，这些解决办法不能立即见效，并完全地解决当代中国的就业问题，但它们使我感受到中国政府和人民都在尽一己之力去改善中国、完善中国。”而上述刘守琦同学小组在有关当代中国医疗保险问题的报告中谈道：“中国现时的全民医保已经比建国初期时的医保更为普及和有实效。传染病发病率明显地下降，医治疾病的能力也大大提高，发达国家能治愈的疾病我国也可治愈。”但同时这方面还“存在很多的问题。比如不合理的医疗费用急剧膨胀，‘免费搭车’现象严重。明明是一些小问题，但叫救护车或用一些较贵的药物，青霉素的滥用便是一个例子。这对国家和个人都造成重大的负担”。“当然，国家已经发现了这些问题，并在一步一步地改进当中。我们相信，以现在的发展速度，只要再多半个世纪，中国一定可以追上国际医疗水平。这不单单是因为中国有人才，更重要的是在有了经济发展的同时也获得了更多的机会和世界交流。”

（4）学生在获取知识的同时，也锻炼了其收集和分析资料的能力、思维能力以及实际操作的能力。2008 级经济学院冯全妹同学说：“虽然网上的资料很多，但要找到能用的资料真的很不容易。当找到资料后又要用很好的文字整合能力组织文章，才能好好地展示给大家看。经过做这次报告，我的文字组织能力真的得到了大大的提升。”李琦卉同学也说：“这次报告，锻炼了我的思维，提高了我的论文写作技巧。”“老师在课堂上指出了我们的报告存在的问题，由此，我就能从不足中学习和吸取经验，以便日后思考和分析问题时能提升层次。”不少同学表示“小组报告让我们体会到团队成员合作的重要性。虽然每个人都有不同的意见和观点，但我们都能很好地加以融合；虽然在报告写作过程中大家都遇到不同的困难，但我们都以认真的态度和耐性去完成各自的工作，全靠大家团结互助的精神”。

总之，充分发挥“开放式”教学的作用，实现以人为本的教育目标，充分体现了现代教育的真正意蕴。尽管运用“开放式”教学开展国情教育取得了一些成就，但将“开放式”教学与国情教育更有效地结合起来则还处在一个探索阶段，还需要在深度和广度上、在理论与实践上不断挖掘和整合，促进两者之间的交融与共生，推动国情教育建设更上一个新的台阶。

参考文献

[1] 蒋述卓. 以文化认同为基础的国情教育模式探索. 光明日报, 2008-12-04 (10).

[2] 卢宁. 高校外招生国情教育问题初探. 唯实, 2005 (3).

[3] 岳玉明. 论大学生国情教育. 四川教育学院学报, 1999 (7).

[4] 文峰. 浅议多元文化背景下的文化素质教育——以暨南大学为例. 东南亚研究, 2005 (1).

[5] 李阳, 郝佳. 探究构建开放式教学课堂. 辽宁师专学报, 2010 (3).

[6] 张岚. 建构开放式教学体系, 提高教师教学水平. 高教高职研究, 2011 (1).

【第三辑】

思想政治教育方法与人才创新研究

侨校跨文化素质教育的方法和实践

大学生合作学习的必要性与实现途径

暨南大学的STS教育

侨校跨文化素质教育的方法和实践

◈龚红月

摘　要　暨南大学素称“华侨最高学府”，是中国创办历史最悠久的高校之一，经过多年探索与实践，针对三类学生（内招生——境内学生、外招生——港澳台侨生、外国留学生）的不同特点，学校通过不断加强文化素质教育的课程建设和教学改革，积极发挥校园文化的巨大功能和作用。本文根据高校外招生的学习特点，寻找来自不同文化圈层的学生群体的共性，提出跨文化素质教育中情境建构及教学教育的方法和途径，并对中国传统文化在跨文化素质教育中的地位和作用提出作者自己的看法。

关键词　高校外招生　跨文化素质教育　情境体系　母本文化　课堂定位模式

跨文化素质教育，指的是建立协调各文化群落的素质教育机制，营造良好的教育教学环境，以激发学生的学习动力和创新精神。暨南大学作为一所侨校，最大的特点是不同的文化群落因来自不同的文化模式、文化圈层等背景而产生的文化差异。例如，香港和澳门地区的文化虽然同属中国文化，但由于这些地方长期受到西方文化的直接影响，形成以中国传统文化为母本文化，但又并存西方文化（亚本文化）的复杂形式。当港澳学子来暨大就读，必然将这种不同于中国内地的文化模式带到暨大。各国各地各种不同的文化模式在侨校相互碰撞，导致侨校组织内文化冲突与文化融合共存的现象，也为侨校带来跨文化教育的特色。

由于广东具有濒临港澳的特殊地理位置，暨大的境外学生（外招生）中，占比例最大的是来自港澳台地区的学生，其次是来自东亚（如朝鲜）和东南亚（如越南、老挝、柬埔寨、印度尼西亚、马来西亚等），近几年来，来自南亚、中东、非洲、美洲及其他地方的学生也逐渐增多起来。可以说，在中国内地，这样大比例且具备文化群特点的地域性学生群体的出现是很特殊的，它成为高校境外学生教育的一个重要研究对象。随着粤港经济文化合作的深化和港澳民众对祖国内地越来越多的了解，港澳学子大量到内地读书深造将很快成为趋势。因此，加强对高校境外学生的素质结构的研究，并建立相应的跨文化教育方法体系，已是一项迫在眉睫的工作。

作为暨大专门从事境外学生文化素质教育的教师，在长期的教学教育经验积累的过程中，我们逐渐体会到，要更好地引导教育学生，就必须在研究中建立方法体系。适应高校境外学生的心理，教学和教育的跨文化方法体系应该最少符合四个原则：第一，需要建立实践性较强的多项变数教学教育法，将境外学生的心理需求、行为调适与教育内容结合起来，以达到最佳教育效果。第二，需要实现知识教学向方法教学的过渡，这样做的目的，既是为了提高教学的信息熵，也是为了将“授人以鱼”转变为“授人以渔”，这是符合教师“授业传道解惑”的要求的。第三，需要设立相应的教学教育情境，利用隐性情境和情感情境，达到学生的思想共鸣，使他们于不知不觉中接受主题教育，这对他们的态度转移很有益处。第四，需要有丰富的教学手段，以激发学生的学习兴趣及提高学习效度。

基于此教育原则，我们目前已经做的工作有：

一、跨文化素质教育情境的建构和维护

境外学生进入暨大读书，在学习适应性方面会比内招生存在更多更大的困难。内招生面临的教学环境，基本上是他们所熟悉的较为固定的正常环境，从知识体系、教学方法乃至交流话语、教与学的习惯等，形成他们的认同情境，大多数学生一般只需经过一个学期的调整，便可顺利实现从中学受教至大学受教的过渡。但是，除了少数曾在中国内地接受初等或中等教育的学生外，对于大多数刚入校的境外学生而言，这种环境却是由多种未知数组成的，是一个相对陌生且模糊的情境。尤其是思想政治理论教育（以下简称“思政教育”）课，在内招生（中国内地学生）看来，这类课程属于常规课程，而在外招生眼中，这却是学校为学生营造的一种难以预期且易引起内在冲突的环境。为了消除学生的疑虑，达到学校教育的效果，暨大从1985年开始，就将公共必修思政教育课程（当时称为政治理论“两课”）分为国内生系列和境外生系列，两个系列设定的课程在结构、主题、基调、教学目的甚至教学内容和部分教学话语方面，均不相同。具体的做法是将境外学生的思政教育列入教育的特殊系列，投入相应的人力、资力、物力，专门为他们度身订制教学计划，开设主题鲜明、方向明确但又适应外招生心理倾向和文化征候的文化素质教育课程。历经20年的建设，至今这些课程已组成体系，包括“中国传统（古代）文化概论”（含全英授课）、“当代中国概论”（含全英授课）、“中西科技比较”、“港

澳基本法研究”、“思想道德修养”等，以及专为境外学生开设的研究生通识课程“中国现代化进程探索”。

假设上述课程是侨校跨文化素质教育情境的硬件，那么，我们还需要在教学过程中建构由三个互相联系的程序组成的教育情境软件体系（如下图所示）。

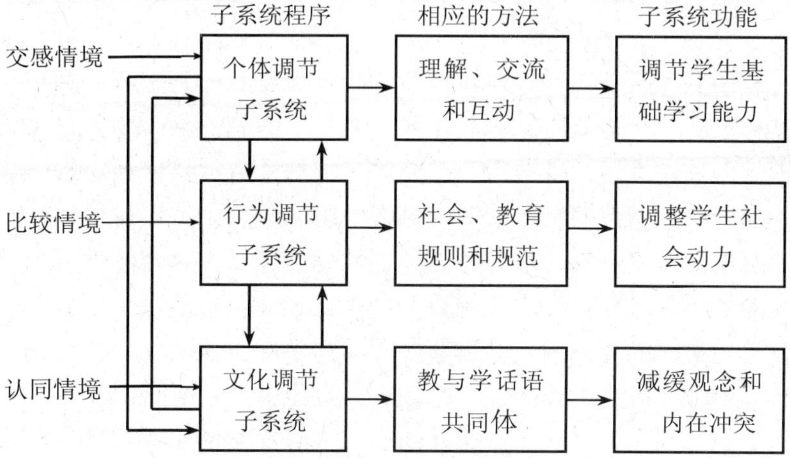

跨文化教育的情境体系和作用

在上图中，交感情境指的是利用理解、交流和互动等情感语言唤起学生的学习情感和深层认知能力，使他们顺利地完成大学的学业，提高学习效率。笔者作为专为境外学生授课的教师，在20多年的教学过程中，不断感受到境外学生，尤其是港澳学生在学习过程中呈现出的困境：他们的理绎论辩能力和学习基础能力均不同于内招学生，以至于不少学生难以适应注重基础学习能力的国内教育。在找不到个体与新的学习情境之间的平衡点的情况下，一些学生开始产生自卑或厌学心理，而这种心理又往往成为追求学习目标的内抑制因素。因此，为学生设立交感情境，首先就要承认和理解内招生和境外学生的个体差异，并很明确地告诉他们，内招生和外招生在学习能力和思维方式上各有特点，内招生擅长运用概念对事物进行一般性和整体性的推论，这与内招生从中学就开始的思维训练以及话语选择有关；港澳学生的理绎论辩能力虽比不上国内生，但他们有较强的实际操作能力和运用辐散思维的能力。无论是内招生还是外招生，其思维及学习方式各有所长，关键就要看如何正确认识自己的学习优势，更何况境外学生的感悟能力并不比内招生差，又普遍具备较强的环境适应能力，因此，当他们在暨大这样的侨校学习两三年，掌握了相应的习惯话语和基础学习规律，他们的学习效率就会显著提高，同样可以获得丰硕的学习成果。学生是很聪明的，当他们觉得老师抱持着公正客观的态度评价和理解他们，没有地域的歧视，没有成绩的歧视，没有思想表达的歧视，他们的感激之情便会溢于言表，这也是强化他们学习动机的一个途径。当然，利用交感情境可以强化学生的学习动机，目前我们尚未得到相应的实证，但依据动机理论，放大的情绪可以增强行为动机，这就是我们提出交感情境的依据之一。

比较情境指的是在承认和理解个体的行为差异的基础上，利用社会和群体教育规则引导学生的比较心理，以调整他们的社会行为。跨文化教育通常遇到的最大难题，是文化认知离散带来的受教群体的离心性。来自世界各地的学生以相似的文化认知为机缘，组成一个个相对排他的、相对独立的、受群体默契约束的行为群体。也就是说，受文化地域性的影响，每一个学生群体都具有自己独特的行为特征，形成文化丛现象。例如，暨大学生群体中最大的外招生文化群落——港澳学生群体，他们的行为特征独具一格。例如，有更为实际的行为动机，有易受外在刺激及规则影响的行为动力，有利用具备契约特点的社团实现人际交往的组织习惯等等。每一个群体都会欣赏自己的特点，并将此与其他群体进行比较。但是，如果这种比较是排他性的，其结果可能就是负面的，譬如不利于学生群体之间的正常交流，不利于学生发展批判性思维等等。我们设立比较情境的重点有两个，一是在教学过程中，有意识地进行文化模式的比较，让学生了解文化互补的重要性。二是引入文化生态位规则，并引导学生认识这样的问题：每一种文化模式在文化共生圈（文化体系）中都有自己特定的位置，都有属于自己的发展空间，这是文化生态位的不可替代性，也是文化竞争中的共同规则。但是，文化生态位的另一个重要规则是文化交流，因此，只有摆脱霸权文化的羁绊，尊重其他文化模式，才有可能从中学到新的知识，才能获得群体和个体行为发展所需要的能量。在教学实践中，我们利用上述方法引导学生思考，发现确实有学生包括留学生产生了解其他文化如中国文化模式的冲动，甚至有成人班的学生感叹：学习我们的课程，最大的收获是改变了自己的人生观。

认同情境是指营造适合学生心理、接近学生惯常生活和思考习性的教育环境，以期引起学生的情感共鸣，使他们在一种相对“熟悉”的环境中安心学习。在教学情境中，学生与教育机制之间存在着一个相互搜寻认同信息、建立互信关系的过程，忽视这一过程，是对教育无知的表现。一般来说，中国内地的学生与内地的教育机制之间经过较长时间的“反复搜寻”，认同结构已大致确定，双方给付的认知“成本”会相对减少。而来自境外的学生，无论是来自港澳台的学生，还是来自其他国家的华侨学生，在他们来到中国内地学习的时候，实际上就是开始了一个文化适应（Acculturation）的过程，他们不仅要去搜索一些在他们看来是全新的文化信息，而且还要对这些新信息进行归类（Compartmentalization），以建立一种属于个体的新的文化认知体系。这对于教与学双方来说，既增加了文化接触的难度，又增加了双方相互认知中的额外“成本”（如时间、精力等）。而在教学或教育过程中建立认同情境，一方面是在承认和理解学生的文化差异（思维方式、习惯话语、学习和生活习惯、宗教信仰等）的基础上，寻找和建立教与学的话语共同体，以减缓教师与学生的观念冲突和学生的内在冲突；另一方面，是帮助学生于不知不觉中消解文化归类过程中对于变化的内在抵抗，使文化说服和影响得以顺利进行。

二、建立素质教学过程中的跨文化定位模式

跨文化教育是将个体行为的差异当作恒常，将文化模式当作变因，探讨不同文化中的行为差异，并从中找到普遍适用于所有文化模式的教育方法。在建立这种教育方法的过程中，首先要解决的是施教者与具有不同文化变因和不同行为差异的受教群体之间的沟通关系，然后才能进一步探讨其他问题。而在建立两者之间的沟通关系中，我们认为最困难的是在跨文化教育的沟通始端，即教育的定位。如果定位不合理，无法体现境外学生的特点，就无法得到学生的心理共识，教育也就会因流于偏颇而无法达至期望的目的。根据我们曾对学生所做的调查和各方面的经验，笔者试就境外学生的五种行为特征，提出课堂教学中的五种定位模式。

模式一：境外学生只能接收有限的信息。受语言、习惯和兴趣等的影响，境外学生在接收大学课堂发送的信息方面，其效率明显低于内招生。面对每学期在课堂上大量出现的教学内容，他们只会也只能按照个人的经验、喜好、兴趣甚至情绪来进行选择和记忆。针对境外学生的这一特点，教师对课程应进行灵活设计，例如，如果一学期授课内容在八个章节以上，学生就不易掌握课程的焦点，不易形成深刻的印象，造成大量教学信息的流失，这也是一种教学资源的浪费。有鉴于此，我们在一学期课程的安排上，努力去突破课程的传统设计，一般一学期只重点讲解四至五部分内容，同时引进学生感兴趣的问题，形成专题形式，这一方面是为了引导学生进行讨论，训练他们的思维能力；另一方面是以专题为重点，将各种

知识点串联起来，形成张性很强的知识面。以感兴趣的问题为点，由点而面，这样的教学方法符合记忆的特点，具有打入学生记忆的先天优势。

模式二：境外学生喜欢简单，讨厌复杂。他们害怕在黑板或电脑投影屏幕上出现成片理论性很强的文字，他们不仅无法理解，而且还会出现心理晕眩，有的学生甚至说害怕老师使用多媒体辅助教学，因为老师可借助电脑的便利，事先输入大量理论文字，学生只得疲于抄写或下载，久而久之便会形成内抑制心理。从经验上来说，教师与学生在课堂上沟通的诀窍，就是不要长篇累牍地使用板书，既然使用多媒体教学，就应该充分利用电脑的优势，制作动感、生动、表现手法多样但字数相对有限的多媒体课件，对某个重点问题还需进行特殊设计和制作，以便产生强烈的感官刺激，引起学生的注意，并突破学生排斥复杂的心理屏障。

模式三：境外学生重视情感沟通。课堂上的情感交流，现在正日益成为提高学生注意力的一个重要手段。一般说来，对一门课的兴趣和需要是学生学习动机强弱的主要因素。动机过强，会使学生只注意学习目标，而忽视学习过程中的细节；但动机过弱，注意力就很容易转移，无法收到听课学习的效果。我们可以抓住境外学生在陌生环境中更重视情感沟通的特点，建立教学的情感情境，以期调动学生的学习积极性。课堂中的情感情境主要包括两方面，一是教师在课堂上掌握以情动情的技术，如在身体语言和讲授语言上增加情绪色彩，吸引学生的注意力；二是建立教学中的情感体系，这就是我们在前文中所说的交感情境、比较情境和认同情境。

模式四：境外学生的想法容易失去焦点。境外学生在自己的居住地长期生活，不断接受当地的政治和文化方面的宣传，主体思想业已形成定式。例如，港澳学生长期生活在以中国传统文化为母本文化，又兼容西方文化的环境之中，文化的多元化促进了他们思想的多元性，但模糊了他们对母本文化的本质认识，在对中国传统文化的取舍上失去定位的焦点。在他们看来，中国传统文化只有儒家思想，而儒家只有有关道德的宣教，但这种宣教是落后保守的，与现代化进程格格不入等等。这种对传统文化认识的失位，容易引起学生的内在焦虑：自己是中国人，但又无法从中国文化中找到认识和行为的平衡点。为此，暨南大学专为境外学生开设了“中国传统文化概论”课程，这是一门既属于通识教育，又属于知识能级结构中的组成课程，其区别于历史课，但又不能让其脱离文化的历史背景，这其中的关系很不好处理。笔者作为这门课程的主讲教师，与其他同仁一起经过长时间的摸索和实验，已找到相应的方法：将中国发展的历史观融入课程中，而不是像其他同类课程那样，仅从断代的角度去讲解各时代的文化成果；课程的主要目的是让学生掌握分析和整合的方法，因此，课程以中国传统思维方式和文化精神为主要脉络，再大量插入或枚举历史事实及文化现象，务求让学生在短短的一个学期里系统地认识中国传统文化的主要精神和实践意义。当学生从教育的主流渠道获得大量属于母本文化的保真信息后，他们对母本文化的认识才会更加清晰。

模式五：境外学生有遵从规则的习惯。例如，由于受西方文化的熏陶，在香港社会中，存在一个较为普遍的认识：公众规则、社会规则本是一种“外法”，但它可以逐渐向内发展，最终内化成个人的行为准则，成为指导个体行为的“内法”。这种外法与内法之间存在密切关系的观点于无形之中影响了社会公众，表现出社会规则对个体行为的潜移作用，这也是香港学生具备较成熟的法律观念以及习惯遵从社会规则的一个主要原因。他们在日常生活中不会终日将法律和道德挂在嘴边，但普遍反感诸如“随地吐痰”、“如厕不冲厕”、“在公众场合抽烟”等行为，他们将这些行为视为违背社会规则（“公德”）和社会意识的行为。将内法和外法联系起来的自觉，反而在内招生中是比较淡漠的，相应的习惯也没有建立起来。譬如，一位学法律的学生如果在排队行列中插队，或无视交通警示标志，乱穿越马路，他是不会将这些所谓“小事”与“内法”联系起来，并由此产生耻辱感的，即使有心理不安，也不是规则意识而是“从众”心理在起作用。我们可以从境外学生遵从规则的习惯中获得公众道德教育的启示，此外，境外学生遵从规则的习惯也为我们提供了一个思路：帮助学生保持良好素质和良好习惯，就应该为他们提供一种积极的、支持性的、健康的规则环境，其第一步就是要寻找解释规则的共同话语，如“什么是规则”、“公众规则应包含什么内容”、“公众规则与道德规定有没有关系”等，以此缩短文化距离，并为跨文化教育过程中的规则建立和实施铺垫道路。当教学教育中的规则变得更有条理、更加明晰、更符合规律，当学生接受了这种规则并将之内化为一种自觉，他们就可以在预期自己的学习效果和学习价值的过程中，确定自己的学习目标和人生目标，并于内在奖励的积累中增强学习动力。

三、发挥母本文化在跨文化素质教育中的协调和导向作用

作为一所侨校，适应海外教育的发展，暨大百年来的发展都是定位在“以文化立校”的基础上。由于文化与单纯的政治、宗教等不同，它的行为指向性较弱，更多地是用一种潜移默化的方法去引导或改变教育对象的

人生，因此，它不会给不同态度、不同信仰的人带来太大的压力，这是文化独具较强的凝聚力和影响性功能的一个重要原因。暨大之所以具备号召海内外学子的一个重要途径就是充分发挥文化的凝聚作用，为学生提供宽松的文化生态环境。

应该说，暨南大学聚合了来自不同地方的人、不同的文化特色、不同的思潮和流派，新旧文化在此接合、交换，并得以顺利转型。这表明在暨大存在着一种无形的聚合结构，这个结构有两大特征：其一，聚合结构的核心是承认和尊重文化的地域特性以及各国各区域各民族的文化传统，不是强制推行中国政治的主流话语，而是置政策于文化研究之中，在国家侨务政策和外交政策的引导下，营造一个宽松和谐的氛围，使来自海内外的不同信仰、不同理念的学子可以聚集在一起。其二，聚合结构的特征是“和而不同”。但“和而不同”的群体并非一个松散群体，各种不同文化、不同理念和不同信仰在相互碰撞的时候，必须有一个主导文化从中发挥引导和协调的作用。

中华民族文化是世界文化的一个组成部分，是中国社会结构中的一个构成要素，其独特的以人为中心的内涵是中国社会发展的精神动力。暨大百年来便是以中华文化精神作为引导各种不同文化或思潮的主导思想。在暨大当前的思政教育中，港澳台学生已成为境外学生群体中的主流，因此，母本文化——中国文化精神和中国传统文化依然是侨校教育中的主要思想力，依然在各种异质文化中发挥着主导或协调作用。秉持这一看法，我们在设计境外学生的文化素质教育课程时，会尽力突出母本文化的两个支柱：爱国主义精神和中国传统文化中的现代化因素。我们的目的，一是让境外中国学生和华侨学生认识作为母本文化的中国文化的主要精神，从而培养他们对祖国的情感，当他们回到居住地工作时，这种对祖国的情感将帮助他们对自己的社会行为进行选择，譬如，更加关注中国文化精神的保存和传播，更加重视异地、跨国文化的交流和沟通等；二是帮助境外学生了解和掌握中国传统思维方式，以充实他们的方法库，这将在转变他们的人生、社交、工作态度和养成良好的行为习惯方面起到重要的指导作用。

（本文发表于《暨南高教研究》，2006 年第 1 期）

大学生合作学习的必要性与实现途径

◈赖松龄　顾美霞

摘　要　合作学习是指学生为了完成共同的任务，有分工合作的互助性学习。合作学习鼓励学生为集体利益和个人利益而一起工作，在完成共同任务的过程中实现自己的目标。合作学习有助于培养学生团队精神、合作精神和竞争意识；合作学习活动促使学生体会到相互间的关心和帮助，使师生在多维互动、取长补短过程中共同进步。相对于现代大学生，合作学习更加重要，本文欲探究大学生之间合作学习的策略与形式，提出课堂式合作学习、网上合作学习、社会实践式合作学习三种途径。

关键词　思想政治教育合作学习　合作精神

合作精神是人类的一种优秀思想品质，一直备受古今中外教育家的关注。《礼记·学记》指出“独学而无友，则孤陋而寡闻”，强调受教育者与他人合作的必要性。素质教育时代来临之际，“国际21世纪教育委员会”提出了教育必须围绕四种基本的学习能力来重新设计和组织，其中之一即“学会共同生活”，并且强调将它作为整个教育的基础。国务院在《关于深化教育改革，全面推进素质教育的决定》中也明确提出了“重视培养学习团结协作的能力”、“培养学生的合作精神”等要求。大学生代表了国家和民族的未来，是中国特色社会主义事业的希望，其合作精神的培养不容忽视。但从目前实际情况而言，我国当代学生在校期间在一定程度上缺乏合作学习的能力，因为在课堂上，教师多以“满堂灌”为主，师生、生生之间的互动交流严重不足。在课堂下，基本上是单干形式，缺少同伴之间的互动往来。久而久之，学生养成了个体单独行动的习惯，甚至成了宅男宅女，缺乏与同伴合作解决问题的意识，这将极大地影响他们的成长。因此，在思想政治课教学中，努力培养学生的合作精神，实行一种不同于竞争教育的学习方式——合作学习方式，将更加符合新时代对大学生成长的要求。

一、合作学习的内涵

合作学习（Cooperative learning）是20世纪70年代初兴起于美国，并在70年代中期至80年代中期取得实质性进展的一种富有创意和实效的教学理论与策略。由于它在改善课堂内的社会心理气氛，大面积提高学生的学业成绩，促进学生形成良好非认知品质等方面实效显著，很快引起了世界各国的关注，并成为主流教学理论与策略之一，被人们誉为“近十几年来最重要和最成功的教学改革”①。合作学习方式自20世纪90年代译介进入我国以来，不仅成为很多理论学者关注的研究内容，而且已经成为许多教师的实践行动。值得注意的是，合作学习在我国的基础教育中得到一定程度的研究，但在现实运用中却远远不足。能否有效地在大学生中实施合作学习，首先在于我们是否能科学地理解合作学习的基本内涵，把握它的精神实质。

合作学习自诞生以来，虽已经历数十年的发展，但尚无一个比较公认的定义。在有关合作学习的论述中，对合作学习的表述多种多样。合作学习的主要创始人、美国的戴维·约翰逊和罗杰·约翰逊（David Johnson and Roger T. Johnson，以下简称“约翰逊兄弟”）在20世纪80年代时认为，合作学习是一种可以应用于任何年级和任何学科的基本的教学策略。而到2002年，则把合作学习表述为一种要求积极的互依（一种沉浮与共的意识）、个体的尽责（每一个人对学习作出贡献）、人际技能（沟通、信任、领导、决策和冲突解决）、面对面的互动促进，以及过程分析（反思小组功能发挥情况以及如何发挥得更好）的团队学习关系②。加拿大的一些研究者认为，合作学习是一种组织学生在课堂中互相学习、交互作用，以使学习更为有效的教学方法③。美国另一位研究者约翰斯·霍普金斯大学的罗伯特·斯莱文（Robert Slavin）在一些文章中称合作学习为“教学模式”④。纵览有关合作学习的文献资料，我们可以发现，合作学习发展到今天，已不仅是一种纯思辨性的教育理论或未经实践检验的理论假设，也不仅是一种单一的教学策略或具体的教学方法，它已发展成为一种建筑在

① Verm ette，P. （1994）. *Four Fatal Flaws：Avoiding the Common Mistakesof Novice Usersof Cooperative Learning*，The High School Journal-Febö/March.

② 参见明尼苏达大学合作学习中心网站，2002 年.

③ The Metropolitan Toronto School Board，Together WeLearn：Cooperative Small Group Learning with a Focul on the Intermediate Division，1988. P. 5.

④ Robert Slavin. Hereto Stay—Or Gone Tomorrow? *Educational Leadership*，Vol. 47，No. 4，1990.

有关心理或教育学理论之上，在平等、合作、发展的基本思想指导下，拥有相对稳定的构成要素、贯彻始终的操作原则、操作程序和一系列操作策略的教学模式。山东省教育科学研究所王坦研究员认为："合作学习是一种旨在促进学生在异质小组中互助合作，达成共同的学习目标，并以小组的总体成绩为奖励依据的教学策略体系。"①

借鉴以上见解，我们认为，合作学习是一种为了促进学习、由某些学生协作完成某个给定学习目标的教学模式和方法。在合作学习过程中，个人学习的成功与他人的成功密不可分，学习者之间以融洽的关系、相互合作的态度，共享信息和资源，共同担负学习责任。它有利于促进学生认知能力的发展，有利于学生健康情感的形成；合作学习是以小组形式参与、为达到共同的学习目标、在一定的激励机制下而合作互助的行为。它主张将教学内容精心设计为各个任务，学习者以小组的形式一起进行学习，各自担当一定的角色，共同完成某一任务或解决某一问题。合作学习将合作、竞争和个人行为融为一体，并进行优化组合加以利用，符合教学规律和时代的需求，是对传统教学的竞争格局的变革。

二、开展大学生合作学习的必要性

第一，合作学习是大学生的必备素质。在大学的教育和实践中，教育者有意识地构建一个符合学生特点的合作学习方式，使每位学生都能在有限的合作时空里参与，主动提出问题、自由展开交流，敢于尝试、学会倾听、自我反思。某一个问题往往可以用不同的方法加以解决，通过合作学习的形式，每个学生都有机会提出自己的解题方法，同时又分享别人的解题方法，在讨论不同方法优缺点的辩论中，学生的思路就会越来越明晰，能多角度、多侧面地寻求解决问题的策略，对于增强学生的自信心，培养创造性思维十分有利。在师生、生生之间的相互活动和对话中，在知识形成过程中，获得知识、技能、情感、态度、价值观的体验，形成良好的个性品质，它不仅有助于增强合作意识，还能为学生获得各种素质和能力奠定基础。

第二，合作学习是现代科学研究的必然要求。现代科学研究的主要方式是集体研究，分工负责，通过组建课题小组，商定方案，明确分工并有序协作，最终实现目标或完成科研任务。一项重大科研项目单靠个人的力

① 王坦. 合作学习：一种值得借鉴的教学理论. 普教研究，1994（1）.

量是不够的，它需要更多学科不同想法的研究者的通力合作。从诺贝尔的获奖名单上即可对合作研究的趋向窥见一斑，“1901 年到 1972 年期间有 286 位科学家获奖，其中 185 人是合作取得成果的，约占 2/3；在诺贝尔奖设立的第一个 25 年中，合作研究获奖人数占 41%，在第二个 25 年中达到了 65%，在第三个 25 年中竟达到 79%”①。由此可见，科研人员除了应具备基本的业务素质和水平外，更重要的是要具备和他人协同合作的能力或素质。在思政教育中，无疑应该努力培养学生的这种合作能力与合作素质。

第三，合作学习是时代发展的要求。我们正处于全球化的时代，全球化使得不同国家和地区的人们交流与合作的机会日益频繁，但同时也带来了不同文化之间的冲突与碰撞，只有发展与不同民族、地区和国家的人民进行交流合作的能力，塑造包容的人格，才能使得相互之间有更多的信任与合作。当前，中国正处于社会发展的关键时期，要实现国民经济发展的战略目标，首要任务是提高企业的科技水平，这就对企业提出了更高的人才要求，其中必不可少的就是人才之间的相互合作。但学生群体中合作意识不强的现状是不争的事实，这与现代化人才要求的合作意识背道而驰，不得不引起重视。由此可见，培养学生的合作能力具有非常深远的时代意义。

三、开展大学生合作学习的策略与形式

在合作学习的研究中，专家们开发了许多合作学习的实施策略，主要有学生小组学习、切块拼接法学习、共学式学习、小组调查法学习。我们将这些方法与大学生学习的实际情况结合起来，探索大学生合作学习的策略与形式。

在实施大学生合作学习教学方法之前，要做好以下准备工作：

首先，小组的组建是合作学习赖以展开的前提。合作学习的研究者认为，“小组的组建是将 4 至 6 名学生按性别、能力、个性特点、家庭—社会背景等混合编组，形成一个异质学习团体。为了保证每个学生都有公平的机会获得成功，合作学习策略不仅强调小组内的异质性，同时也强调各个小组之间的同质性，即各小组在众多的特征方面是可资比较的，学习

① 刘海燕. 试论研究生合作精神的培养. 中国研究生，2004（1）.

‘快生’和‘慢生’都有机会表现自己并取得成功”①。思政课老师所带的学生人数众多，这就需要细心地分组，以形成一个个异质学习小组，同时也强调各个小组之间的整体水平和特征具有同质性。一些研究者认为在规模较大的小组里，不爱言语的成员容易保持沉默，不作任何努力；但在规模较小的学习小组里，小组成员很少有机会隐藏自己或逃避责任。小组人数以5人为宜。在明确以上要求之后，由学生自行组建学习小组。

此外，教师设计符合要求的合作学习的任务。教师应考虑学习任务是否有必要通过合作来完成，要根据问题的难易程度，把所涉及的知识分为基本知识和拓展性知识。基本知识主要是一些概念性、易于澄清的知识和技术的简单应用，这方面的内容进行简单介绍，以便学生对将要研究的课题基础知识有明确的了解。拓展性知识是一些需要深入理解的知识，主要是知识的迁移和深层的应用，需要更多时间进行深入的思考。如果某些拓展性知识需要不同观点、不同思路的综合，需要经过争辩、探讨质疑，在独立思考的基础上交换意见，要求学生充分展示、表露或“外化”已经学到的东西，以群体业绩表现等，一般将此类知识点作为合作研究的课题任务。

做好了准备工作，就要选择适宜的合作学习方式。合作学习是一种教学模式，但在不同情境中以及面对不同的研究课题时，需要进一步结合实际选择恰当的教学组织形式。

1. 课堂式合作学习

教学应当兼顾对象的个体性与集体性特征，把个别化与人际互动结合在一起。因此，在方式上，合作学习强调以集体授课为基础，以小组活动为主体形式，力求体现集体性与个体性的统一。教师的授课几乎是每一种合作学习策略中必不可少的组成部分。所以，课堂讨论式合作学习是在课堂上由教师实施必要的课堂授课，以合作设计为基础的讲授过程，然后把具有较强的研究性、探究性的课题作为课堂讨论或课后研讨的合作学习任务，让小组合作有足够的空间。通过课堂合作，使学习过程更多地成为学生发现问题、提出问题、分析问题、解决问题的过程，有利于培养学生的批判意识和怀疑精神。

在确定小组和课题后，需要确定每个成员的任务和责任，进行明确的分工。“组长”负责掌握讨论、分配、协调，控制时间，从中锻炼宏观调控能力和协调能力；“收集员”负责收集与课题有关的资料，整理出相关

① 盛群力. 对美国中小学兴起的“合作热”的拙释. 教育评论，1990（3）.

要点，在过程中提高筛选资料、分析资料的综合运用能力；“整合员”在综合各位成员成果的基础上理清思路，撰写论证课题的相关内容，提高写作能力和思辨能力；“答辩员”负责汇报合作学习的成果，提高说、读能力。组内成员定期交换角色，使学生真正发挥自主学习的能力和合作精神，形成综合研究能力。组内异质为互助合作奠定了基础，为了实现共同的学习目标，小组成员之间不得不交流信息和分享有关资料，而且组间同质为保证全体成员展开公平的竞争创造了条件。在各个小组完成课题之后，优胜的小组成员得到一个相同的针对小组成果的评价。把小组总体成绩作为奖励或认可的依据，形成了“组内成员合作，组间成员竞争”的新格局，使得整个评价的重心由鼓励个人竞争达标转向大家合作达标。组内合作使得学生之间由原来的竞争转化为合作，呈现出生生互动、团结协作的新局面，同时又不排斥组间竞争。也就是说，合作学习在突出合作的主导地位的同时，并没有否认竞争与个人活动的价值，而是将之纳入教学过程之中，使它们兼容互补、相得益彰。

2. 网上合作学习

由于网络学习环境具有信息资源传递与共享的机制、人际沟通互动方式具有虚拟化等特点，网络在合作探究学习上具备了更多的潜在优势，可以为这种学习活动提供更有力的支持。基于网络的合作学习是指利用计算机网络以及多媒体等相关技术，在教师的指导下，由多个学习者组成协作小组，共同完成某一任务。在这个场所中，系统与某个学生交互作用，而且尽量根据学生的需要将教学个性化。在基于网络化的学习环境中，学生不再作为一个孤立的学习个体，而是以小组成员的角色参与更加广泛的、讨论协商式的探究性学习活动。在网络中，学生间的多方交流，可以通过网络讨论来实现。

依托网络环境，借助网络的互联互通性和网络监测的实时性、精确性建构一个庞大的开放性的题库，以计算机为辅助工具，以人机交互为练习方式，以实时的积分排名带动学生的积极性，开展合作学习。这种网络环境下的合作学习模式包括三个方面：学习环境设计、信息资源设计和学习效果评价。

（1）学习环境设计是开展网络合作学习的基础。网络合作学习环境可在 WebCT 中生成，它是为了支持在线学习环境而设计的一个由数据库驱动的基于网络的课程管理系统，也是帮助教师高质量创建和管理合作学习的网络平台，它能够很好地管理课程，组织各种学习活动，支持并记录大量的在线交流。其中课程管理模块中具有灵活、丰富的课程活动，包括论坛、测验、资源、投票、问卷调查、作业、聊天室、Blog 等。在课前，教师需要建立好丰富的课堂活动模块，并向学生介绍平台的使用方法，让学生熟悉和灵活应用这个平台。

（2）信息资源设计是合作学习的重要依据。在网络合作学习的过程中，教师要把网络课程、电子资料、相关网站等预先提供给学生，这些资源包括基于网络的讲座，并附有研讨要点与具体概念有关的数据库，其他参考资料的电子图书馆以及作为正式课程内容补充的信息等，这些资源就是建构与课程主题相关知识的基础。它们方便学生利用已有的资源，针对自己的学习任务整理相关材料。

学生以小组形式学习并且在网络学习中扮演不同的角色。每周可以到特定多媒体开发的公共版块上发表几个主题，要求小组成员参与。每个人可以发表自己的观点，也可以回复同伴的问题，每个人提出不同的论点或问题，然后他们各自引用自己的阅读材料来支持自己的观点，阐明自己的问题，通过简洁而集中的回复与反驳，开阔视野、理清思路。在评论中，每个人必须提出有建设性的批评观点并且协助同伴的论点进一步发展。然后根据每个论点的发展状况来决定该小组集体要完成的论文或作业，最后经过公开的、多方面的评价确定其研究成果。

（3）学习效果评价是网络课程建设的生命，缺乏学习评价的网络课程是无法完成基本教学要求的课程。在网上合作学习方式中，根据教师的引导和小组成员的讨论以确定合作学习主题，然后小组成员开始收集信息，并将信息汇集于网络特定模块中，大家对各种信息进行讨论和分析，根据这种分析呈交报告。任何同学都可以对学习报告和讨论过程以及信息资源进行质疑和评价，小组成员对质疑进行回复，这实际上是一种学习答辩形态，系统自动将这些评价进行综合加权，记录在学习档案中，最终形成评价结果。

3．社会实践式合作学习

学习的目的是为了实践，实践也推动着学习与认识的进步。社会实践式合作学习是指组织学生在课堂外合作参加社会实践和社会服务的活动。例如，进行课题调研、实验操作、自愿者活动等。在活动中做到理论与实践相结合，在合作中培养团队精神、提高社会竞争力和开阔视野。

学生表现出的合作精神是他们与周围环境相互作用、适应社会生活及人际关系而产生的。每个小组根据课题任务，离开学校这个熟悉环境走进社会，在面对陌生的场景和人物时，成员的心理会对所在的这个小组产生更多依赖和信任感。在社会实践或调研面临困难的时候，小组集体成员必须设法解决，使他们感受到团结一致、齐心协力对于工作的重要性，并通过直接或间接的方式树立起合作精神的道德理念。社会实践式合作学习的途径有多种，比如以小组的形式开展创业实践教育、组织团队外出调研、参与学院和学校的研讨会的筹备和组织工作、实验室操作、作品设计等。通过这些活动，使学生在实践中体验团结协作的重要性，感受竞争与合作、个人和集体的关系，从而培养学生的合作精神。

知识经济时代，效率意识、竞争意识、风险意识、个性张扬的观念深入人心。但是如果不对竞争意识和观念作出合理引导，势必导致人们抛弃科学实践中业已形成的道德规范：不尊重他人的学术观点和劳动成果，在学术研究中不懂宽容与合作，不与课题组成员友好相处的风气。现代科学技术对合作精神的要求越来越突出，每项重大科研项目的成功，其实就是科学协作精神高度社会化、对象化的表现。因此，在竞争成为主导格局的前提下，优化教育环境，提倡竞争的宽容精神，营造良好的合作氛围，尤其重要。在学习和科研中，对学生不应使用过多的框架进行束缚，重点在于鼓励积极创新。同学之间在学习中也要平等讨论，允许不同观点的交锋，促使自己的认识由浅入深、由片面到全面，在平等的争论过程中相互启发，取长补短，在竞争中长大，在合作中进步。

合作学习也有着自身的不足和局限性。如有些学习任务只适合独立完成，或者参与程度不均衡，而且竞争总是无法避免。但我们并不是以合作否定竞争，而是要学会在竞争中合作，在合作中竞争。目的是克服难题，获取成功。

暨南大学的 STS 教育[①]

◈黄颖黔

摘　要　STS 教育是融科技与人文意识为一体的素质教育，是世界高等教育发展的重要方向之一。暨南大学实施 STS 教育已有十多年历史，教学活动立足侨校实际，力求汇通中西文化，消除科学与人文隔阂，倡导科学社会化和社会科学化理念，通过各种教学法帮助学生拓展知识结构，提高科学文化素质，已经取得显著成效。本文即对此所作的介绍。

关键词　STS 教育　素质教育　华侨教育　课程设计　教学方法　暨南大学

STS（Science，Technology & Society）是 20 世纪 60 年代末兴起的交叉学科，它是对“社会生活中的科学技术现象”的多学科研究，意在把握科学、技术和社会的相互作用规律。STS 研究和 STS 教育主要是围绕这样一些题材展开的，如科技创新机制、科学与技术的相互转化、科技进步对社会经济变革的影响、社会因素对科技事业的影响、高新科技导致的价值和伦理冲突、科技体制与科技政策等。

STS 教育是当今世界高等教育发展的新方向，因为在科技事业兴旺发达的今天，STS 事件层出不穷，科学社会化与社会科学化已是大势所趋，人们唯有了解科技与社会的互动关系，唯有具备相当的 STS 素质才能适应社会生活需要。欧美国家开展 STS 教育已有 20 多年历史，实践表明，这种教育融多学科内容为一体，兼顾科学文化教育、人文道德教育和现实功利教育目标，能够帮助学生健全知识结构，拓展思维空间，对提高科技素质、培养人文精神及增进社会认识确有显著效果。

20 世纪 80 年代中期，在中国高等教育改革的促动下，暨南大学遵从邓小平同志提出的“三个面向”原则，开展了本科层次的 STS 教育。经过十多年努力，暨大在 STS 课程建设和教学法方面已取得长足进展，建构出一整套行之有效的 STS 教学体系，充实了素质教育内容，深受海内外学生欢迎。

① 暨南大学王志键教授和何宇青副教授为本文提供了部分素材，谨此致谢。

一、STS 教育的必要性

暨南大学（以下简称“暨大”）是中国华侨最高学府，建校百余年来一直恪守“传播中华文化，培养华侨子女”的办学宗旨，致力于面向海外培养华侨英才，教学内容和体系素有对外开放的倾向，学校管理体制也有别于国内其他大学，在中国高等教育发展史上占有独特地位。20 世纪 80 年代中期，暨大着手开展 STS 教育，这并非来自“红头文件”的驱动，而是源于一种现实的考量：

（1）健全学生知识结构，弥补专业教育缺陷。历年来暨大学生总数的 60% 是通过国内高考录取的归侨子女（以下简称“内地生”），40% 是来自世界各地的华侨后裔（以下简称“侨生”）。内地生在中学期间接受文理分科教育，知识结构残缺不全，社会意识淡漠，思维认知简单，“高分低能”现象相当普遍。侨生以前接受的华文教育在原居住国家和地区属非主流教育，偏重人文教化，欠缺科技训练，文化素质参差不齐，对内地教育又不了解，后续学习困难较多。这两类学生入学后，都有必要进行知识结构上的“填平补齐”。

然而，1978 年重新复办的暨大与国内各大学一样，文理界限分明，专业划分过多过细，课程纵向配置，缺乏横向交叉。以专业教育模式培养的学生知识技能单一，适应面狭隘，创造力有限，文史经管类学生缺乏科技素养，理工医类学生未经人文训练。毕业生走向社会后，一旦专业不对口，就会陷入“高档人才，低档使用”的尴尬处境。如果说内地生可由国家计划分配，尚且不愁就业出路的话，那么侨生则无此“幸运”。知识技能单一的毕业生在境外择业困难较大，这已被境外反馈信息一再证实。为了培养宽口径、高素质的人才，专业调整改造是必需的，但此举牵涉面甚广，难以即刻实施。而增设 STS 课程则阻力较小，易于见效。

（2）体现暨南特色，充实华侨教育。暨大学生与海外联系密切，毕业学成后在海外创业发展的机会较多，因而爱国主义教育和外向型教育成为华侨高等教育的重点。在当今科技昌明的时代，华侨教育应该逐步加大科学文化教育的分量。

暨南人认为，爱国主义教育就是国情民情教育，培植侨生的民族自信心和自豪感，破除科学文化方面的虚无主义情结。同时应该让侨生知道，中国曾是人类科技文明的摇篮之一，中华民族也有源远流长的科学文化传统，科学技术曾经长期领先世界，只是近代以后才相对落后于西方，在历尽艰辛曲折之后，中国科技又开始重现生机活力，全力推动科技和教育事业发展。外向型教育是指中国大学传授知识和技能应该是世界通用的，培养出的学生在异域文化背景下也能立足生根、建功立业，而这就需要将多元文化意识引入华侨教育，科技与人文教育并重，提供交叉学科训练，帮助学生开阔视野，把握世界变革潮流。STS 教育兼有德育教育和跨文化教育功效，既是传承民族文化的途径，又是沟通异域文化的桥梁，恰与华侨教育目标不谋而合。

（3）引导校园文化思潮，满足学生求知欲望。暨大学生思想活跃，信息灵通，易于获得海外资讯，对国内外各种思潮相当敏感。中国改革开放以后，来自西方的 STS 观念一再冲击大学校园，韦伯、莫顿、库恩、托夫勒、奈斯比特、罗马俱乐部等的 STS 著述都曾风靡一时，许多学生对此趋之若鹜，佩服得五体投地。

许多侨生自小生活在港澳和东南亚地区，服膺欧美文化意识。当他们搬用西方 STS 观点照观中国现实时，往往出现认知错觉，诱发其对现实的悲观和失望意识，而侨生的思想波动对内地生也有影响，这就干扰了正常的学习秩序，冲击了思想政治工作。面对这样的校园文化思潮，以常规方式说服、教育、禁止甚至批判都是无济于事的，而且极易招致学生的逆反情绪。而适时开设 STS 课程，正面讲述中国科学文化观念，附带评介西方 STS 观点，既能满足学生的求知欲望，又能增进学生的科学文化素养，有一举两得的功效。

基于这些考虑，暨南大学 1985 年开设了 STS 课程，并确定由自然辩证法教研室承担相关教学工作。尽管在今天看来，面向大学生开展 STS 教育是理所当然的事情，但是在二十多年前，这却是个全新的教改举动。

二、STS 课程设计

20 世纪 80 年代中期的时候，国内各高校都不曾开展 STS 教育，暨大在这方面的努力无从借鉴，只能是“摸着石头过河”，边教边改，逐渐充实和完善。暨大最初开设的 STS 课程是中国科技史课程（60 学时）。然而，开始几轮教学并没有收到预期的效果。主要原因是课程设置不当，教学内容既专又深，中国古代科技分量过重，现代西方科技阐发不深，与学生在境外的亲身感受有差距，学生感受不到 STS 课程固有的广域性、多元性、前瞻性和现实性，因而对课程认同程度较低①。

在这种情况下，自然辩证法教研室开展了集体调研活动，广泛搜集国外STS教育动态，认真听取各院系师生的反馈建议，并与教务部门反复磋商协调。来自各方面信息表明：STS教育代表了当今世界科学教育的发展方向，在欧美各大学备受青睐，暨大侨生也同样期盼STS教育；暨大既然看准了方向，果敢迈出了第一步，就不能浅尝辄止！欲使STS教育坚持下去，唯有改革创新，当务之急是调整教学内容，更新教学方法，尽快构造自己的STS课程体系。为使教改活动有序进行，教研室综合各方意见，明确提出以下STS教育原则：

（1）STS教育要应该遵循“面向现代化、面向世界、面向未来”方针。要大幅增加现代科技内容，借鉴吸收欧美STS观念，充实更新STS素材和案例，及时传递科技前沿动态和高科技领域的国际竞争态势，着重说明新技术革命对人类社会的广泛影响，剖析当今世界社会、经济、科技一体化发展趋势，介绍促进科技发展的政策和措施。

（2）STS教育应该融入民族文化意识，将爱国主义教育落到实处。要实事求是地说明华夏科技文明的来龙去脉，挖掘中国传统文化中蕴涵的科学理性意识，从社会、经济和文化视角阐释“李约瑟问题”，回顾近现代科技在中国社会的落地生根历程，论证当代中国独有的STS纲领——“科学技术是第一生产力”，以及相应的STS战略——“科教兴国”和“可持续发展”。

（3）STS教育应该体现通识教育或素质教育特征，教育目标旨在培养学生的科学文化素养，教学重点是科技与社会的互动关系，有选择地介绍某些重要科技领域的认识成果、发展态势以及应用前景，以点带面地阐发科技的人文内涵，展示科学技术的世界观和方法论特征。STS课程的教学方法也要有别于专业教育。

依照以上原则，1992年暨大设计出一种“纵横交错，渗透扩散”的STS课程体系。“纵横交错”是指开设中西科技比较课程和现代科技课程，两者分别说明STS的历时性和共时性特征，担当STS教育的核心课程。“渗透扩散”是指将STS素材有机地融入其他课程教学活动中，构造无形的STS课程群，借以延伸和拓展STS教育。这些课程的内容不尽相同，但都能协调互补，共同担当STS教育任务。

中西科技比较课程（40学时）是从社会与文化互动的角度回顾人类科技文明历程，解释古代科技发展规律，在肯定东西方社会文化差异的前提

① 何宇青．掌握外招生思想特点，革新中国科技史教学．暨南教育，1994（1）．

下，剖析各自的科技成就、贡献、特征和发展模式，发掘科学技术的人文意蕴，解释中国科技在古代独步世界而近代落后于西方的原因，纵向阐发“科学技术是第一生产力”思想。

现代科技课程（40 学时）主要说明 20 世纪以来科学技术的最新发展，讲授现代科技的一些重要理论概念、思想方法和活动范式，论证科技进步对人类社会的深刻影响，揭示当今世界科学社会化和社会科学化发展态势，同时结合中国国情，横向论证“科学技术是第一生产力”的论断，说明科教兴国战略和可持续发展战略的必要性。

与 STS 教育相关的课程群是“马克思主义与现代科技”、“自然辩证法”、“当代中国文化”、“当代中国研究”、“近现代西方哲学”、“科学逻辑”等。它们分属必修课、指定选修课和自由选修课序列，从高到低地配置，错落有致地协调起来，使全校本科生和研究生皆可从各个角度、各个层面接触 STS 内容，获得自然辩证法、科学哲学、科学社会学、科技史、科学方法论、科技政策等方面的认知。

三、STS 教学方法

从实施 STS 教育伊始，暨大就意识到科学合理的课程设计只是 STS 教育实施的前提，而切实可行的教学方法却是 STS 教育成败的关键。这是由于暨大 1983 年就实行了学分制，STS 课程面向全校开出，STS 教学班一般是由多个年级、多个专业学生混编构成，侨生和内地生共济一堂，学生的知识储备、专业素质和文化背景相差甚大，众口难调的矛盾相当突出，这就给 STS 教学活动带来极大困难。

有鉴于此，教研室在组织协调 STS 教学工作时，鼓励任课教师博采众长、锐意创新，定期组织交流座谈，彼此互通信息，共同研讨教学疑难问题。这项工作十几年如一日地常抓不懈，逐渐将零散的教学经验汇聚成系统的教学方法，全面提升了 STS 教学质量，并由此摸索出一套 STS 教学模式。从操作层面上看，暨大的 STS 教学工作（特别是作为核心课程的中西科技比较课程和现代科技课程教学），特别注重把握以下要点：

（1）慎重遴选、着力培养任课教师。暨大历年聘任的 STS 课程教师都具备双重知识背景，文理双修，有从事科技工作经验，社会阅历丰富，政治和业务素质过硬，教学质量优良，科研成果较多。接受 STS 教学任务的教师，要进修计算机、生物学、地质学、经济学等课程，了解国内外 STS 研究动态，设计出 STS 教学预案，通过试讲评定，然后才登台授课。STS

教师一经聘用，教研室就放手使用，给予较大的教学自主权，允许他们在教学内容、体系和方法上积极创新，形成各自的教学风格和特色。学校有关部门尽力创造条件帮助他们提高业务素质，例如，结合专业特长，聘任他们承担校内的哲学、经济学、社会学、法学等课程的教学工作；申报科研项目时，给予倾斜照顾；遇有教学任务轮空的学期，支持他们参加学术交流活动、外出讲学参观或开展社会调查；对青年教师还要求兼做班主任工作，以便熟悉学生（特别是侨生）情况。尽管这大幅增加了 STS 教师的工作量，但涉足多门课程教学、加大科研力度、密切师生往来、贴近社会实践恰恰是“反哺”STS 教学的最佳途径。教学实践表明，唯有那些精于教学、勤于科研、关心学生的教师，才能胜任 STS 教学工作。

（2）凸显科学文化意蕴，精心编排课程内容。STS 课程是在社会背景中找寻科技发展动因，以科学理性眼光剖析社会生活，尽力把科学理性与人文意识融为一体，淡化科技知识细节，突出科学文化内涵。在课程内容编排上，是以科技进步为主线，多视角阐发科技与政治、经济、哲学、宗教等的同源互动关系。例如，中西科技比较课程为说明中国古代科技文明的发展历程，介绍了天文历算与王朝政治、医学与养生、化学与炼丹术、建筑与审美、水利工程与封建一统、印刷术与宗教传播等多学科内容，这样既如实再现了历史的本来面目，又潜移默化地导入了 STS 观念，将散乱无序的知识和史实重新规范起来，拓展了思维空间，提高了认知层次，学生感觉课程内容广博新颖，学习兴趣盎然，教学效果良好。

（3）结合 STS 热点问题，穿插进行案例教学。STS 教育是基于现实的，又是面向未来的，STS 知识将来是要经世致用的。在 STS 课程中引入案例教学，让学生解剖麻雀，进行自我教育，无疑是一种“实践演练”。暨大 STS 课程通常要拿出 15% ~20% 的课时数用作案例教学，选定的案例年年不同。例如，现代科技课程使用过的案例就有海外华人的科技成就、长江漂流科考、生物克隆、互联网络、电脑千年虫、火车提速、大学生与 BB 机、电子游戏等。这些案例与课程内容有关，又是当时社会舆论关注的热点，容易激起学生共鸣。暨大学生来自世界各地，文化背景和认知倾向差异极大，彼此见解时常相去甚远，课下又有提前准备。他们在分析案例时屡屡出现针锋相对的场面，课堂气氛活跃。教师充分尊重学生见解，只是从旁诱导策应，并不强求“统一认识”，恰恰借此提示现实社会 STS 问题的由来，说明解决 STS 问题并不遵循非此即彼的逻辑。

（4）统筹兼顾各类学生，实施分立——分层式教学。分层式教学法是把课程分解成相对独立的教学模块，每个模块（相当于 2 个课时的教学量）就是一个小型的专题讲座，集中说明一个领域的科技发展及其社会背景，各个模块体例类似，但内容互不瓜葛。这样，即便少数学生对某个科技领域一无所知，不能完全理解该单元内容，仍然能从其他单元获得相对完整的STS认知。而教师通过积木式搭配教学单元就能灵活调整教学内容，教学班生源不同，讲授内容也不同，实现了一门课程多种讲法。

分层式教学法是把课程内容划分成基准内容和纵深内容，前者是所有学生必须掌握的STS内容，是课堂教学的重点，期末要全面考核；后者是带有专业和学术趋向的STS内容，教师在课堂上只提及思路和线索，推荐参考文献，点到为止，不做考核要求，但可在课外个别辅导答疑。一般学生只要掌握了基准内容，通过考核就能拿到一般绩点的学分①；而基础较好的学生可依据纵深内容提示，结合个人专业或兴趣爱好，在课下钻研STS知识，自选论题提交有个人见地的课程论文，且顺利通过考核，就能拿到高绩点学分②。分立——分层式教学法能够适应STS教学班混编构成的情况，兼顾了境内外学生文化素质的差异，较好地解决了学生“吃不饱、吃不了”并存的老大难问题。

（5）反映国情民意，阐发中国STS意识。暨大学生多为华侨和归侨子女，其前辈曾有寄人篱下的屈辱经历，他们都希望在掌握专门知识技能的同时，多了解中华文化，多了解中国科技进步事业。为此，暨大的STS课程以相当分量回顾中国古代科技文明，总结“五四”运动以后现代科技在中国社会落地生根的历程，说明新中国赶超世界先进科技的努力，分析中国各个科技领域里的成就和不足，而这方面的教学是以中西对比方式展开的，利弊得失一并涉及，力戒泥古虚夸。

尽管STS课程不是政治教育，但是必须“讲政治”，因为STS教育是面向现实社会的，必然要反映出意识形态倾向。“讲政治”就是以马列主义和邓小平理论的科技观指导STS教学，如实介绍中国的社情民意，阐发当代中国的STS观念。有些侨生受国外传媒影响，对国内一些重大STS事件（如核武试验、计划生育、三峡工程、环境保护、保护知识产权等）心存疑惑，教师在课堂上摆事实、讲道理，剖析前因后果，澄清事情原委，学生对此热烈欢迎。

（6）引入多种教学手段，增添课程生动形象性。利用学校图书馆和电教中心提供的资讯条件，为多数STS教学单元和模块配置图文影像资料，

---

①② 暨南大学学分制管理规定，学生通过课程即可取得学分，而成绩以绩点标注，60分为1.0绩点，60分以上1分对应0.1绩点，如65分相当于1.5绩点，95分相当于3.5绩点。学分和绩点都是考评学生课业成绩的指标，对学生缴交学费金额、选修课程、申请学位等有直接影响。

在课程进行当中，同步展示直观教学素材（如挂图、照片、幻灯、录像、影碟、新闻报道等），通过生动形象的刺激加大授课信息量，加快教学进程，学生也易于接受和领会课程内容。

四、STS 教育成效

暨南大学开展 STS 教育迄今已有 13 年的历史。这期间在学校各单位的支持下，在学生们的促动下，自然辩证法教研室的全体教师通过集体努力，初步确立了 STS 课程体系，大幅更新了教学内容，发展出了新颖的教学法，把 STS 课程发展成为深受海内外学生欢迎的一类课程。学校教务处所做的“教学评估”显示，近些年 STS 课程的教学质量一直保持着优良水准①。目前暨大的 STS 课程的授课量已经达到 280 学时 / 学年，选课人数达到 400 人 / 学年，选课学生来自全校各专业、各年级，其中侨生和内地生各占一半。

接受 STS 教育对学生毕业以后的事业和人生产生了多大影响，笔者没有搜集到足够的数据，不敢妄加臆断。但是，仅就在校的大学生而言，接受 STS 教育的积极成效已经初露端倪，这表现在以下三个方面：

（1）改善了学生知识结构。开阔视野，打破科技与人文的界限，一并扫除“科技盲”和“文史盲”是 STS 课程的基本功效。通过学习 STS 课程，学生对科技的理解从知识技能层面提高到社会文化层面，文史经管类学生增进了科技素养，弥补了科技知识、科技方法、科学理性、科学精神和科学道德风范等方面的缺憾，而理工医类学生增添了人文素质，了解到人类科技文明的来龙去脉，觉察到“实验室以外的”科技运作规律。学生知识结构的优化，既有助于 STS 知识的学以致用，也有助于知识技能的迁延转移。近年对选修过 STS 的学生跟踪调查表明，这些学生做交叉学科论题的毕业论文、攻读双学位和跨专业报考研究生的比率相对较高。

（2）充实了“第二课堂”活动内容。由于每个 STS 教学单元中都附带有若干不作全面深入介绍的纵深内容，少数学有余力的学生就从这里找到适合自己情趣的论题，将自己的心得体会写成科普文章，公开发表。图书馆里许多尘封已久的经典文献和资料，一经教师在 STS 课堂上推荐，立时

---

① “教师教学评估得分”是暨南大学考评教师工作质量的基本指标之一。它是在教务处的组织协调下，请学生根据自己的感受，从教学态度、教学内容、教学方法和教学效果四个方面 12 个项目为任课教师打分，每学期张榜公布所有任课教师的评估得分和教学质量排序。“评估得分”可以准确显示某门课程和某位教师在学生心目中印象。

"奇货可居"，学生们争相传阅。他们自己的感受是这样的，"尽管不能全然领会那些深邃的科学理论，但是愿意重温科学先驱者的思维脉络，愿意触摸人类文明的一个个里程碑"。

当然，更多的学生是依照教师的指点，寓教于乐，以自己喜好的方式课下探究，借以增强 STS 的感性认识，扩充知识、培养能力。例如，讲授现代地学理论时提及李四光的贡献，就有学生找到原始文献仔细阅读，暑假时成群结队赴庐山做地质旅游考察；讲授中国航空航天科技成就时，就有学生利用双休日赶赴珠海航展会实地见证；讲授中国资讯科技成就时，指出台湾电脑资讯产品有世界竞争力，就有学生去广州各大电脑商城印证一番……

（3）对校园文化产生了积极影响。选修 STS 课程的学生们已经充当了校园科普文化活动的积极分子。他们自发组织起来，因地制宜地开展各项活动，如办讲座、开辩论会、出墙报、撒传单、搞展览、做社会调查等，产生了极好的社会影响。每年一度的"校园科技文化节"是暨大传统活动项目，一到这时，他们更是全力投入、大显身手。在这些学生那里，STS 已不仅是知识和素养，更是实实在在的社会行动。

【第四辑】

研究生教育与人才创新研究

美国高校培养研究生的方法及其借鉴

◈陶季邑

摘　要　美国高校在培养研究生、提高研究生学术水平方面形成了一套行之有效的方法，如严格课堂教学、为研究生反复修改学位论文、让研究生担任教学助手和研究助手、教授坐班为研究生解答问题、鼓励研究生参加学术会议、为研究生提供大量的图书资料和优质的服务等，这为中国高校的研究生培养尤其是提高研究生学术水平方面提供了有益的借鉴。

关键词　美国　高校　研究生　方法　借鉴

近年国内众多高校纷纷缩短硕士研究生的学制，将原来的3年学制改为2年。2004年，北京大学、清华大学、南开大学、浙江大学、武汉大学、中国农业大学等著名高校部分专业的硕士生学制纷纷由3年改为2年，当年秋季入学的硕士新生，开始在两年模式下规划自己的学习进度。在广东省，从2003年开始，中山大学除基础医学院、公共卫生学院、药学院、各附属医院（中心）、理工学院外，其他院系硕士生的学制均试行两年制。暨南大学自2004年秋季入学的硕士生起，除医学院和凝聚态物理专业以外，其他专业的学制也缩短为两年。不仅广东，还有其他省份一些高校也正在酝酿缩短硕士生学制一事。

硕士生学制“瘦身”在中国高校已呈不可阻挡之势，在这种新情况下，高校应该寻找新的对策，避免硕士生教育质量下滑。笔者在此拟简要介绍当今美国高校培养研究生的基本方法，并希望这些方法对今后中国高校如何培养研究生，尤其是保证研究生学术水平能够起到一些借鉴作用。

一、教授在课程教学中始终严格要求研究生

美国的研究生教育规模巨大，早在20世纪80年代，许多著名高校研究生和本科生比例就已经达到或超过了1:1。即便如此，美国的研究生教育仍然非常重视质量，包括十分重视具体的课程教学。美国高校教授重视对研究生的教学超过了对本科生的教学。硕士生学制为1至2年，实行学分制，要求修完30至36个学分；博士生学制为3至5年，一般不得超过7

年，要求修完60至70学分。教授尤其是对两类研究生亦即"职业型研究生"（主要是培养适应特定职业要求的高层次人才，如MBA主要培养职业经理人才）和"课程型研究生"（主要是培养具有系统的、规范的专业理论和知识的人才）的具体课程教学更是严格要求。研究生在修该门课程时，每周必须按时听课、不得缺席（听课情况占该门课程总评成绩的10%），同时几乎每周还要完成一份作业或实验报告，到了期中和期末还得提交课程论文。

当然，在美国，不同的高校和不同的教授对研究生课程都有着不同的要求。如在威斯康星大学麦迪逊分校，东亚史教授史瀚波给他的东亚史专业研究生开设了必修课"近代中国的政府与社会"，基本上是每周讲授之前要向研究生布置一次作业，一般是围绕本周将要讨论主题撰写一篇长达4页的小论文或书评，而且作业一定要独立认真完成，如作业里要有研究生本人的看法及其依据，附有所引用的参考文献目录，研究生之间不能相互抄袭（这些直接影响到研究生本门课程的学分）。上课时要求研究生将作业带来，供师生课堂上一起讨论，相互启发，具有良好的教学效果。这样一学期（13周）下来，研究生向史教授共提交9篇作业（小论文）。在美国研究型高校亦即具有博士点的高校，一门课程除了课堂听课之外还有如此多的作业，令中国留学新生感到惊讶。但是，正是因为每门课程有如此多的作业或实验报告，所以，研究生才能够带着问题或任务，既查阅了众多专业资料，又锻炼了文笔，同时还提高了分析能力和写作水平。美国高校具体课程教学之严格及其效果，由此可见一斑。

当然，美国高校及其教授对研究生参加必修课、选修课的要求既十分严格，但又不缺乏灵活性。研究生可以在众多的课程中选择自己所需要的内容进行学习。这样不仅提高了研究生对课程学习的主动性，也增加了研究生知识结构的深度和广度。

二、导师们要求研究生反复修改学位论文

美国高校研究生导师的审核比较严格，一般选拔有科研和学术实力的教授（含副教授和助理教授）担任研究生的导师。研究生是导师组而非导师个人制定其课题方向、方法和结果评价。一个研究生可以得到4～5个教授（含助理教授，相当于国内的讲师）的培养。[①] 但是在美国，各高校对

① 柯常青．美南中国学者纵论十六大与社科改革．神州学人，2003（2）．

硕士生学位论文的要求存在差异。有的高校要求课程学习和科研论文并重。有的主张硕士阶段重点放在培养和掌握全面基础知识方面，对论文不作要求。有的高校则只要求研究生完成一项“科研项目”设计或科研报告。一般地说，“研究型研究生”（主要是培养具有科学研究素质和能力的高校师资和科研人才），大多需要撰写硕士学位论文。这类研究生在硕士阶段所进行的实际上是一种过渡教育，为以后攻读博士学位打下研究基础，因而尤其要求具有一定的理论研究能力。导师组对这类研究生撰写学位论文非常严格。为了保证质量，导师组每位成员从课题的开创性、论文撰写的可行性、论文的理论框架、所征引资料的可靠性与广泛性、语言表达等方面来要求研究生反复修改，硕士学位论文才允许被通过。

导师组对博士论文要求更为严格。博士生首先须修两年的专业课程，通过这些课程，不仅增加对所学专业的全面了解，而且初步掌握学术研究的方法。在美国一些高校，博士学位候选人首先要求获得硕士学位，但有些高校研究生可以直接攻读博士学位。导师组对博士论文更要求有创造性和贡献性价值，在本专业某一领域作出独到的学术贡献。一些著名高校包括哈佛大学、加州大学贝克莱分校和威斯康星大学麦迪逊分校，博士生导师组由 5 位教授组成，每位教授都要对博士生论文提出修改意见。直到导师组的每位教授满意为止，该位博士生才被允许进行学位答辩（这种学位答辩往往是系院内部进行，一般不允许外人旁听，除非答辩者亦即研究生本人同意）。一篇博士论文占 12 ~ 18 个学分。由于美国高校教授大多富有责任心，比较严格要求研究生，所以，大多数研究生撰写高质量的博士论文需要花 3 ~ 5 年时间；一般来说，在社会科学和人文科学领域攻读博士学位，与理工科相比，所需时间要长。另外，美国高校曾要求博士论文出版，但由于印刷费用上涨及博士论文数量激增，此规定现已过时。现在博士论文一般被制成缩微胶片加以保存，或由作者抽出其中一部分在学术杂志上发表。

三、研究生担任教授的教学助手或研究助手

美国是世界上高校数量最多的国家，正规高校共有 3 500 所。这些高校需要高素质的脑力劳动者来承担教学助手（Teaching Assistant）和研究助手（Research Assistant）等工作。而事实上，这些职位往往由研究生来担任。因为一方面，研究生适宜做这种档次的工作；另一方面，高校都重视研究经费的筹措。校部都有专门机构负责研究经费筹集，包括联邦、

州、地方政府拨款、国防与公司项目以及民间基金。另外，高校也鼓励教授自主争取研究经费。因此，美国高校的教授一般都有一定的科研经费，培养研究生的教育经费充足，资源丰富，能承担起让研究生担任教学助手或研究助手的费用。

获得带有薪金的研究助手或教学助手职位，首先将有助于研究生完成学业。如果研究生担任所在系或研究所某一教授的教学助手或研究助手，那么校方将免除该研究生的学费，同时该研究生每月还可以领取一定的薪金。特别是近年来美国高校将以前直接给研究生提供资助改为资助高校教授的科研项目，如果研究生给导师担任研究助手，则可以从其导师所获得的研究经费中获得经济资助。这使得研究生能够抛开经济顾虑，把全部精力投入研究课题之中。在威斯康星大学麦迪逊分校，校方给担任研究助手或教学助手的研究生一般来说每月支付 1 000 多美元薪金（假期不计算在内）。此外，研究生获得研究助手或教学助手的职位，还可以提高其专业素质。在美国许多公立大学和私立大学，研究生通过研究助手或教学助手这样的机会，能够大量参与学校或教授的研究或教学活动，有助于研究生自身专业素质的提高。尤其是研究型高校一般建有许多实验室和实验中心。美国国家实验室、研究所、研究中心也大多建在高校内。这些实验室和研究中心集中了先进的实验设备、装置和测试仪器，聚集着不同学科不同特长和风格的专家、教授，研究生以研究助手的身份进入这些实验室和中心，能够学到很多专业知识，掌握许多研究技能，还能提高动手能力。总之，研究助手和教学助手等职位的确能够为研究生提供不少帮助，尤其是为研究生提供经济保障，增加研究生、本科生之间以及研究生与教授之间交流的机会，并提高研究生科研能力。

但是，美国高校也有些研究生不得不在与自己专业相关性不大的领域做教学助手或研究助手，这会延长他们的修业时间。另外，那些给导师当教学助手或实验室助手的研究生，在他们的学位教育计划中，有时也没有得到导师关于如何完成所承担的有限教学任务的指导。① 这些暴露了当前美国高校推行研究助手和教学助手职位中所存在的问题。不过，美国高校利用研究生担任研究助手和教学助手的制度，总体上来讲，还是受到了广大研究生和教授们的欢迎。

---

① ［美］菲利普·阿特巴赫. 美国博士教育的现状与问题. 教育研究，2004（6）.

四、教授坐班解答研究生的问题

在美国高校，普遍实行教授部分时间坐班制。每所高校能做到每位教授（包括副教授和助理教授）拥有一间办公室，甚至教学助手和研究助手也提供了“集体性的办公室”（Shared Office）。在这些办公室里，配有空调（或暖气）、电话、电脑、打印机、书架及其他一些办公用品等。这就为教授坐班创造了必要条件。

虽然都实行坐班制，但是，在不同的高校，教授每周坐班的时间并不一样。有的高校教授每周要坐班十几个小时，有的则只坐班几个小时。如在威斯康星大学麦迪逊分校，教授一周坐班 2 次，每次 2 小时，教授一般是在上午 11 点至下午 1 点在自己的办公室接待研究生或本科生。因为在高校研究生或本科生教育中有相当部分是要求研究生或本科生撰写报告和进行讨论，学习中的问题随时要向教授咨询，所以产生了教授部分时间坐班制。同时，为了使教授将所有时间包括坐班时间都用在学生身上，美国高校不允许教授在外兼职，因为兼职会使教授分散精力。当然，除了办公室当面请教教授外，研究生和本科生也可以通过电子邮件等方式向教授请教问题。总之，坐班制的实行，有助于本科生特别是研究生向教授提出研究和学习中所碰到的问题，并能够当场请教授解答，这便进一步促进了研究生与教授之间的专业学术交流，尤其是能够使研究生从教授那里直接而且很快地学到一些专业知识和技能。

五、资助研究生参加国内重要学术会议

美国公立和私立高校教授一般都有较为充裕的科研经费。不过，各学科的科研经费多寡不等，一般应用学科的经费较多，纯理论学科的经费较少。科研经费的充足既为教授进行合作研究、参加国内外学术讨论会、专项考察等创造了基础条件，也为研究生参加重要学术活动尤其是国内本学科重要学术会议提供了资金保障。自然，美国高校要求研究生经常参加校内组织的各种学术讨论会，但是更积极支持他们参加美国境内主办的本学科重要学术会议，包括国际性研讨会，其目的是让研究生及时了解国内有关该学科的最新研究动态，结识本学科国内外知名专家。在哈佛大学，一些专业研究生可以参加美国境内主办的重要学术会议，包括本学科重要的年会如一年一度的“亚洲研究协会”年会，交通和食宿方面的费用可由学

校报销。由于美国一些学术团体设立了本学科研究生优秀论文奖，所以，美国高校教授还可以向这些学术团体推荐研究生的优秀论文来参加评审。如果评上研究生优秀论文奖，那么该研究生将被邀请参加该团体的年会，并获得几百美元的奖金。这些对高校研究生积极参加科研和提高学术水平显然具有积极推动作用。

六、高校为研究生提供丰富的图书资料和周到的服务

在培养研究生、提高研究生学术水平方面，美国高校图书馆也发挥了不可替代的作用。因为高校图书馆不仅为教授，而且也为研究生提供了丰富的图书资料和周到的服务。美国高校里除了总图书馆外，各学院、研究所都有自己的专业图书馆。如哈佛大学图书馆创建于1638年，是美国最古老的学术图书馆，分布在该校90个图书馆的馆藏有近1300万册，期刊6万多种，仅中文藏书就有33万册，还有大量的微缩制品、地图、照片、数据库和其他材料。图书馆有一整套为教学和科研服务的制度。图书馆除少数几个重要节日放假外，几乎全年开放。另外，哈佛的图书馆实现了与国际互联网相连的现代化管理。威斯康星大学麦迪逊分校也有20多个图书馆、35个资料中心、3个博物馆和许多研究中心，70个电脑教室提供约1 000台电脑供研究生和本科生免费使用；校园中心有的图书馆从星期日到星期四实行昼夜开放，星期五和星期六则只开放到晚上9点半。美国高校丰富的馆藏和周到的服务为研究生业务素质的提高提供了优越的条件。

作为当今世界研究生教育最发达的国家之一，美国在培养研究生方面有着一套合理和先进的方法。笔者上面已经对此作了简介。结合我国高校的实际，笔者认为我们可以从中得到一些借鉴：首先要建设一支高质量的高校教师队伍，这是保证研究生质量、提高研究生学术水平的基石。同时，高校包括教师应该做到以下几点：①教师在具体的课程教学中要严格要求研究生。尤其是，教师应该要求研究生多做作业或多做实验，而且要认真完成，从而让研究生广阅书籍，提高动手能力和写作水平。②导师组每位成员要有责任心，应该严格要求研究生反复修改学位论文，直到每位成员满意为止，才能允许研究生参加答辩。③如果有条件，高校应该积极资助教授科研项目，提供更多的研究经费，以创造条件让一些研究生给这样的教授担任研究或教学助手。这既能为研究生提供生活保障，而且能增加研究生同本科生或研究生与教授之间交流的机会，并有助于提高研究生的研究或教学能力。④中国高校要逐步改善教学条件包括教师办公条件

(如设立私人办公室)，条件许可的地方可以实行教师部分时间坐班制，为研究生乃至本科生向教师请教问题创造条件。⑤条件许可的高校，应该资助研究生出席国内高档次学术会议，或设立研究生优秀论文奖。⑥高校图书馆应该改善服务条件，包括藏书要丰富，开放时间要延长，公用电脑要增加，为研究生进行科研提供优质服务。笔者相信，适当地借鉴目前美国高校培养研究生的基本方法，必将对我国高校今后培养研究生、提高研究生学术水平具有一定的积极作用。

浅谈社科专业研究生的研究方法教育

◈张声海

摘 要 结合我国社会科学类研究生教育的现状，就研究方法教育的主要内容及其方式提出了具体的建议，旨在提高研究生的科研能力。

大力加强研究方法教育，是在现有机制和条件下提高研究生的科研能力，确保和提高培养质量的捷径。本文结合我国社会科学类研究生教育的现状，探讨加强研究方法教育的内容与方法。

关键词 研究生 研究方法 教育

一、教育内容

虽然许多教师在教学中不乏“授之以渔”的意识，注重研究方法的传授，但往往散乱而不系统。研究生当时或许觉得有所收获，但在具体论文创作和课题研究过程中还是感到茫然而无从下手。内容是研究方法教育的关键环节，应包括以下三个方面：

1. 系统的研究方法训练

研究方法内容丰富、层次分明，只有进行全面系统的讲解，研究生才能形成一个清晰的理解，进而自觉地指导其研究。具体来说应包括以下内容：

（1）社会科学研究概论，应重点探讨两个问题。①研究对象——社会世界的特点，它包含极其复杂的人际关系，所以呈现出很大的随机性、模糊性、不确定性和不稳定性[①]。②社会科学研究的五种类型。一是事实描述和规律总结，回答“是什么”的问题。大多数规律是指两个或多个变量之间的相关性，如社会制度与战争的相关性或者事物的发展阶段，如马克思的社会发展形态规律。二是解释，回答“为什么”的问题。科学解释按其思路可分为因果论和目的论模式，按其对象可分为个案式和通则式模式。三是预测，回答某个领域“将来怎么样”的问题。四是规范，即对事

① 欧阳康，张明仓. 社会科学研究方法. 北京：高等教育出版社，2001. 23～29，76～79.

实进行价值探讨，回答“理想的状态应该是什么”的问题。五是控制，即设法控制问题发生的原因，使可能发生的问题不至于发生或将可能发生问题的严重性减少到最低限度，回答“应该怎么做”的问题。

（2）方法论。方法论是研究方法的哲学总结与概括，经历了前实证主义、实证主义和反实证主义几个阶段①。方法论的教育犹如登高望远，有助于研究生在宏观层面上把握研究方法自身的发展历史与趋势、特点和局限性等，进而理解和把握中外错综复杂的学术发展历史、前沿动态与争鸣等。

（3）鉴于中国传统文化和初高等教育中逻辑知识和能力训练的缺失，研究生应接受系统的逻辑方法的训练，其重点是归纳、类比和演绎推理各种形式与规则，这是论文构思的基础。

（4）资料搜集方法，包括观察、抽样、实验、调查访问和田野调查等一手资料搜集方法和二手资料搜集方法。鉴于时间和经费的限制，社会科学类研究生的科研绝大多数建立在二手资料基础上，其搜集方法应是教学的重点。网络信息技术的迅速发展急剧改变了传统的资料搜集模式，在提供极大方便的同时，也对研究人员提出了更高的要求。在让研究生了解本学科的图书、期刊、报纸和政府文献等传统资料的同时，还应重视电子文献的搜集，以及在此基础上撰写研究综述的方法，以便密切把握学科的前沿和动态。

（5）资料分析方法，主要有：①历史分析法，它将注意力放在广泛的历史过程中，探讨对人类和社会的解释。②比较分析法，即将两个或以上相类似的事物进行异同比较，以更准确地了解对象。③内容分析法，即依据某种标准将文献材料转化为定量的数据，并对其进行定量分析。如研究1984年至2004年间日本媒体对中国态度的变化，可选择一份权威报纸对其涉华报道分为友好、中立和敌对三类，然后进行定量分析。④统计分析法，即运用统计学原理，对研究所得的数据进行综合处理，以揭示事物的内在数量规律。描述性统计分析按变量数量分为以下三种：单一变量分析是对一组数据的集中趋势和离散趋势两个特征的分析；双变量分析包括相关性测量方法、回归分析、时间序列分析和路径分析；多变量分析则是一种详析模式。统计推论是利用样本指标对总体参数进行推论的过程。

经过古今中外先贤的努力，各学科都形成了行之有效的具体学科分析模式，这是本专业研究生必须掌握的利器。如政治学的阶级分析法、制度

① 刘放桐等. 新编现代西方哲学. 北京：人民出版社，2000. 1～26，486～513.

分析法、系统分析法、结构功能分析法、博弈分析法、角色分析法、权力分析法和地理分析法等。

2. 论文写作方法的传授

论文写作方法既是研究方法的最终体现，又是其重要内容，也是研究生学习过程中最关心、最感兴趣的问题。这应是课程的重点，包括选题和证明两方面内容。选题就是选择要解决的科学问题，是决定科研质量的首要环节，也是许多研究生深感头痛的问题。选题可从以下三方面入手：①从思路上来源于：理论与本体论、认识论和方法论之间的矛盾；理论自身的发展与完善，理论内部的逻辑矛盾；不同理论之间的矛盾；理论与社会生产、生活和科学研究等实践的矛盾；不同学科、领域的交叉和学科内部的空白区等。②从载体上表现为：书本上记载的难题、读书中遇到的问题；国家各部门的课题；学术期刊的论文、课题；各类研讨会主题和学术讨论中的问题等。③从创新的角度表现为：新理论；客观世界与学术世界的新实践；新材料；新问题；新观点；对某个问题从新的理论、分析模式和资料性方法等视角的探讨等。只要从上述角度出发进行思考，就一定能选出有意义的课题，或对现有课题进行科学评价。

证明是指论证与反驳的方式。论证方式包括从论据真实性直接推出论题真实性的直接论证以及反证法和选言证法等间接论证。反驳方式有：①反驳论题，包括论题不清、自相矛盾、与事实不符以及归谬法等直接反驳法；间接反驳法论证与被反驳的命题有矛盾关系或反对关系的命题的真实性。这两种方法都能确定被反驳命题的虚假。②对论据的反驳，旨在证明其论据不真实、不充分或者不相关，这将导致被反驳论题失去支持。③对论证方式的反驳，着眼于证明其论证方式违反规则因而无效，也将导致被反驳论题失去支持。

3. 学术规范的熏陶

学术规范包括对引用成果的说明、标点符号与用词和摘要编写规范等学术研究中的具体规则，以及学术制度和学风等高级规则。遵守学术规范是形成学术共同体、促进学科发展的基础。中国很多学科常年徘徊于低水平重复之中，难以形成高质量的成果和有影响的学派，主要原因是主观上缺乏对学术规范的认同和自觉遵守。然而，学者们若在踏上科研门槛之初就形成了良好的规范意识，无疑是我国社科界的幸事，研究生自身也必将获益匪浅，这自然离不开导师的言传身教。

二、内容设计

1. 历史与逻辑相结合

为确保研究生对研究方法形成系统而清晰的了解，课程必须以逻辑为主线展开。但研究方法的发展，归根结底是由社会历史发展，哲学、自然科学和人文社会科学的进步所决定的，也为研究方法的内在矛盾所左右，因此，具有历史性的特点，课程的安排还需考虑历史与逻辑相结合。

社会历史的变革，严重冲击了原有的理论和方法，迫使专家学者们大胆地去创造新的理论，以便寻求更合适的分析模式。哲学的发展对研究方法的影响更加直接，实证主义的诞生带来了实证主义方法论，对此前的神学和形而上学是一种彻底的否定，扫清了科学发展的障碍。哲学释义学和现象学又是对实证主义的批判，从而带来了全新的研究方法。自然科学、社会科学本身的进步也直接带动了研究方法的发展，如控制论、信息论和系统论强力渗透到各门学科，卷起一股革新之风，大力推动了科学的进步。信息技术的突破对研究方法的带动更为直接。同时，学科发展过程中的各学派和著名代表人物也为研究方法的进步作出了重大贡献。结合其理论观点和社会、个人背景对其方法进行分析和探讨，必将有助于更准确地把握其方法。从历史的角度探讨研究方法，有助于加深理解，提高实际运用和选择能力，因为每种方法都在历史长河中发挥了独特的作用，有其优缺点和适用范围，必须根据研究对象、目的和主客观条件等各种情况全面考虑、认真筛选。

2. 本专业研究方法与其他专业研究方法相结合

在信息化和全球化背景下，科学的发展在高度分化的基础上又呈现出高度综合的趋势，具体表现在以下三个方面：一是现实的多样性和世界物质的统一性决定了社会与自然科学研究对象的统一和科学问题的相互融合。一些本来是从社会科学角度提出的研究问题，如防止核扩散问题，需要自然科学协同合作才能完成。二是科学理论、概念和方法的相互移植和吸收。数学方法在社会科学研究中作用越来越大。三是科学学科的相互交叉。20 世纪中叶崛起的系统论、信息论和控制论，以及耗散结构论、协同论和突变论，就是把自然科学与社会科学贯通起来的横断科学。自然科学与社会科学学科间相互交叉和渗透将成为科学知识新的生长点和科学发展的重要模式①。

从科学人才史的角度看，一些杰出的社会科学家大都掌握了十分丰富的自然科学知识与方法，这对我们无疑是极大的启示。研究生应明确树立起一种大科学的观念和意识，不仅要重点探讨本专业的研究方法，而且要对其他自然科学、人文科学和社会科学的方法有一定了解，有些分析模式甚至可以直接借鉴。当然，这要求老师紧密把握学科前沿，精选最有价值的方法予以指导。

三、教育方式

1. 课程设计：研究方法课程与专业课程相结合

各专业都应重点建设研究方法课程，将其列为学位必修课，对研究生进行系统的研究方法与论文写作的训练。由于这门课涉及哲学、逻辑学、社会学和统计学等多门学科，对老师的知识结构提出了很高的要求。为确保课程质量，可考虑由各有所长的老师共同承担这门课程。专业课程老师可结合实际，对相关研究方法尤其是学科分析模式进行重点介绍。

2. 老师安排：导师指导与研究方法课程老师上课相结合

现在研究生的招生规模越来越大，如果说以前一个导师带几名研究生可以采用“师傅带徒弟”的简单方式进行的话，现在的批量生产必须讲究团队合作。开设研究方法课程是课程建设的重要环节。导师侧重于纵向的指导，即在开题阶段传授学术规范、选题、搜集二手资料的方法，以及撰写开题报告和进行开题汇报的方法。科研实施阶段传授资料分析方法、逻辑方法和具体的学科分析模式。论文写作和答辩阶段传授论文写作的技术规范，培养其口头表达能力。研究方法课程老师则侧重于在一门课程时间内集中就研究方法进行指导。

3. 上课方式：理论与实践相结合

研究方法课程内容包括一些较抽象的理论问题，如方法论的演进是较深奥的哲学问题；一手资料搜集法、内容、统计分析法均涉及社会学和统计学等专业知识；博弈分析法涉及博弈论等理论和数学的运用。这些问题对刚迈入研究大门的研究生来说，具有相当的难度，因此，要求老师在上课时一定要把这些问题在理论上讲深讲透。同时，研究方法课程本质上又是一门实践课程，关键在于实际运用，因此，老师一定要注意理论与实践

---

① 弓克．论社会科学发展的新趋势．社会科学战线，2001（4）．

相结合。如在介绍逻辑方法时，可要求研究生结合生活、学习或研究中的问题，尝试运用穆勒的因果五法或假说演绎法等制定完整的研究设计进行探索；在二手资料搜集方法的探讨中，可要求研究生自行选定一个感兴趣的课题来搜集资料，撰写研究综述，进而在课堂中进行交流和讨论。这既可激发兴趣，又能使他们对各种方法的优缺点、适用范围和运用技巧等形成直接深刻的体验，加深对研究思路和方法的理解与把握，提高熟练使用程度。当然，对研究生来说，所有方法的学习最终都要落实到论文写作中，因此，创作具有一定创新性的论文是本课程最好的实践方式。不过，鉴于知识积累规律的作用和时间等条件限制，对研究生的论文写作要求切不可操之过急，而应从选题开始，逐步发展到研究设计，直到最终完成一篇符合学术规范并具有创新性的论文。

研究生教育的国际合作与交流
——澳大利亚墨尔本大学的创新实践

◈李 静

摘 要 澳大利亚墨尔本大学十分重视研究生教育的国际合作与交流，将其视为国际发展战略。由于澳大利亚高等教育制度的安排，国际高等教育体系的深刻变化，全球金融危机的影响和世界大学排名的影响，墨尔本大学为应对国际挑战，不断对研究生教育实施改革。墨尔本大学加强研究生教育国际合作与交流的路径选择包括2008年实施的“墨尔本模式”，国际学术合作与交流项目、全球交流项目。受其启示，我国应注重研究生教育理念国际化，重视建立高校间合作伙伴关系，加强研究生课程的国际化设置，加大研究生来源及培养的国际化，加大师资的国际交流。

关键词 研究生教育 合作与交流 墨尔本模式

2009年5月，全球著名研究型大学澳大利亚墨尔本大学发布《重塑我们的战略》（Refining Our Strategy）报告，指出要把墨尔本大学建设成世界上最好的大学之一，与海外师生一道迎接全球化挑战，尊重文化与语言多样性，通过国际研究合作获得全球创新知识，并对此作出相应的贡献。墨尔本大学高度重视以战略规划引领学校的改革和发展，2005年，墨尔本大学制定了名为“提高声望”（Growing Esteem）的10年长期发展规划，以研究、学习和知识传递“三维螺旋”发展模式，不断提高学校的研究能力和质量，使墨尔本大学的研究水平在澳大利亚国内保持最高水平。2008年正式实施的“墨尔本模式”更是全方位、深层次的教育改革，对研究生教育进行了大规模的改革。墨尔本大学有四分之一的学生来自海外，随着国际学生的不断增长，大学也应该具有国际视野，学校十分重视为学生提供获得海外经验的机会，通过海外学习和交换项目更多地参与到国际社会之中。①

① Devlin, M. (2008). *An International and interdisciplinary approach to curriculum: The Melbourne Model.* Keynote addressat the Universitas 21 Conference, Glasgow University, Scotland 21 ~ 22February, 2008.

笔者有幸于2009年初获得澳大利亚政府提供的奋进奖学金，于同年1月至3月赴墨尔本大学教育研究生院从事学术访问，访问期间对墨尔本大学的研究生教育进行了系统研究，并与该校国际关系办公室主任进行交谈，就该校研究生教育国际交流与合作进行了深入探讨。墨尔本大学十分注重研究生教育的国际化，着力进行研究生教育改革以吸引国际生源。本文将对墨尔本大学如何重视研究生教育的国际合作与交流进行分析，希望对我国的研究生教育改革有所借鉴。

一、澳大利亚墨尔本大学加强研究生教育国际合作与交流的动因

（一）澳大利亚高等教育制度的安排使大学重视发展研究生教育

国际教育是澳大利亚的重要产业，争取国际市场是澳洲大学经费的重要来源。早在1985年，澳大利亚政府就将教育当作重要的出口产业给予大力支持。同时，澳大利亚良好的英语教育环境也为澳大利亚高校的国际化提供了良好的文化背景。澳大利亚的留学生来自世界各地，但来自亚洲地区的留学生最多，在各级教育中占78.2%，在高等教育中更是高达83.1%。据统计，2008年，在澳大利亚大学中学习的海外学生共有435 263人，比2007年增长了17.6%，其中选择高等教育的有182 770人，中国、印度、马来西亚、韩国、泰国、印度尼西亚是排名前五的国际学生来源国。澳大利亚教育国际开发署在《2025年全球学生交流：国际高等教育的全球需求预测》中展望了国际教育前景。“根据确实可靠的数据加以分析预测，到2025年时全球将有720万学生希望到其他国家的大学学习。届时澳大利亚接纳的留学生人数将接近100万人，这是2000年接纳留学生人数的9倍。”①

因此，提升高等教育国际市场的占有率，迎合多元性的文化潮流，满足被教育者多方位的知识需求，是使墨尔本大学研究生教育高度国际化的重要动因②。澳大利亚近年来减小了对高等教育投资的力度，作为公立大学的墨尔本大学每年仅有28%的经费来自政府支持，这就要求学校设计更为合理的、更具吸引力的研究生课程体系来吸引更多的学生，尤其是要逐步

---

① Böhm, Davis, Meares and Pearce. Global Student Mobility 2025: Forecasts of the Global Demand for International Higher Education. http://www. aiec. idp. com/PDF/Bohm_ 2025Media_ p. pdf.

② The University of Melbourne, Refining Our Strategy: A discussion paper that invites involvement and response, May 2009. http://growingesteem. unimelb. edu. au/_ data/assets/pdf_ file/0008/143981/00865_ melb_ uni_ esteem_ WEB. pdf, 11.

增加研究生的数量，通过不断优化课程体系、改革人才培养模式、提高毕业生社会竞争力，从而扩大生源、吸引更多社会资金，为学校发展创造更为有利的环境。作为研究型大学，应加强研究能力的培养。墨尔本大学认为研究生是未来科研力量，应培养他们卓越的科研能力。

（二）国际高等教育体系发生深刻变化

随着经济的全球化，国际竞争日益白热化，同时，有鉴于人力资源在知识经济时代的重要性，各国都不遗余力地进行教育改革，而自由化、市场化可以算是主要的改革基调。值得注意的是，教育不仅被视为国家竞争力的推手，本身也成为国际竞争的场域。[①] 近年来，高等教育的全球化进程显著提升，在许多国家，高等教育已成为重要的出口产业。在欧洲，博洛尼亚进程加强了欧洲各国学校之间的合作，优化资源共享，提高欧洲高等教育的整体水平，增强对欧洲学生以及欧洲以外学生的吸引力。世界许多著名高校如哈佛、康奈尔还开展跨境远程教育，而剑桥、牛津大学也通过合作伙伴关系提供一些远程教育，墨尔本大学在这方面还有很大的发展空间。另外，随着中国、印度、新加坡经济实力的增强，全球教育市场也在发生改变。墨尔本大学认为，世界一流大学的一个重要标志是可以吸引全球最优秀的研究生。该校研究生来自世界顶尖大学的不多，在吸引优秀研究生方面，墨尔本大学还无法与北美、英国和欧洲一些大学相比。[②] 要适应全球化的要求，就应当主动应对国际高等教育竞争的压力，根据自身优势与特色，前瞻性地进行改革，以在国际研究生教育中处于领先地位。

（三）全球金融危机影响

从长期来看，经济环境恶劣会影响国际付费学生市场。从国际高等教育市场看，墨尔本大学原有一年制硕士学位教育既对本国学生缺乏吸引力，也影响了作为留学生主要群体的中国学生回国后的就业，客观上需要重新审视，以应对当今社会对人才培养标准提出新要求的挑战。墨尔本大学在改革前曾就大学应该培养什么样的人才进行过调查。2008 级“新生代本科学位”学生并没有把求学期望局限于 3 年制本科，而是希望能够适用“3 +2”模式，毕业后继续在本校完成硕士阶段的学习。而用人单位提出的要求是，希望大学培养出的毕业生有很好的应变能力，能够随着经济发展和产业调整快速地改变自己。因为从职业发展状况看，许多 10 年前的职

---

① 杨巧玲. 高等教育国际化的意义与争议. 教育政策论坛，2004（1）：101 ~110.

② The University of Melbourne，Refining Our Strategy：A discussion paper that invites involvement and response，May 2009. http：//growingesteem. unimelb. edu. au/_ data/assets/pdf_ file/0008/143981/00865_ melb_ uni_ esteem_ WEB. pdf，18.

业现在已经不存在了。所以，墨尔本大学认为大学应该通过既有深度又有广度的教学，使学生具备知识、技能和学习能力，使其能在需要跨学科理解能力和知识持续更新的领域工作。墨尔本大学教学委员会提出，每三年根据社会对人才需求的变化以及学生对课程体系的反馈意见，对课程体系进行重新审视和调整。

（四）世界大学排名影响

大学排名会影响学者和学生们的选择。墨尔本大学最关心的是很多大学将目标定在世界前 100 名，有些国家，特别是亚洲国家，将拥有一种或更多世界前 100 名大学作为国家首要任务，并对这些“旗舰”大学投入大量资源。墨尔本大学在澳大利亚的研究能力排名一二。在研究经费、论文发表与引用方面都很强。在上海交通大学学术排名中，墨尔本大学排名全球第 73 名，亚太地区第 61 名。① 根据 2008 年泰晤士高等教育 - QS 世界大学排名，墨尔本大学在所有计分领域都排名前 30 位，亚太地区只有另外 1 所大学、全球也只有另外 15 所大学能有这样的成绩。墨尔本大学毕业生就业情况占全球第 6 名，具有国际背景的教职工数全球第 20 名，整体排名第 36 位，有三位诺贝尔奖获得者。而在国内层面，墨尔本大学仍有 10% 的院系在全国未能排名前三。2006 年出台的战略计划促使学校鼓励各学科产出在世界上有影响的研究成果，与成为世界一流大学的目标相称。2009 年，学校对 2006 年确定的标准重新进行检讨，未来将侧重于已经或有潜力成为世界领先的学科领域。对于未进入全国前三名的学科，学校会要求制订可行的改进计划以及合适的时间表。②

二、墨尔本大学研究生教育国际合作与交流的路径选择

（一）“墨尔本模式”：本科生教育到研究生教育的衔接

2008 年正式施行的“墨尔本模式”是墨尔本大学推行的一项综合教育改革，结合了欧洲高等教育体系的精髓，注重教学的国际性和跨学科性使学生的知识体系更加全面。其核心内容是进行大规模的课程改革和学位调整，学位结构以欧洲博洛尼亚进程中的“3 + 2”模式为蓝本，在墨尔本大

① The University' s reputation and rankings, http: //www. futurestudents. unimelb. edu. au/about/rankings. html.

② The University of Melbourne, Refining Our Strategy: A discussion paper that invites involvement and response, May 2009. http: //growingesteem. unimelb. edu. au/_ data/assets/pdf_ file/0008/143981/00865_ melb_ uni_ esteem_ WEB. pdf, 20.

学推行“3+2+3”的“本科—硕士—博士”三级学位体系。[①]

“墨尔本模式”将本科生的宽口径教育与硕士研究生的专业教育有机衔接。墨尔本模式包括许多通往专业研究生的课程。这些课程设置很多样，并且很灵活。例如，艺术类学位本科生可以选择升读教育学硕士、应用经济学硕士或者法律博士。[②] 同时，墨尔本大学加强了硕士研究生教育的专业性，并将学习时间延长至2年，博士研究生学习时间仍为3~4年。虽然改革增加了教育成本，但该校坦言，追求高学历已是全球大势所趋，改革的成败关键在于能否在硕士研究生培养方面有所建树。学校的教育理念和价值在不同的教育阶段都是相同的。不过，研究生教育并非本科教育的简单延伸。墨尔本模式的研究生学位无论从深度还是从学习的专业性上都与本科教育有着显著的差异。

墨尔本模式另一个重要内容就是引入美国的研究生院模式和专业硕士学位制度，旨在提供更加集中、更专业化的硕士学位课程，以满足学生今后职业生涯的需要。在保留原有的一年或一年半学制的基础上，增加了两年制的硕士。墨尔本大学从2008年开始全面启动研究生院模式，13个新老研究生院向学生提供18种专业硕士学位和340多门专业硕士学位课程。2009—2012年间学校还陆续增加更多的专业硕士学位。而建筑学、护理学、法学等专业不再设置本科学位，只提供研究生教育。“墨尔本模式”倡导培养的博士研究生应适应不断变化、竞争的国际就业环境。这样，研究生学位课程会在领导力和研究能力培养领域更加精深和全面，严格的教学计划为学生提供更成熟和精准的专业训练，以及更高层次的学习体验。

（二）国际学术合作与交流项目

墨尔本大学于1998年推出国际学术合作与交流项目（The International Academic Cooperationand Exchange Program），通过这一项目增加师生国际交流的机会，加强国际学术研究合作，完善与世界其他一流大学建立合作关系的程序，重视大学高质量的教学科研，吸引国际付费学生市场。墨尔本大学在制定发展战略，十分重视对国际学术合作与交流项目的规划、发展和管理。该项目在四个不同层次与世界高等院校和研究机构发展伙伴关系。

---

① The Melbourne Model: Report of the Curriculum Commission, 2006. http://growingesteem.unimelb.edu.au/_data/assets/pdf_file/0003/86673/cc_report_on_the_melbourne_model.pdf.

② Devlin, M. (2008). *An International and interdisciplinary approach to curriculum: The Melbourne Model.* Keynote addressat the Universitas 21 Conference, Glasgow University, Scotland 21~22February, 2008.

第一层次：在正式多边合作框架中加强与成员方的合作交流。墨尔本大学是两个重要大学联盟的成员：21 世纪大学联盟、环太平洋大学联盟。

（1）21 世纪大学联盟（Universitas 21）。墨尔本大学积极参与世界学校合作、交流，是 21 世纪大学联盟成员之一。这是全球 11 个国家 20 所研究型大学的一个合作网络。我国复旦大学、上海交通大学、香港大学以及新加坡国立大学、韩国高丽大学也都是成员方。这个联盟的宗旨是促进这些学校的教学、科学研究和学术水平，加强成员大学的世界交际能力，并且在成员之间建立国际性的共同标准和共识。21 世纪大学联盟成员可以共享很多资源，如共享当前的很多决议、促进教师和学生交换、成员之间共建实验室、在研究和课程发展领域建立合作伙伴关系等。

（2）环太平洋大学联盟（The Association of Pacific Rim Universities，简称 APRU）。环太平洋大学联盟成立于 1997 年，成员包括环太平洋地区的 42 所高水平研究型大学。墨尔本大学于 2006 年 6 月加入该联盟。环太平洋大学联盟开展的科研活动包括合作研究和研讨会。例如，APRU 与太平洋经合组织（PECC）联合发起“教育全球化：下一个浪潮”，鼓励并提名成员大学研究人员从事相关研究，并提供相应资助。2007 年曾在悉尼开展工作坊，进行学术交流，提高研究人员的专业研究水平。另外还会定期召开研讨会。此外，环太平洋大学联盟还开展丰富的学生交流活动，其中针对研究生的博士生会议每年召开一次年会，来自不同学科的博士生参会，提交研究成果，很好地扩展了博士生的学术视野。

第二层次：学校与其他大学、研究机构或拥有相同发展战略的机构建立合作关系。除了以上两个大学联盟成员外，墨尔本大学还与全世界一百多所大学之间建立了合作关系。例如，马来西亚七所高校与墨尔本大学建立高校间合作协议，根据协议内容，由墨尔本大学提供联合培养博士，加强马来西亚大学学者与墨尔本大学学者的学术合作与交流。马来西亚的大学将为获得墨尔本大学博士生资格的教师提供奖学金以完成其在墨尔本大学的学业，四年博士课程由双方联合完成，博士学位由墨尔本大学授予。[①] 笔者与墨尔本大学国际关系办公室主任交流时，他明确表示，墨尔本大学在确定是否与对方大学签订合作协议前，要看学校是否已有学者前期开展了国际学术合作，墨尔本大学网站关于教师的简介上一般都会介绍学者的国际合作情况，比如合作研究的大学与合作项目名称。这是墨尔本大学确

① Partner Institutions，http：//www. mobility. unimelb. edu. au/outgoing/apply/partners/partners. html#China.

定合作意向的重要参考指标。

第三层次：学院与其他大学的相应学院或者与规模相对较小的专业机构建立合作关系。墨尔本大学各学院可以自主与其他大学的相应学院建立合作伙伴关系，例如，墨尔本大学法学院于2009年11月与英国牛津大学、美国纽约大学和香港中文大学法学院合作开设法律博士（JD）学位。与香港中文大学的合作项目是墨尔本大学法律博士学位和香港中文大学中国商法硕士学位。学生在墨尔本大学学习两年半，在香港学习一个学期。学生在入学后四个学期内都可提出申请，学院会根据前四个学期的学术成绩来综合考虑。①

第四层次：系、所、中心与其他大学的相应机构建立合作关系。例如，墨尔本大学青年研究中心与国外多所青年研究中心（所）建立合作关系，例如，与中国青少年研究中心有长期的合作交流关系，双方互派研究人员参加学术会议，开展访问活动。在青年研究中心有来自阿根廷、英国、日本、中国的访问学者，可以从事短期研究，或从事博士、博士后研究。

（三）“全球交流项目”

墨尔本大学“全球交流项目”（Global Mobility Program）主要为在校学生提供国际学习的机会。研究生可以通过以下三种方式获得海外学习经验：交换生、海外学习生、通过其他短期海外项目。交换生以两校签订互换协议为前提，其他两项则自行联系学校和项目。

对于研究生而言，授课型研究生符合以下条件即可申请“全球交流项目”资助：①墨大在校生；②申请时已经在墨大完成一学期的学业，修完至少37.5学分；③在海外修读至少37.5学分但通常不超过50学分；④提供经济计划证明有能力支持海外学习；⑤满足接收学校入学条件及接收国签证要求；⑥代表墨大良好形象。研究类硕士生及博士生通常都有资格申请该项目，不过必须事先与导师及项目工作人员分别签订协议。② 除了交换项目和海外学习项目外，研究生还可以申请“研究游学奖学金”（Graduate Travelling Scholarships）。对于澳大利亚本国研究生，可以申请“亚太大学交流基金”（University Mobility in Asiaandthe Pacific Funding），申请成功者有机会到亚太地区其他国家居住或求学一段时间，以更深入地

---

① Media release：Melbourne Law Dean achieves global vision with Oxford，NYU and CUHK. http：//intranet. law. unimelb. edu. au/staff/events/files/Global_ partnerships_ rel. pdf.

② Melbourne Global Mobility：Opportunities for study overseas. http：//www. mobility. unimelb. edu. au/resources/mgm_ brochure10. pdf.

了解当地历史文化、促进跨国交流。墨尔本奖学金办公室也为学生提供在国际性大学求学的机会。有两个由大学资助的奖学金项目可供研究生申请。一个是“研究生海外研究经历奖学金”(Postgraduate Overseas Research Experience Scholarships)，为博士生提供机会在海外完成部分学位内容，获得国际研究经验，总金额达5 000澳元。如果学院或系所提供相应的研究资金的话，该奖学金就不再发放。另一个是“墨尔本海外奖学金”（The Melbourne Abroad Scholarships Scheme)，主要为博士生提供海外游学机会来完成与学位论文相关的研究。该奖学金资助金额为1 250澳元。

学生也可以申请“澳大利亚奖学金计划”(Australian Scholarships)。此奖学金计划显示出澳大利亚高度重视通过教育交流推动人员往来、促进各国相互理解、互相尊重，以发展同其他国家的睦邻友好关系。学习类奋进奖学金（Endeavour Study）包括澳大利亚研究生奋进奖学金和澳大利亚亚洲奋进奖学金、欧洲奋进奖学金，为旨在攻读授课式、研究式硕士学位或博士学位的申请人提供4个月至3年不等的奖学金。墨尔本大学每年接受获得政府奖学金的学者和学生。

三、对我国研究生教育改革的启示

（一）研究生教育理念国际化

研究生教育要有效地适应21世纪学生的需要，首要的是树立具有国际性的教育理念。研究生教育国际化是一项系统工程，它的一个重要目标就是努力培养适应经济全球化、信息高速化、具有国际竞争力的研究型人才。根据现时的教育趋势，我们认为要培养学生具有国际观念、国际意识，树立向全球服务、向全球开放的观点；培养学生具有国际交往能力，在与外国人的和谐交往中维护中国的民族尊严和法律权威；培养学生具有一定的国际知识和掌握一门以上的外语。在研究生培养过程中，应将开展国际科研合作与交流纳入培养方案，使研究生有机会参与国际合作课题的科研工作，利用国外先进的仪器设备和良好的科研环境从事科研工作，学校应当为此创造条件。

（二）重视建立高校间合作伙伴关系

我们应该积极争取与国际著名高校的合作，包括校级合作与院级合作，特别与一些知名高校学科水平达到国际领先的学科领域间的合作培养，为研究生及教师创造国际学习的机会，拓宽研究生的合作培养渠道。应该重视国际大学联盟发挥的作用，鼓励我国高校加入大学联盟，以谋求深层次、多方位的交流与合作。21 世纪大学联盟为学生和教师的交流创造了许多机会，但一般不会有深入的科研合作，而环太平洋大学联盟则在研究合作与交流方面略有优势。我们应当合理选择教育资源，并在确定合作伙伴方面更具战略眼光。

此外，我们还应该联合培养研究生，实现研究生培养互换制度，师资共享，扩大学生知识面，增强未来竞争力。我国高校可与国外相关高校某些学科合作，将某些专业的部分研究生进行互换培养，到对方高校参与其培养过程，这有利于吸收先进的管理理念、教育方式，有利于研究生融合不同学校、导师的学术素养，反过来也有利于更深层次地促进高校之间合作与交流。

（三）加强研究生课程项目的国际化设置

在研究生课程安排方面，应更注重引进国际通行的课程方案，使学生能接受国际上最前沿的学术信息。国际学生对高校与社会有许多贡献，包括丰富文化内涵、引进国际理念及带来丰盛的经济利益。国际化可提供当地学生更多的学习机会。各校除了提供更多样化的课程之外，为了满足国际学生的需求，将开设更多以国际为焦点的课程，这对当地的学生也极为有利。另外，短期课程的开设也是研究生教育实现国际化的重要方式，可以借鉴墨尔本大学的短期课程模式，更灵活地聘请国际学者开展研究生教育。短期课程一般通过 10 000 字的论文予以考试，一般于结课后两个多月提交。学生选题后，要和老师沟通选题的意义和写作的框架。师生可以通过网络进行跨境沟通，突破地域限制。多元学者的短期介入，由于课时与教学目的的限制，往往直奔前沿问题。这样的研究生教育模式，对于提升学生的学术品味、拓宽其研究视野、刺激其学术敏感、增强其前沿意识，有着积极的影响。

建立研究生培养课程与其他高校同类课程之间的学分互认制度，根据不同高校间教育、教学水平差异，建立与外校甚至国外研究生教育机构的课程学分相互转换的指标体系，促进研究生教学的校际相互交流。

（四）加大研究生来源及培养的国际化

研究生教育的国际竞争力最根本的竞争在于研究生教育的培养质量。为了融入经济全球化的大环境，必须突出研究生教育的国际化标准，要培养研究生具备从世界范围、全球角度观察、思考和处理问题的能力，真正拥有参与国际竞争的实力。

高校应通过与外方合作学校互派研究生在对方学校学习和研究的方式，达到拓展研究生国际视野、增强国际交往能力和提高学术水平的目的。研究生特别是博士生应能紧跟国际学术潮流，了解国际最新发展成果，培养研究生应使之具有国际视野，未来成为高端研究人才，成为所在领域或学科的全球领袖。通过与外方学校开展教学和研究方面的合作，通过导师国际合作研究项目的联合培养和中外合作培养项目，实现研究生培养的相互交流。笔者所在的墨尔本大学青年研究中心培养的硕士与博士，在开题报告之前一般都已开展实地调查研究，有一名博士生的选题是全球公民意识的培养，在培养过程中，研究中心将其纳入课题组，前往印度尼西亚开展为期两周的实地调查，印度尼西亚合作方会提供相应的协助，并开展合作研究。在其开题报告会上，该名博士生对选题的把握以及对数据的掌握已经十分娴熟，学术视角也十分新颖。我国学校培养单位应为研究生创造国际培养机会。

高校应当鼓励研究生充分利用各国政府奖学金，创造境外学习机会。笔者在攻读博士期间申请加拿大研究专项奖，赴加拿大访学五周，了解加拿大的法律和外交政策；年初又获得澳大利亚奋进奖学金，赴墨尔本大学从事两个月的访问，这些经历对于开阔视野有较好的作用。积极吸引海外留学生到本国攻读硕士、博士学位，是从整体上提高研究生教育质量的一个重要方式。

（五）加大师资的国际合作与交流

我国高校在研究生培养方面也应注重研究生授课和指导教师的国际合作与交流。导师的学术水平和治学态度对培养高质量的研究生具有非常重要的作用。在研究方面，我们应开展更深入的国际合作，建立更广泛的战略合作伙伴关系，同时更多地参与国际科研项目的竞争，争取更多资源、知识同行以及全球资金和设备。我国已有研究应融入国际大环境之中，未来新的投资应重点考虑有全球影响的领域。这种战略目标也同样适用于国际教师的聘用。有名的国际性研究型大学一定离不开优秀的国际学者。我国高校应加大境外教师的引进和聘用，在政策上予以倾斜。通过聘请长期或短期海外学者来校讲学或从事合作研究，将学科最新研究进展的课题带入中国进行研究，借鉴其教学科研理念和教学模式，提高我国研究生教育质量。

【第五辑】

通识教育与人才创新研究

高校通识教育践行服务学习教学模式之探析

大学通识教育模式下的历史教学

授人以鱼抑或授人以渔？

高校通识教育践行服务学习教学模式之探析

◈李 静

摘 要 服务学习作为一种经验教育的模式，已日益成为高校加强通识教育的重要项目。本文重点研究服务学习在高校通识教育中的价值，考察通识教育践行服务学习教学模式的具体实践，探讨如何更有效地透过计划安排社会服务活动及设计反思过程，完成服务的要求，以培养学生的社会关怀情操与公民责任，促进大学通识教育目标的实现。

关键词 高校 通识教育 服务学习

一、服务学习理念的兴起及在高校通识教育中的尝试

服务学习（Service-learning）是一种“经验教育”，强调学生积极参加符合社区需求的服务活动，通过社区服务与课堂学习的相互结合，有意识地促进学生的知识获取与能力培养，促进学生的学习与发展。① 1990 年，美国《国家和社区服务法》将“服务学习”定义为：学生或参与者通过主动参与精心组织的服务进行学习并得到发展，这种服务在社区中进行并满足社区的需要，与小学、中学、高等教育机构、社区服务计划以及社区相协调，有助于形成公民责任。服务学习把“学会服务”（Learn to Serve）和“在服务中学习”（Serve to Learn）两种行为整合起来，② 使学生通过使用课堂中所学知识为社会服务，并利用其在社会服务中的经验促进学习，其在参与服务实践的过程中关注社会，提高自身的思想道德素质，培养高度的社会责任感。实践表明，服务学习对于促进品格教育、公民教育等目标的实现以及促进学生的专业学习都有重大的积极作用。

完整的服务学习一般包括准备、服务、反思和庆祝四个步骤。③ 准备，

---

① Jacoby B. Service-learningin Today' s Higher Education. Barbara Jacoby and Associates, eds. *Service Learning in Higher Education.* San Francisco, CA: Jossey-Bass, 1996: 3 ~25.

② 张华. 论服务学习. 教育发展研究, 2007 (5): 1 ~8.

③ 吴华清. 服务学习简述. 上海教育科研, 2003 (10): 52 ~54.

包括教师制订服务计划，给学生提供参与服务所需要的指示等。服务计划的内容包括选定服务的主体、确定计划目标以及实施时间、地点和经费。制订的计划要符合服务学习的要旨和参与者的需求。教师的准备活动还包括对学生进行服务前的教育和训练。学生也应该接受开展服务活动所必需的知识教育与具体训练。行动，即开展服务。服务首先要有意义，同学生学习的理论相结合，给学生主动权并适当加以监督。反思，即学生批判地思考他们的服务体验，在"做"的思考中学。反思活动包括讨论、撰写心得、艺术表现、报告等。庆祝，是学生认识到他人是如何评价自己的工作的。庆祝活动包括媒体的特别报道，对所涉问题提出可行性建议报告、连续展出服务的计划等。

通识教育（General Education）既是大学的一种理念，也是一种人才培养模式。其目标是培养完整的人（又称"全人"），即具备远大眼光、通融识见、博雅精神和优美情感的人，而不仅仅是某一狭窄专业领域的专精型人才。①

高校通识教育课实践教学的教育价值的达成是通过精心的准备与反思（如讨论、写作、阅读与观察等）以及参与活动而实现的。实际工作之前应该有必要的培训，包括学习者对目标的确认，对问题的背景与历史的了解，以及服务所必需的技能与态度、意识的培养，还包括学习者团队精神的建立与组织建设，这对于活动的有序开展是必要的。

通识教育课程引入"服务学习"教学模式，有助于建立学生与社会的良好互动关系，重视学生在学习过程中的反思，并透过细致的教学过程策划和系统的评估，以保证服务学习的教学质量。服务学习可以看作是品格教育的有效方式，服务社区的过程能使学生从一个消极的消费者、接受者变为社区服务的积极提供者。"服务学习"更强调服务与课程学习的紧密联系，即通过服务社区与学科教学的紧密结合培养学生的知识、技能和品格、公民能力。② 服务学习促使学生把课堂上学到的知识应用于现实生活中，学会处理实际问题，学会为社区提供积极的服务，它能够体验成功，体验与社区成员合作、交流的快乐，极大地满足了学生对于归属与尊重的需要，形成了学生对于社区的归属感与责任感。

目前，美国国内将近1/3的大学和学院已经把服务学习作为一项重要的教学模式和策略。21世纪的美国高校服务学习进入了更加纵深和理性的

---

① 陈向明．对通识教育有关概念的辨析．高等教育研究，2006（3）：64~68.

② 刘长海．大学"服务学习"的综合教育价值研究．江苏高教，2008（2）：140~142.

发展阶段，服务学习的内容不断丰富、范围不断扩大，参与人数不断增加，我国香港、台湾高校在服务学习方面已有多年探索经验，内地高校也作出了有益尝试。

二、服务学习教学模式在两岸四地的发展及价值

服务学习在最近的十几年时间里发展迅速，在学前教育、基础教育及高等教育领域中都有广泛的运用，其目的在于通过社会服务，使学生运用知识技能于真实情境中、在真实情境中提升已有的知识与技能，并以此培养他们的公民意识等。除美国、英国、加拿大、日本、新加坡之外，我国的香港特别行政区、台湾地区也都进行了不同程度的尝试。总体而言，服务学习在美国的发展较之其他国家更加完善，其涉及面之广、政府支持力度之大，都是其他国家可资借鉴的榜样。反观我国，除台湾和香港地区已有初步的尝试之外，内地大部分高校还没有重视服务学习教学模式在通识教育中的作用，也鲜有相关措施出台或课程安排，真正将服务学习融入通识教育的学校总体较少。

香港最早引进服务学习这一教学模式，不断研究与实践，并积极向内地及亚洲国家推广这一新的教学理念。2000 年，社会服务被作为学校课程的 5 项基本学习体验之一，在政府的积极推进下，香港各大专院校结合本校发展特色、系（科）所专业及资源，纷纷订立服务学习方案或实施要点，将服务学习融合在学校正式或非正式课程，以及融入于现行教育政策、课程教学或相关活动中，具体而有效地推进了服务学习。例如，香港浸会大学于 2002 年在“全人教与学中心”下成立了“小区为本教学计划”。该计划推行“服务学习”和“问题为本学习”两大类活动，至 2006 年已推行了 80 多个活动计划，参与的学术部门非常广泛。岭南大学的服务学习计划与岭南学生服务中心合作，实施了许多项目，包括 X 计划、岭南校外志愿服务（Love）计划、调查实习计划。2004 年，岭南大学将服务学习纳入学校课程。

台湾地区大学的服务学习教育起源甚早，其鲜明特色是设立专门的服务学习课程，其中东海大学于 1955 年创校时即已实施，而台湾大学、成功大学、静宜大学及元智大学等都设有服务学习课程相关实施办法，台湾地区各高校纷纷将服务学习纳入正式课程学分并订定相关课程实施要点或细则。归纳而言，服务学习内涵课程须包括以下三个内容：①校内课堂学习，须有助于学生从事服务及检讨反思；②配合课程目标，于校外（例如

小区及非营利组织等）从事志愿服务；③学生学习成效评量。为鼓励高校开设服务学习课程。具体实施上，服务学习发展可区分为两种实施类型：①与活动结合的服务学习，如推动大专社团带动中小学社团发展计划、合作办理教育优先区中小学生营队活动等；②与课程结合的服务学习，如服务学习课程的实施等。透过服务学习的实施，促进学生的社会与公民责任、服务技能、个人发展及在真实生活情境中的学习、反思与批判思考能力；加强师生之间的互动，使学生成为主动的学习伙伴，学校气氛成为更开放、积极与成长的学习环境；给社区实质帮助，也带给社区（机构）新的思考，同时因为参与带给学生正向的成长经验，促使其继续投入社会服务，继而积极参与社会事务。

内地高校主要借鉴的是美国的“服务学习”模式，应用于实践教学、社会实践、志愿者服务等领域，主要用于培养学生的“理论联系实际”和实践动手能力以及公民意识。只能说我们目前的借鉴活动还没有形成一种结合中国教育实际的“服务学习”理论体系。目前，内地高校服务学习理论主要应用于社区服务与社会实践活动中，学生在教师的指导下，走出教室，参与社区和社会实践活动，以获得直接经验、发展实践能力、增强社会责任感为主旨的学习领域。例如，山东大学学习并借鉴“服务学习”的理念，2003 年以来大力推动山东大学服务山东、服务济南行动，并于 2005 年出台并实施了建立在“服务学习”理念上的《学生服务济南社区行动方案》。①

云南大学在通识课程引入服务学习模式，取得了较好的成效。② 社会工作系开设全校性素质选修课《第三部门与社会服务》，采用目前国际上流行的“服务学习”教学理念与方式设计课程，强调“服务”与“学习”并重。以小组形式及设立“教学助理/同辈督导”是这门全校性服务—学习选修课程区别于其他课程的特点。在理论学习的基础上，鼓励学生从学校及周围社区中发现关注的议题，并以小组的形式设计和实施服务方案，注重服务过程中的反思，实现学校、社区互惠。从两个学期的尝试来看，学生对这门课的反响热烈，这也印证了服务学习作为一种新的教学理念和方法可能带来的改变。老师在其中只扮演向导角色去引发学生思考和行动，学生是主角，这极大地调动了学生的学习热情，更主动去学习及运用

① 周庆华.“服务学习”理念下的大学生志愿服务体系构建. 现代商贸工业，2007（4）：135～136.

② 刘巧艳，兰树记，黄秀芬. 与课程相结合之服务—学习模式初探. 第一届中国高校服务学习模式研讨会论文，2009.

知识去解决问题，学生在服务行动中感到充实和快乐；把服务学习引入课程，带给学生的不仅是对理论的认识和思考，更提供了一个真实的生活情境，让同学与小组伙伴一起去设计和实施服务计划，从中发现和反省自己。

汕头大学与香港中文大学合作开展的“服务学习”项目——“福泽互传”也类似于社会实践或志愿服务，与台湾地区的专门课程不同，该项目没有依托通识教育课程。该服务学习活动是由香港大学、汕头大学和李嘉诚基金会汕头大学医学院医疗扶贫办公室联合组织的健康教育宣传活动。此项活动帮助大学生在服务学习中获得知识和技能，同时提高与同伴和其他社会成员的合作、分析、评价及解决问题的能力，鼓励学生主动关怀社会上的弱势社群。两校不同专业的大学生经甄选后，分别于两地参与了服务学习活动的培训。经过服务学习、服务对象的社会访问、服务方案设计与实行的实践技巧、团队精神拓展等系统学习，来自港大的17名学生、汕大的20名学生和15名教师进入揭东的桂林镇和揭西的五经富镇，开展义诊和送药、健康宣传等服务活动。[①] 他们针对桂岭镇和五经富镇的实际情况，设定了不同的下乡调查重点，写出了《农村儿童疾病防治的问题探讨》、《新型农村合作医疗保险实效性》、《农村脑瘫儿童长期康复计划探讨》等调查报告。此项活动帮助大学生在服务学习中获得知识和技能，同时提高与同伴和其他社会成员的合作、分析、评价及解决问题的能力，鼓励学生主动关怀社会弱势社群，在服务中加深了对医疗扶贫的理解，锤炼了开展农村社会调查的科学技能。

服务学习是一种以学习者为中心的学习过程，在这一过程中，学生自主规划，积极尝试，努力调动与丰富自己多方面的知识、技能，能够通过实际问题的解决服务社区，去理解概念并形成自己的概念体系。这种主动学习的经验使课堂学习有了实际价值，能够调动学生的学习热情，有助于学生成长为积极的学习者，而实际工作经验的积累会促进普通的课程学习。

三、通识教育践行服务学习教学模式需注意的方面

1. 服务学习不能简单等同于社会实践或志愿服务

在我国，一些高校通识教育课程中也加入社会实践教学环节，我国社

① 港大汕大学子，服务学习增技能. http：//www. stu. edu. cn/version2008/news/shownews. aspx? id = c2fdebb8 - caed-46a6-8afe-31223ac75a29.

会实践的核心是提供服务，与专业学习结合不紧。① 而服务学习的概念中凸显了社区、课程、互惠、反思这四个关键词。在内容设计上，始终遵循学生思想品德养成的基本规律，通过引导学生深入生活、深入实践，在服务践行之中不断发现问题、分析问题、解决问题。在体验之中，理解和掌握品德教育理论，并在长期的自我教育实践与体验中，学会自我学习、自我约束、自我评价，将专业理论内化为自身的信念，从而从根本上树立起服务精神，养成服务社会的良好习惯和品格。

服务学习基于互惠，学校要培养学生、学生要自我成长、社区要实现经济社会文化全面发展，形成共赢的服务目标，而志愿服务没有明确的学习目的，核心是服务，其主要目标是通过服务满足社区的需要，与课程没有任何正式的联系。服务学习以满足社区发展和学生成长为同等重要的目标，将知识学习延伸到了社区发展中，两者相互促进，努力实现互惠，核心是课程、服务与反思的结合，比志愿服务多了课程整合与反思的过程，是将学习收益贯穿于服务的每一个环节，以期服务提供者能够在价值、知识和技能上实现自我成长。

2. 避免将服务学习中的反思简单化

反思是服务学习中的重要环节，不能将反思简单化地界定于“写总结”。反思要求学生讨论制订服务计划，撰写服务日志，并定期回到课堂与老师、同辈督导、同学结合课程知识进行讨论、学习，并在服务学习结束时，进行个人总结和汇报。这样结构化的反思可以帮助学生梳理服务经验，并与课堂知识相结合，重新理解、认识和创造知识。②

反思是一个动态的过程，应该贯穿于活动的始终，在具体的服务学习项目中，反思至少要在三个阶段进行：服务前、服务中和服务后。作为服务学习的引导者和实施者，应及时地为学生提供多种反思机会，促进学生和同伴、教师及其他参与者的交流。

服务前的反思应注意“策划”。当学生选择服务项目，准备进行服务时，学生检验他们有关该服务项目的信念、假设、态度及需要用到的知识、技能。通过与教师、同伴、社区代表交流，学生也可以从多角度了解服务，根据新了解到的情况调整完善服务项目计划。学生应成为信息的主

① 贺继明，蒋家胜，范华亮. 借鉴“服务学习”理念，加强实践教学环节，提高教学实效性——“思想道德修养与法律基础”课教改纪实. 成都大学学报（教育科学版），2007（7）：60～62，66.

② 刘巧艳，兰树记，黄秀芬. 与课程相结合之服务—学习模式初探. 第一届中国高校服务学习模式研讨会论文，2009.

动搜集者，而不是被动的旁观者。

服务中的反思应注重“交流与反馈”。学生可以在服务的过程中通过讨论和撰写心得等方式来参与反思，在反思过程中，学生总结和评价他们的经验，理解同伴的想法，并把所学运用到服务项目中。反思使学生有机会向同伴学习、进行评价、获得反馈、提出问题、解决问题。在反思的过程中，教师评价学生的工作并给予反馈。例如，让学生在日志中记录服务体验，然后在班上分享这些体验。反思过程随着学生叙述他们的体验、分享彼此的观点看法而推进。教师在服务活动和基本技能（例如写作）等方面给予学生反馈。

服务后的反思应注重“评价和启示”。学生通过回顾他们最初的信念、假设和态度来评价自己的发展。同时也要评价服务项目，利用他们学到的知识和方法解决未来可能遇到的问题。反思活动的方式是多样的，可以通过简单陈述、写作、角色扮演、讲演、录像、书信、论文等。此外，还应考虑以下问题：这个服务项目产生的根源是什么；社区经常发生哪些与服务项目相关的活动；是什么促进了该服务项目的成功；什么阻碍了成功；怎样运用所学；有什么经验可以和同伴及社区参与者分享；如果由你来负责项目，你会在哪些方面改进它；如果你能再参加一次这个项目，你会有什么不同的做法。[①] 反思的内容要与活动和通识课程联系，不能凭空想象，要抓住时机促进学生知识、技能的发展。

3. 注重学生的参与及决策能力的发挥

学习与发展要借助于服务活动的参与。参与是服务学习内涵的理论旨趣，也是公民资格教育的核心概念。服务学习是通过社区参与成就公民资格，参与的水平直接决定公民资格的状况。只有不断提高参与水平，才能提高学生的民主素质和对社区的责任感。罗杰·哈特（Roger Hart）的“参与阶梯”是目前最有影响的社区参与理论之一，它既可以帮助学生提高服务学习的水平，也可以提升学生对社区的理解。[②] 随着参与水平的提高，学生对社区的理解与认同也提升。学生要成为社区的成员，就必须明白参与的内容、目的、理由和自己在社区的作用。而这一切都与相关的价值相连。实际上这种参与促进了学生对某些价值的认同和对社区的归属感，最终使学生成为具有专业技能、积极参与社区的公民。

服务学习的显著特征之一就是“服务者作决定”，因此，设计服务活

---

① 张岳. 反思在服务学习中的应用及启示. 世界教育信息，2008（2）：63～65.

② Hart, Roger. *Children's Participation: From tokenism to citizenship.* Innocenti Essay4, UNICEFICDC, 1992.

动，要以学生为本，尊重他们的创造精神，发挥他们的聪明才智，使服务学习真正成为学生自觉推进自主管理的有效实践。反思活动开始之前，要进行详细的计划，并让学生参与到计划的制订中来，使学生对反思过程产生自主性。“以学生为本”，一方面是“服务学生”，即满足学生的实际需要，通过服务实践，使其对教学内容的认识由感性层面上升到理性层面；另一方面则是“学生服务”，即让学生运用所学知识服务于社区，向社区成员传递新理念，传播科学知识，繁荣社区文化。

4. 注重发挥教师的引导和培训作用

通识教育课践行服务学习教学模式的教育价值要得到充分发挥并取得良好效果，通识教育课教师作为组织者对项目的设计与开展必须做到精心策划与实施，它要求教师主动根据教学内容要求和学生实际知识情况，针对学生个体拥有相关知识水平的差异性、学习兴趣的广泛性、思考的独立性、思想的开放性等，研究和推进课程教学，它的教学特点是将教学内容设定在具体的案例问题情境中，引导学生在掌握基本原理的同时，以研究问题的态度认真汲取知识和学会探究问题，从而使知识达到内化，并对学生的个性化发展产生意义。

学生在服务学习中的自我教育需要教师的正确引导。学生在服务学习过程中，教师必须协助学生克服或解决服务中的问题。教师应保有弹性，要设身处地地为学生设想，例如交通、学习能力等，教师也要释放出有任何问题可告知教师的信息给学生，让教师协助解决学生的问题，这样学生会更信任教师。教师在授课的各阶段都要思考，如何站在学生的立场去考虑问题，教师可以透过课程、教材的选用，让学生看到社区的真正需求，激发学生服务的热情，如果学生做服务时失去成就感，教师就必须予以辅导，减少学生的失落与埋怨。在反思的过程中，教师应该向学生提供及时的反馈，这种反馈不只是肯定与鼓励，也包括批评和建议，这样才真正有助于学生的发展。

四、结语

暨南大学港澳台侨学生和外国留学生占全校一半以上的比例，国际化办学程度高，中文授课和全英语授课的通识教育对学生的全面发展有重要意义，因此，有能力也有必要在通识教育中践行服务学习教学模式。

在研究和总结境外服务学习理论基础的同时，需要对内地传统教育思想与近现代教育思想进行梳理，丰富服务学习在中国高校实践的理论基础和实际经验，培养积极参与社会生活的、有社会责任感的、全面发展的社会的人和国家的公民，促进通识教育课程目标的实现。

将“服务学习”的理念融入通识教育课程的设计之中，内容可以涵盖课程目标、课程内容、教学策略、各阶段工作及合作机构、评价方式及其他注意事项。通识课程即有公共必修课，也包含选修课程，在于提升学生人文素养、社会关怀和公民责任等，不同的课程可不同程度地纳入服务学习内涵与精神的模式，例如，中国传统文化、大学与人生、职业生涯规划、自然与环境、历史与文化、艺术鉴赏等通识课程结合不同的服务学习模式，开展相应的经验教育。而全英语授课的通识教育课程在践行服务学习模式时更可能面临授课语言与社区服务语言相冲突的情况，因此，在设计环节和实践过程中，教师应起到更有效的引导作用，同时也需要学校和社区的支持与配合。

此外，作为课程的有机组成部分，服务学习应有一定的连续性，这样才会有助于学生服务习惯的养成以及学生对服务学习的认可。有效的服务学习计划需要教师、学生和社区机构多方长期合作与参与，整合教育资源。因此，如何在现有教育体制中设立服务学习组织及协调部门仍然是有待探讨的问题。

大学通识教育模式下的历史教学

◈张龙平

摘　要　在大学通识教育模式下，各学科均面临调整之必要，历史教育也是如此。本文从通识历史教育的中国传统和欧美港台各地实施的现状入手，讨论历史教学在通识教育体系中的必要地位与通行做法，并结合暨南大学四海书院人才培养之实际，提供必要的启示与借鉴。

关键词　大学　通识教育　历史教学

通识教育源出于西方，传入中国，面临中国之实际，本土化是必由之路。在大学通识教育模式下，各学科均面临调整之必要，历史教育也是如此。本文从通识历史教育的中国传统和欧美港台各地实施的现状入手，讨论历史教学在通识教育体系中的必要地位与通行做法，并结合暨南大学四海书院人才培养之实际，提供必要的启示与借鉴。

一、大学历史通识教育的传统

中国近代大学的产生建立在西方分科治学的基础之上，我们在努力建构专门化的学科体系的同时，对通识教育的问题曾有警觉，然在功利化与专业化主导的大学教育中，那些曾有的警觉也日渐远去。事实上，早在1829年，美国博德学院的帕卡德教授就曾提出："我们学院预计给青年一种general education，一种古典的、文学的和科学的，一种尽可能综合的教育，它是学生进行任何专业学习的准备，为学生提供所有知识分支的教学，这将使得学生在致力于学习一种特殊的专门知识之前对知识的总体状况有一个综合、全面的了解。"① 晚清以来，来华的西方传教士们较早地将这一思想传入中国，1890年，苏州博习书院的潘慎文曾提出："教会学校的目的不是去造就专家，而是给予一种广博的通识教育，以便为学生将来的工作和生活作准备。"这种广博的通识教育"不仅是获取知识，它还要

① 乔鹤．民国时期通识教育思想研究．大学（研究与评价），2008（2）：40．

促进人的全面发展”①。

既是为学生提供综合、全面、广博的通识教育，当然离不开他们所成长的社会、时代与环境，对于中国学生而言就意味着要在教育中添入中国元素。清末政府开始建立新学制，无论是1902年的《壬寅学制》还是1904年的《癸卯学制》，其主要的课程结构均是中西合璧，即在各级各类学堂开设一定数量的西学课程之外，开设读经课程（即中国经典教育）。然而在科举制废除之后，西学大行其道，传统经典日渐衰微，民国初年的《壬子癸丑学制》竟将读经课程全部砍掉。此后，功利化与专业化主导着中国的大学教育，1931年，南京国民政府公布的“确定教育实施趋向办法”，规定“大学教育以注重自然科学及实用科学为原则”，招生政策偏重实科，而缩减文法科的规模，在公费待遇上也很不公平。1934年，国民政府修正颁布了《大学组织法》，规定大学的教育方针为“研究高深学术，养成专门人才”②。在政府教育政策的影响下，中国经典离大学课堂越来越远了。

中国经典日渐远去，但中国元素在大学课堂中并未消失，以分科治学为模板，将中国经典肢解成的文、史、哲各科在各大学课程中均有涉及，其中历史学特别是中国历史占有极为重要的地位。晚清民国时代的老辈学人多有为青年学生开设入门书目的习惯。1923年，应清华学生的邀请，胡适、梁启超分别开列国学入门书目，特别是梁启超，他认定“史部书（即各种体裁的历史著作）为国学最主要部分，在他所开列的书目中，史部书籍占相当的比例，有被称为“正史”的《史记》、《汉书》、《后汉书》、《三国志》、《资治通鉴》（或《通鉴纪事本末》）及《宋元明史纪事本末》。他在《国学入门书目及其读法》的附录中曾经这样说：“无论学矿、学工程……皆须一读。若因此未读，真不能认为中国学人矣。”③ 在梁启超看来，要做中国学人，就要读国学，读历史，并且做到融会贯通。

老辈学人对于入学门径的看法影响了民国时代的知识界、教育界。著名的历史学家、教育家周谷城先生曾经提到在暨南大学教书的情形：“……另外还教‘中国通史’，当时学校的学生，不论文、理、法、商，各院的学生都要学中国通史。”④ 抗战时期的西南联大也规定，一年级新生除

---

① 胡卫清．论近代来华传教士的通识教育思想．韩山师范学院学报，2001（1）：39.

② 乔鹤．民国时期通识教育思想研究．大学（研究与评价），2008（2）：40.

③ 梁启超．国学入门书目及其读法．梁启超国学讲录二种．北京：中国社会科学出版社，1997．112.

④ 柳丽华，曹守亮．试论中国近现代史上的通识教育．山东大学学报，2002（5）：95.

必修课外，无论什么学院，都共同必修国文、英文和中国通史；理工科学生必须选修一门社会科学概论；文法科学生必须选修一门自然科学概论。类似的还有以工科见长的浙江大学，浙江大学校长竺可桢要求学生具有较宽的知识面，鼓励学科之间的联系和交流，重视人文科学的学习。他说“若侧重应用的办法，而置纯粹科学、人文科学于不顾，这是谋食，而不是谋道的办法”。因此，当时的浙江大学加强了各系数、理、化、国文、外文等基本科目，将中国通史列为基本科目，适当减少了专业课。①

可见，民国时代的中国教育深有历史通识教育的传统，在清华、暨南、西南联大、浙大等各类不同类型高校普遍开设，这可能与民国时代的老辈学人始终割舍不断的文化教育传统有关，但通识教育本身就不应该脱离传统，从培养全面发展的“人”这一角度来讲，任何“全人”都不能脱离其生长的环境与土壤，乡土情怀向来为中国人所重，通识教育走本土化之路是大势所趋，历史传统教育不可或缺。

二、大学历史通识教育的现实

自新中国成立以来，随着国家建设重心由农业国向工业国转变，急需大量的工程技术人才，1952 年的院系调整也基本以此为目标，理工科院校与专业受到热捧，“学好数理化，走遍天下都不怕”一时传遍大江南北，文史哲等文科专业受到前所未有的忽视与冷落。这样就使得原来诸如清华大学、南京大学、浙江大学、山东大学、暨南大学等久负盛名的综合性大学在学科门类的设置上受到了很大的影响，通识教育更是无从谈起。

改革开放以来，随着中国经济发展方式的调整，新的行业和产品不断出现，打破了部门经济、行业经济的界限，学生仅在某一方面的专业知识已经远远不够，功利化、专业化的大学教育模式已经越来越多地显示出弊端。而另一方面，随着自然科学的进步，单纯的科技进步所造成的自然危机、社会危机、伦理危机日益突出，这些危机越来越强烈地呼唤人类的通识观念和通识智慧。

也正是从那个时候开始，中国教育界才逐渐地意识到专业化所造成的自然科学领域的危机日益严重，加强人文社会科学的教育就显得迫不及待。一些国家重点大学自 20 世纪 90 年代也进行了许多有益的探索。如北京大学将通识课程分为全校必修课和文化素质课两大类。全校必修课包括

① 乔鹤．民国时期通识教育思想研究．大学（研究与评价），2008（2）：42.

政治理论课程、外语课程、计算机课程、体育与军事课程。文化素质课包括数学与自然科学类、人文学科类、社会科学类、思想政治类、计算机类、语言类、艺术类、体育卫生类、基本技能等，其中还有跨学科课程。全校必修课40学分，文化教育选修课16学分，每个领域至少选修2学分。清华大学则将通识课程分为校内必修课、系内必修课和全校选修课三大类。全校必修课包括政治理论课、体育、外语、法律基础、计算机、军事理论课。选修课包括文化素质、外语、体育三类。其中文化素质选修课包括历史与文化、文学、艺术欣赏与实践、哲学与社会思潮、写作、当代中国与世界、环境保护与可持续发展、经济、管理与法律、科学与技术、国防教育与学生工作，其中文化素质类课程必须选修6学分。① 中山大学自2009年开始，在本科生中推行“通识教育共同核心课程”计划，主要包括“中国文明”、“全球视野”、“科技、经济、社会”、“人文基础与经典阅读”四大类，这四大类课程都在本科一二年级完成，每位学生选修12~16学分。同时在校内设立不分学科的“博雅学院”，学生修满连续两学期的古汉语课程、三学期的古希腊语、三学期的拉丁语、选修6门以上的中国文明课程和6门以上的西方文明课程，并在第三学年内完成一个独立研究课题。② 在这些大学的通识课程中，历史教育课程均占有重要分量与地位。

在通识教育模式的探索上，西方和港台地区走在我们的前面，他们的某些普遍性的经验也可以为我们所用，我们以历史课程为例。

作为全球顶级学府，哈佛大学在追求博雅的通识教育上不遗余力。哈佛大学的通识教育核心课程的发展始自1971年Derek C. Bok担任校长，以及1973年Henry Rosovsk为文理学院院长时，开始推动通识教育的改革规划，直到1979年才基本达成共识，并于六年之后Henry Rosovsk担任教务长时才得以全面落实。其核心课程包括外国文化、历史研究、文学与艺术、道德思考、科学、社会分析等。此后，经过不断的评估、反省和修正，于2005年提出了最新版本的课程改革方案。哈佛课程体系由主修、选修和通识教育三大块构成，其中通识教育涵盖八大领域：美学与阐释的理解（Aesthetic and Interpretive Understanding）、文化与信仰（Culture and Belief）、经验与数学推理（Empirical and Mathematical Reasoning）、伦理推理（Ethical Reasoning）、生命系统科学（Science of Living Systems）、物理

① 徐辉，季城钧. 中国大陆、香港、台湾地区高校通识教育之比较. 比较教育研究，2004(8)：63.

② 陈春声. 以“博雅教育”为“通识教育”积聚优质师资——中山大学的实践. 通识在线，2010(5)：12~13.

宇宙科学（Science of the Physical Universe）、世界各社会（Societies of the World）、世界中的美国（The United States in the World）。其中，历史教育虽无独立设科，但在文化与信仰、世界各社会、世界中的美国均涉及历史问题，特别是“世界中的美国”一科从课程规划的角度，是寄希望于透过历史的深度和多元国际社会的广度，培养美国学生了解美国的历史及在世界的角色。①

以理工科闻名于世的麻省理工学院，在培养学生方面也是颇有见解，所有学生必须满足四个学程的要求，即科学学程、人文艺术与社会科学学程、条件性科技类选修学程、实验学程，其中在人文艺术类学程中，学校要求每位学生必须选修至少八门课，如东亚研究、历史、音乐等，在这八门课中，至少有三门须集中于某一类学科，相当于辅修了一个科系，在主修与选修之间为通识教育开辟了空间，对于理工科院校来说尤为难得。其他诸如加州大学伯克莱校区、斯坦福大学、芝加哥大学、哥伦比亚大学、纽约市立大学、新泽西州立大学、普林斯顿大学、马里兰大学等，均在通识教育阶段开设“美国历史”、“近古至今日欧洲”、“文学及观念史学”、“文明研究”、“当代文明”、“世界文明”、“历史”、“历史哲学与宗教”、“史学分析”、“历史与艺术论”等历史课程。特别是芝加哥大学的共同核心课程中已经形成了自成一体的文明研究知识群，包括“古代地中海世界”、“西方文明中的宗教”、“西方文明史”、“西方文明中的美洲”、“西方文明中的科学、文化及社会”、“近东文明”、“伊斯兰文明”、“非洲文明”、“俄罗斯文明”、“拉丁美洲文明”、“东亚文明”、“南亚文明”。②

台湾的大学通识教育起源可追溯自1958年由台湾教育部门所颁布的“大学共同必修科目”，将“国文”、“英文”、“国父思想”、“宪法”、“历史”等科目定为各大学必修课程，随后于1964年、1973年、1977年加以修订，并于1984年颁布“大学通识教育选修科目实施要点”，要求各大学必须在“文学与艺术”、“历史与文化”、“社会与哲学”、“数学与逻辑”、“物理科学”、“生命科学”、“应用科学与技术”等七大领域开设选修科目。共同必修课与通识选修课奠定了台湾早期通识教育课程的基础，我们注意到这两类课程均设历史科目，这是其早期课程设置的特点。台湾各大高校基本按此要求开设，如台湾大学在共同课程（18学分）中开设4学分的“历史”，在通识课程（12学分）中开设4学分的“人文学”；清华大

① 陈幼慧. 核心课程之改革：哈佛大学通识教育改革之研究. 通识教育学刊，2009（4）：47～48.

② 黄俊杰. 大学通识教育的理念与实践. “中华民国”通识教育学会，2010. 289～324.

学在共同课程（20 学分）中开设 4 学分的“本国历史”，在通识课程（8 学分）中开设 4 学分的“人文领域”；中山大学、交通大学虽未在共同课程中开设历史课程，但在博雅或通识课程中均开设“人文领域”、“人文艺术”（至少 4 学分）。1996 年，台大法官会议释宪，宣告“部定共同必修”违宪，规定课程规划与设计乃是大学学术自主的一部分，此后各校纷纷就通识教育课程进行改革。改革后的通识课程设置日益细化，历史课程的比重有所降低，或独立开设历史课，或置于人文社科类之下，如台湾大学在通识课程领域开设八大核心课程，其中“历史思维”和“世界文明”属于历史类相关课程；清华大学在七大核心通识课程中设有“历史分析”；中山大学在博雅核心课程中开设 4 学分的“人文与艺术”，其中含有“古今文明史”，而在博雅深化课程中，还有“古今文明史”的进阶课程；交通大学则在通识课程中开设 2 学分的必修“当代文明”以及包括“历史分析”、“世界文明与全球化”等课程在内的基础核心课程。① 其他如中原大学的“历史”课程、辅仁大学的“历史与文化”课程、淡江大学的“历史研究”均在各校通识课程体系中扮演重要角色。这些通识历史课程的开设对于学生的知识拓展与能力培养大有裨益，台湾大学的历史教育明确提出：“重视学生对于史料之阅读，并以增益学生之历史知识及提升学生历史思考能力为教学目标。”淡江大学则提出历史研究课程要“启发学生比较归纳、以古鉴今的思维能力，使之获得客观有用的历史学识”②。

香港地区的通识教育课程可追溯至 1951 年香港崇基学院开设的“人生哲学”，1963 年，崇基学院转并成立香港中文大学后，该课程遂改为通识教育课程，此后该校通识课程体系不断完善，特色鲜明。该校的通识教育注重多元文化教育，内容包括文学、哲学、历史、音乐、艺术、宗教和国际关系、社会实践等科目以及参与各种社群活动，以满足不同专业和不同兴趣的学生需要。各专业学生都必须按一定的规格修习，不完成规定学分，则不予毕业。香港中文大学开设的通识教育课程分为四个层次，即中国文明（必修）、分科课程（选修）、跨科课程（选修）、书院科目。其中第一层次中国文明体系中开设“中国文化要义”、“中国文化导论”、“传统中国文化概论”、“现代中国文化概论”、“中国文化与现代化”、“中国文化及其哲学”、“中国哲学主流思想”、“中国近代思想史”、“当代中国

① 刘金源．大学通识教育理念与实践：台湾的经验与启示．暨南大学两岸四地通识教育论坛论文集，2010．13～14．

② 黄俊杰．转型中的大学通识教育：理念、现况与展望．“中华民国”通识教育学会，2009．89～141．

思潮”等20个从历史文化传承的角度来看中国文明的通识课程。同时，在第四层次各书院开设的科目也涉及历史课程，如联合书院开设的“西方文化的特质”、“美国历史与社会”。香港中文大学的通识课程对于其他港校有示范作用，他们也多将中国文化传承等相关课程纳入通识行列，如岭南大学的“中国现代化探讨”、“当代中国史”；香港城市大学的中国文化共同必修课程、“中国文化课程讲座”；[①] 香港科技大学的通识课程包括选修和副修课程两大类，涉及文学、语言、历史及人类学、哲学及宗教、经济及政治发展、社会关系、科学技术和社会、中国研究8个领域，其中选修课程至少选修6~12学分，工学院的只需选修6学分。[②]

一个值得注意的现象是：随着大学通识教育的深入，香港中学也已着手开设通识教育课程。香港教育局2005年5月发表《高中及高等教育新学制——投资香港未来的行动方案》课程文件，提到将在新高中课程中加入一个全新科目，名为通识教育科（Liberal Studies），该课程与中文、英文、数学一道组成核心课程，全体高中生必修必考，该方案已于2009年9月实施。高中通识课程的开设是为了让全体高中学生有机会加深对社会、国家、世界和环境的触觉，培养正面价值观（Awareness）；拓宽学生的知识基础与看事物的角度，贯通不同学科的知识（Broadening）；培养多角度及批判性思考的能力，学会建构知识，学会学习（Critical Thinking）。该课程学习范围包括：“自我与个人成长”、“社会与文化”、“科学、科技与环境”三个领域，原有历史科目被拆解纳入第二领域，涉及“今日香港”、“现代中国”、“全球化”等单元。[③] 这种集学科综合、知识拓展、能力培养、价值观建构为一体的中学通识教育，要远比“文科综合”、“理科综合”、“大综合”式的学科拼凑合理很多，而且中学阶段通识思维的养成也为大学通识教育的衔接打下了基础。

三、启示与借鉴

暨南大学自2010年9月始，为配合外招生培养模式改革，应势成立“四海书院”，志在探索为学生走上专业教育之前进行系统化的通识教育，

---

① 冯增俊. 香港高校通识教育初探. 比较教育研究，2004（8）：67~69.

② 徐辉，季城钧. 中国大陆、香港、台湾地区高校通识教育之比较. 比较教育研究，2004（8）：63.

③ 武荷岚，胡炳元. 香港高中通识教育科及其对内地课程改革的影响. 全球教育展望，2008（5）：27~28.

在课程设置上，主要分为三块：通识教育必修课、通识教育选修课、基础教育课。就通识历史教育而言，主要涉及三块，即必修课中的“中国传统文化概论”、“中国社会发展导论”；选修课中的“文史导论”；基础课中的“中国史纲要”和“外国史纲要”。① 在通识历史教育的问题上，前人已经为我们打下了坚实的基础，我们既可以从传统中汲取经验和教训，也可以从其他国家与地区的成功实践中受到启发。

（1）坚持以中国本位历史教学为中心。我们注意到，无论是早期梁启超为学生开列的国学史部书，还是民国教育界大力提倡的“中国通史”，西方国家开设的“世界文明中的美国”、“美国历史”、“近古至今日欧洲”、“西方文明中的美洲”，以及港台地区开设的“本国历史”、“当代中国”、“今日香港”等历史课程，均是从本国、本地区历史出发，教育学生过去、现在的历史发展脉络和未来的可能走向，培养学生的历史情感、爱国爱乡情感，而这一情感的教育要比单纯的历史知识传授更为重要。暨南大学的学生来自五湖四海，境内境外，无论对于拥有中国血统的华人，还是来华的外国留学生，中国本位历史教育都是他们更早地认识中国，更快地熟悉中国，更深入地理解与热爱中国的必要手段，加强包括中国历史在内的中华文化教育应始终是侨校的特色。

（2）加强世界史和区域文明史的教学。我们也注意到，在经济全球化和区域一体化的今天，加强世界文明史和区域文明史的教育是世界各校的普遍做法，是青年学生认识世界、了解自己的必要途径。无论是芝加哥大学的“古代地中海世界”、“西方文明史”、“近东文明”、“伊斯兰文明”、“非洲文明”、“俄罗斯文明”、“拉丁美洲文明”、“东亚文明”、“南亚文明”，还是台湾中山大学的“古今文明史”、交通大学的“世界文明与全球化”，香港中文大学的“中国文明”，都具有从世界史的宏观视野来看区域文明的特征。暨南大学的学生来自全球120多个国家和地区，相当一部分学生来自东亚和东南亚地区，我们在强调本位历史教学的同时，不能忽视对学生世界眼光的培养，特别要关注“世界史中的中国”这类问题，我们也不能忽视对相近区域文明的历史教学，特别是“区域文明中的中国”和“东亚儒家文化圈中的中国”等问题的教育，在中国崛起的过程中应该通过教育的方式向我们的学生、向全世界传达来自中国的信息。

（3）加强历史与现实会通问题的教学。“鉴于往事，有资于治道”，史学的本来面目就是服务现实，我们的教师经常会被“学历史有什么用”之

---

① 暨南大学外招本科人才培养方案. 暨南大学教务处，2010. 7～8.

类的问题问得目瞪口呆，在高等教育日渐功利化的今天，人文学科自然会被学生淘汰在边缘，尽管老师们拼命地去解释人文学科的重要性，对于那些只把此当成陶冶情操、丰富业余生活的学生而言，毫无疑问是耳边风、口边沫。历史老师们也只有从历史与现实会通的角度去为自己摆脱困境，同时也能在教学中彰显日渐逝去的史学本来面目。具体而言，一是加强当代史的教学，使学生感受到原来历史问题就发生在他们的身边；二是在解释久远的历史问题时，在重建历史现场时，不忘引导学生说明现实问题，至少在教学语言和媒体的展现上要现代一点，老学究式地教育学生已经不太受欢迎了。

（4）注重大中学历史教学的联系。毫无疑问，这是最难解决的问题，它涉及大中学衔接等教育系统工程的建设。香港的经验已经表明：大学历史通识教育，如果没有中学阶段的通识铺垫，观念上的转变是个问题，在实际的操作中也容易流于形式。中国的应试教育使得中学的通识教育基本上只能是空谈，尽管我们也有高考中的“文科综合”、“理科综合”和“文理综合”，但那不是通识，而是学科教育在试卷上的累积，而整个中学的课程教学仍是分科进行的。要真正做到无缝对接，就要做到大学知道中学在做什么，而中学也有针对性地为大学进行培养，“推荐制”和“申请制”是较好的方式，在中国才刚刚起步，这一个长期的问题，让我们期待真正的中学通识历史教育平台的搭建。

以上几点，是从传统和现实中通识历史教育的经验中得出的启示，而在实际操作层面，仍有不少的问题。在现有课程体系中，历史课程所占的课时比重毕竟有限，要在有限的时间内完成如此庞大厚实的历史教学，几乎是不可能完成的任务。通常的做法有两种：一是走“纲要”式的恒通模式，将古今中外重要的历史事件与历史脉络串联，蜻蜓点水，形成大致的历史印象，但易流于空泛、言之不详。二是走“专门”式的贴近模式，即按贴近生活、贴近时代的原则，开设近现代以来的历史、区域历史、乡土历史，如暨南大学的“近代中国”、“当代中国”、“华侨华人历史”、“东南亚史”、“香港史”、“台湾研究”等课程，但呈现片段化，缺乏历史脉络感和广博感。而解决“通”与“专”问题的最佳方式无疑是结合起来，一是在课程体系中，以“通”为必修，“专”为选修；二是在教学中理论学时与实践学时相结合，鼓励学生在普遍性的历史教学之外，通过课外实践考察、参观、口述等形式对“身边历史”、“兴趣历史”、“乡土历史”、“家族历史”进行研究，教师要进行跟踪指导，必要时可予课外实践的成果以额外的奖励学分；三是充分利用校内早已搭建好的平台，如“史学沙龙”、“百年暨南文化素质教育讲堂”、“名人名家讲坛”、“各类史学研讨会”等，鼓励学生多听、多看、多参与，必要时也给予额外奖励学分或将此作为评优的重要标准，在功利化主导的大学教育中，必要的激励机制还是需要的。

（本书发表于《教育与教学研究》，2012 年第 4 期）

授人以鱼抑或授人以渔？
——现行体制下对中国大学通识教育的思考

◈吴　昱

摘　要　通识教育（General Education）在完善大学教育体系、培养大学全面素质人才的目标上，具有十分重要的意义。本文拟从我国大学现行教育体制及通识教育的教学目的入手，建议通识教育应以“授人以渔”式的方法和能力培养为主，促进大学生素质的全面提高。

关键词　通识教育　方法与能力　全面素质

尽管通识教育在国外及我国台湾地区的大学已颇具规模，但引入内地高校的时间并不长，而且倡导者因为各种现实原因，对通识教育的理念及提法也有许多顾虑及争议①。直至最近笔者在参加有关“两课”的培训时，依然听到不少著名学者对“通识教育”从理念到课程的质疑和批评。不过，如果我们能认真梳理大学、大学功能及通识教育等概念的内涵及其历史发展的过程，结合目前我国的大学教育体制及课程设置的现实，或许可以搁置部分争议，而将大学教书育人的功能思考落实在课程改革的实际效应上。毕竟在信息化、全球化、知识更新日新月异的21世纪，学生掌握的具体知识很快就需要更新换代，但在大学教育中获得的方法、手段、人文感及世界观、品德观等，则是他们受用终身的素质。所以从这个意义上来说，通识教育最终要实现的，不是“授人以鱼”式的知识讲授，而是“授人以渔”式的方法及能力的培养。

一、国外通识教育的缘起与经验

通识教育课程的出现，始于20世纪20年代的哥伦比亚大学，之后芝

① 参看甘阳《中国通识教育的务实之道》一文，他回忆2005年北京香山会议的时候，为了避免争议而用“人文教育”代替了“通识教育”。2007年在清华大学办通识教育讲习班的时候，用了“素质教育通识教育核心课程讲习班”的名称，目的还是为了避免引起无谓的争吵。但从“人文教育”和“素质教育”的提法来看，似乎国内教育界对于General Education的理解，从一开始就呈现“文理有别”的态势。

加哥大学正式将其改革成为一种课程体系。但其设置的思想由来却是与大学教育由传统向近代的转型、教育思想由培养绅士与精英的自由教育（Liberal Education）朝面向大众的通识教育（General Education）的转变、课程设置由繁杂的选修制向强调全面和加强阅读的核心课程的转变有关。

不管是古代两河流域、埃及、印度、希腊抑或是中国对高深知识的传授和人才培养，还是从12世纪产生的意大利波隆那大学或巴黎大学①，其课程设置大致可归为文学、神学、法学和医学，而课程内容的实质，则是以学习文法、逻辑学及辩证法为核心。由于中世纪大学的主要职能为培养神职人员，因此，思辨性的培养成为该时期大学教育的主要任务。

从国外大学的课程设置变化来看，人文学的知识一直都是大学教授的重点，但随着工业革命和科学技术的发展，自然科学以及实用性学科在大学教学中的分量逐步增强。“如果从牛津和剑桥两所大学的课程变化来看，从16至19世纪中期，剑桥大学理、工科等有关近代自然科学课程所占比例不足40%，而更多的是为训练心智或思维的数学、神学、历史、语文等人文和社会科学方面的自由教育内容。”② 尽管随着资本主义在欧洲的发展、工业革命的兴起带动相关自然学科和技术工科的研究，一些新兴大学开始面向社会培养专业使用型人才，如1826年建立的伦敦大学，不仅取消了神学部而代之为理学部和工学部，还引入大量与工商业发展相关的课程，因此，英国高等教育专家阿什比认为：“伦敦大学的建立标志着科学革命最终开始进入英国高等教育之中。”但是，绝大部分的大学尚未能对这样的社会变化作出反应，所以阿什比同时指出，英国近代大学形成了两种传统，一种是陶冶人格、贵族式的精英教育，另一种是适合专门的产业和中产阶级发展需要的实用主义教育③。在这两种传统下，大学的功能与职责开始受到转型社会的挑战，是以传统思辨性的精英教育为主，还是以面向社会发展的职业技术教育为主，成为人们思考和争论的重点。

面对这样的趋势，德国著名教育家洪堡在19世纪关于德国大学的办学

---

① 对于中世纪欧洲大学的起源，学者的划分标准不一，基本上有三种划分的办法：一是以何时成为独立的学术团体或独立法人（corporatebody），以此波隆那大学为欧洲最早出现的大学；二是以不同学科的教师和学生结成自治团体的大致时间作为大学的起源，以此巴黎大学为欧洲最古老的大学；三是以大学何时获得能够办法教学证书（iusubiquedocendi，或译为特许状）作为标准（参见黄福涛主编：《外国高等教育史》，上海教育出版社2003年版，第57页）。笔者以为，虽然大学起源的时间和划分标准不一，但中世纪大学的培养课程及培养目标却有一致性，而大学团体在当时社会亦呈现出一种与众不同的独立性，这是大学精神形成及延续至今最为珍贵的精神财富。

② 黄福涛. 外国高等教育史. 上海：上海教育出版社，2003. 149.

③ 黄福涛. 外国高等教育史. 上海：上海教育出版社，2003. 145~154.

方针和理念的设计中指出，新大学的本质是“客观的学问（Wissenschaft）与主观的教养（Bildung）相结合”。他提出大学理应保持“孤独和自由”的原则，即“大学及其大学学生、教师和研究人员等不仅应该对世俗社会，特别是功利主义教育价值观保持一定的距离，更重要的是，大学还必须摆脱国家和教育的制约以及来自工业社会的世俗压力与影响”。也就是说，“纯粹科学是至关重要的，因为当它是纯粹的知识时，尽管有例外的偏差，它可以被正确和虔诚追求和获取。孤独与自由是大学的原则”①。这一主张，明确了近代大学的地位和追求方向，大学需要在社会中保持一种象牙塔式的孤傲，不仅在技术上要担任研究突破的先锋，在精神追求上更应该避免世俗的喧扰而保持对知识追求的独立。

然而，知识结构的改变，意味着大学的功能开始从最初的精英教育，逐步走向适应社会多元化以及世界一体化的需要。但在这种实用性越发强烈的情况下，怎么样继续保持大学原本的精神追求以及对人才培养的形而上的境界，则需要教育家们认真思索以及在课程设置的方法上多做尝试。如哈佛大学最早推行了选修课制度，允许学生根据自己的兴趣和能力选择不同的课程进行学习，打破专业课程的局限。在“一战”以后，美国不少大学进一步改革，要求学生在主修领域以外，一般在人文科学、社会科学和自然科学领域选修一定数量的基础性课程，这类课程一般称为通识教育（General Education）课程，从而形成了由主修课程、通识课程和自由选修课程三部分组成的美国本科生课程体系，“但三者之间的恰当的协调与平衡，却成了此后美国高等学校课程改革中长期激烈论争的一个焦点”②。

在诸多大学中，芝加哥大学率先对通识教育课程进行了全面的改革。20世纪30年代，在著名的教育家赫钦斯（Robert Hutchins）的领导下，芝加哥大学将原来多系科的教学组织改组为生命科学、社会科学、自然科学和人文科学等四部，要求学生不管将来从事何种职业，都必须牢固掌握这四大学科领域的基本知识，并且重视阅读经典。“芝加哥大学实施的通识教育计划是继哈佛大学实行选修制以来又一次影响深远的课程改革。它为美国本科生通识教育的内容和结构奠定了基础。”③ 这一改革有效地改善了因选修制带来的课程设置繁杂、学生知识面过窄、基础训练薄弱等问题，在随后的岁月中，尽管通识教育经历了诸多改革，却始终没有脱离芝加哥大学原先设立的基本框架，足见其对近代大学通识教育的影响之深。

---

① 黄福涛．外国高等教育史．上海：上海教育出版社，2003．145～154．

② 黄福涛．外国高等教育史．上海：上海教育出版社，2003．234．

③ 黄福涛．外国高等教育史．上海：上海教育出版社，2003．235．

从我们对大学教学功能及方向的变化以及通识教育产生及发展的简要回顾，不难看出，大学并非独立于社会之外，其教书育人的目的，就是培养适应及推动社会发展的人才。但在人才培养的具体方法尤其是课程设置上则多有不同，其中至为关键的一点，就是学生应该在本科学习阶段成为一个什么样的人：是掌握了足够多的专业知识从而进一步为研究院的学习做准备，是掌握了具体的技能以适应社会的实用性要求，抑或是在心灵心智的培养上造就健全的思维方式和积极的人生观和世界观。不同的理想追求，造就了不同的课程设置和培养模式，也使得通识教育的发展逐渐呈现多元化的趋势。不同的国家地区、不同的高校机构都应根据自身的实际，对通识教育的发展做适应自身的设计和调整。

对于中国大学而言，通识教育的提出和发展又面临着另一种不同的境地。与欧美大学的发展不同，中国大学的产生与发展，一开始就带有明显应对社会转型和国家危机的实用性。1896 年，孙家鼐在《议复开办京师大学堂折》中明确提出“以中学为主，西学为辅；中学为体，西学为用；中学有未备者，以西学补之；中学有失传者，以西学还之。以中学包罗西学，不能以西学凌驾中学”① 的立学宗旨。不难看出，时人对中西学所代表的知识内涵有约定俗成的划分和期望：中学是传统思想主体，起维系人心之效；西学是新发知识系统，发革新创造之效。但无论中学西学，其最终的目的还是维持清王朝的统治地位，故京师大学堂自发轫之初就与国家政治密不可分，这与欧美大学始终保持与国家一定的距离有明显不同。虽然民国时期北京大学校长蔡元培认为，“大学者，‘囊括大典、网罗众家’之学府也”，并由此提出了“兼容并蓄”的办学方针。随后清华大学校长梅贻琦也在日记中表示：“对于校局，则以为应追随蔡孑民先生兼容并包之态度，以克尽学术自由之使命。”但近代中国的国势跌宕，注定了中国的大学师生必定与国家同呼吸、共命运，在某种程度上也与欧美大学那种坚持独立的传统有了较大的区别。由于追求的目标有所分别，故达至目的的手段也就因事而异，重视科学理工、重视实用技术的倾向，在中国大学的教学中非常明显，导致人文科学、社会科学学科逐渐失去原有的重要地位。新中国成立之后，大学体制仿效苏联模式进行院系调整，这种倾向更为明显。从某种意义来说，今天提倡推行通识教育，也是在为之前人文科学和社会科学在大学教育中的缺位进行弥补。

不过，在现行的中国大学课程体系中，通识教育如何安排自己的位

① 朱有瓛．中国近代学制史料（第1辑·下册）．上海：华东师范大学出版社，1986．624．

置，需要我们从实际入手，探讨如何安排通识教育的课程，这样才能使其发挥最大的效用，而同时已有的“两课”及公共课、选修课课程也不会因此而失去了应该发挥的功效。

二、现行体制下中国大学通识教育的地位

目前，通识教育在中国遇到的往往是其地位如何确定的问题。学生除了其专业必修、选修的课程外，有提高政治思想认识的“两课课程”，有提高学生基础能力的公共课课程（大学语文、大学英语等），还有根据授课教师的研究方向及学生学习兴趣而开设的各类选修课，课程的种类和数量不可谓不多。在这样的情况下，是否还有必要设立通识教育的课程？通识教育与这类课程又有什么不同之处？

原香港中文大学校长金耀基曾撰文，详细介绍哈佛大学在20世纪70年代的通识教育改革及其争议①。他认为学界必须理清“通识教育”与“博雅教育”（Liberalarts Education）的分别，“博雅教育是相对于职业或实用教育而言，其目的在培育‘统一的人格’（Unified Personality）；而通识教育是相对于专业教育而言，其目的是达到‘统一的知识’（Unified Body of Knowledge）”。哈佛大学的改革，是针对当时学校课程泛滥而缺乏重心、结构性、整体性、连贯性等问题，故不少有识之士呼吁要重新审视通识教育课程的设置与整合。卡耐基基金会当时即提出了一个纲领，“认为一个大学生应有应付生疏事物的技能，了解世界问题对大众的影响，并能够对生活的品质有一种鉴赏力及对文明有一个历史的眼光”。因此，在1978年，当时哈佛大学文理学院院长罗索维士基（H. Rosovesky）及其同事们提出了通识课程的改革方案，从课程设置的类型和时间来看，“核心课程”约占一年，主修为两年，选修为一年。而其中的“核心课程”包括五个领域的内容，即“文学与艺术”、“历史”、“社会分析及道德的推理”、“科学”和“外国文化”。金耀基评论道，这一课程设计“显示作为现代知识人必须有更广阔的知识基础”。从更深远的角度来看，通识教育对学生的培养，就是让他们具有一种对高等学术的信仰，从而有能力“把不同的知识综合、融汇而一以贯之，并能够从人文精神出发，知道哪些是‘应该’做的，从科学与技术角度判断，哪些是‘可以’做的”。这已经将通识教

① 金耀基．怎样才算是一个“知识人”——岂只是哈佛的迷惑．大学之理念．北京：生活·读书·新知三联书店，2001．62～71．以下该段引用文字均出于此篇，特此说明。

育的终极目标解释得非常清楚。

我国台湾地区的高校较早开始了通识教育课程的教学，在其中取得了不少宝贵的经验。著名的通识教育专家黄俊杰教授通过其多年的探讨，总结出通识教育“就是一种建立人的主体性并与客观情境建立互为主体性关系的教育，也就是一种完成‘人之觉醒’的教育”①。在已经开设的通识教育课程中，黄教授发现，台湾地区的高校普遍存在“课程的知识承载度不足”、“教学方法”以及师资等方面的问题，因此，他提出要深化大学的通识教育，必须通过“创设地区性的通识教育教学发展中心——开发优质新通识课程，提升通识及共同课程之品质；邀请国内外杰出学者开授全校性通识课程；出版通识课程教学参考资料丛刊 *Teachingaids*；办理各项教学研讨会，传承教学经验，提升课程品质”、“开设通识教育讲座课程——制作 DVD，并挂上网络”、“定期举办教学研讨会”等方法，最终使学生可以具备一种富有批判性、思考性的人文精神，拓展学生的生命深度和厚度，使得他们在 21 世纪树立终身学习（Life-long Iearning）的观念并付诸实践②。从黄俊杰教授的观念来看，其与哈佛大学通识教育追求的目标是一致的，即引导学生树立一种终极的人文追求与理想。但受限于现实条件，在目前的课程教学中能否实现预期的设计，是对所有参与通识教育教学的教师的一大挑战。

考究国外及我国台湾地区通识课程开设的理念和过程，我们可以很清楚地了解，通识课程不是目前内地大学开设课程中的任何一类。在理念上，它并不要求学生掌握某一种具体的技能，而是通过多视角、大阅读量和广泛讨论的方式，引导学生思考人类过去、现在及将来的一切事务；在形式上，它不是零散、无组织的选修课，而是有目的、有配置的核心课程与选修课程组成；在师资配置上，通识教育是希望打破院系（学部）的界限，希望在核心课程中，有不同学科的老师进行教学，甚至在某一主题的教学之中，有来自不同专业背景、不同思维角度的导师可以与学生一起辩论思考。通过这样一种方式，不仅可以实现课程和教法的更新，更重要的是可以展现给学生一种全新的视野和思考境界，从而达至对通识教育所追求的目标。

在目前内地大学的课程设置中，如何恰当安排通识教育课程的位置，关键就在于如何去理解通识教育课程的理念、目标、地位和作用。通识教

① 黄俊杰. 全球化时代大学通识教育的新挑战. “中华民国”通识教育学会，2004. 75.

② 黄俊杰. 全球化时代大学通识教育的新挑战. “中华民国”通识教育学会，2004. 72～74，129～130.

育不应该是一个包罗万象的系统，也不应该是一种文化传统或经典文献的补习，更不应该变成带有某种普及性质的公共课程或者政治教育性质的思想教育课程。我们应该让每位学生在通识教育的课程中，学会一种自己发现问题并且寻找途径去解决问题的能力。具体而言，通识教育不是一种目标性的技术培训，而应该是直接面对学生的心灵：我是谁，我为什么要读大学，我要在大学中获取什么，而大学能否满足我这种求知的欲望。我们同样不应该奢望几个学分或者几门课程就可以为学生解决类似的问题，而是通过这类课程的设置，让学生迷惑的心灵寻找到对话的门径和办法，学会利用已有的经典资源去与前人对话，学会利用现有的科技手段去与世界对话，唯有如此，他们才不至于在四年毕业之后，仅仅获得一张专业认证的学业和毕业证书。让每一位学生带着“独立之精神，自由之思想”和切切实实的思维能力离开，才是我们的终极追求。

三、授人以渔：中国大学通识教育的努力方向

如果说，目前内地大学的不少公共课、选修课的教学是达到一种“授人以鱼”的效果的话，那么通识教育的教学就是要改变这样一种现状而达到“授人以渔”的效果。黄俊杰教授曾经提出，21 世纪大学通识教育可以采取的新策略，包括“经典教育的提升”、“中华文化与东亚文化教育的加强”及“STS（Science，Technology and Society）通识课程的推动”①，这或许可以作为一种借鉴，使我们根据目前内地大学的教学现状，提出一个通识教育的课程设置及教学模式。

在目前的课程体系中，面对多种课程类型并存的状况，或许我们可以参照通识教育中“核心课程”与“选修课程”的区分，将目前高校中的大学语文、大学英语等公共课归为学生必须掌握的核心课程内容②。之所以做这样的安排，是因为在全球化的今天，没有良好的语言基础，既无法有效地阅读本国经典文献，也无法与世界就共同关注的问题进行交流和论辩，更难以理解以英语为主要语言撰就的世界知识遗产。将语言教育纳入通识教育的核心课程，把相关的阅读与讨论纳入语言学习的过程之中，不

① 黄俊杰. 全球化时代大学通识教育的新挑战. “中华民国”通识教育学会，2004. 39～42.

② “两课”教育涉及其他相关问题，故单独列为一种课程体系，不纳入通识教育之中。语言学习问题是通识教育中的核心，台湾地区高校所推动的通识教育，语言学习一直是各高校的“共同必修课程”，详参黄俊杰. 转型期中的大学通识教育：理念、现况与展望. “中华民国”通识教育学会，2006.

仅可以避免纯粹语言学习的枯燥性，也可以使学生在较短的时间内，尽快接触相关经典材料进行学习。

除语言学习外，通识教育中的其他核心课程应如何设置，则值得我们认真推敲。如上文所述，芝加哥大学、哈佛大学及我国台湾地区的高校均有提出设置核心课程所涉及的诸多领域，而内地高校通识教育的核心课程应该囊括哪些部分呢？笔者以为，“立足本土，熟悉历史，面对世界，思考发展”，可以作为我们通识教育的一个途径和目标。在这样的安排下，人文科学与社会科学的学科知识将作为讲授重点，列入核心课程之中，引导学生进行建设性的讨论。需要指出的是，核心课程的开设并不以导师的学科或研究领域为限，而应该在通识教育委员会的领导下，以问题为核心，打破学科的限制，融合多学科多领域的智慧力量，对学生进行讲授和讨论。唯有如此，才能真正达至通识教育所追求的教育效果。

核心课程之外，学生可以按照学分要求，选修通识教育中的其他选修课程。选修课可以参考内地高校的现有模式，由开课教师按自己的研究方向和研究兴趣进行开设，而通识教育委员会将统筹安排，按照核心课程的开设情况安排相关选修课程以供学生进一步学习。相关选修课可以不受开设的限制，同一主题可以由多位教师甚至是不同学科的教师进行讲授，鼓励学生在这种思想的碰撞中进行原创性的思考，从而使他们更全面地了解过去与现在，了解中国与世界。

通识教育的设计是一项庞杂的系统工程，而且深受各校资源与师资的限制，因此，各校在推动通识教育的时候，必定要根据自身学校的实际情况，有效整合资源。因此，各校不仅在本校内设计自己的课程体系，还可以与区域内的其他高校合作，在教学资源、师资配置乃至课程的讲授课程，都可以通过适当的方式进行共享和互通，以此提高各校通识教育的质量，提升学生的整体素质。

从精英教育、专业教育到通识教育，学生的培养模式经历了不同的变化，但不变的内核，是如何培养有独立思考能力、有合理批评精神、对本国历史有充分认识又具备世界眼光的新一代“知识人”。或许通识教育也只是现阶段实现这一追求的有效途径，但每一代的教育工作者，将会为之孜孜不倦地追求，因为，这就是我们教书育人的最终职责。

参考文献

[1] 甘阳. 中国通识教育的务实之道，2009 年 4 月上海大学通识教育研讨会主题发言.

[2] 黄福涛. 外国高等教育史. 上海：上海教育出版社，2003.

[3] 朱有瓛. 中国近代学制史料（第1辑·下册）. 上海：华东师范大学出版社，1986.

[4] 金耀基. 大学之理念. 北京：生活·读书·新知三联书店，2001.

[5] 黄俊杰. 全球化时代大学通识教育的新挑战. "中华民国"通识教育学会，2004.

[6] 黄俊杰. 转型期中的大学通识教育：理念、现况与展望. "中华民国"通识教育学会，2006.

后 记

《以德润身　以文化人——暨南大学社会科学部“侨校思想政治教育与创新人才培养”研究论文集》一书是暨南大学研究生院组织实施“国家教育体制改革试点项目——侨校创新人才培养试验计划”的成果之一。

暨南大学作为中国内地最大的港澳台侨高层次人才培养基地，在“国际文化聚暨南”的文化氛围和“忠信笃敬”的历史人文传统中，针对学校办学使命的特殊性和学生群体的多元性，多年来全方位、多角度地探索“培养学生社会责任感、创新精神、实践能力”三位一体的创新型人才，立足于培养德、智、体、美全面发展的社会主义合格建设者和可靠接班人。学校特别强调未来高素质人才的创新精神与实践能力的有效提升，认为高素质人才不仅需要良好的专业知识与实践技能，更需要勇担重任的勇气和关注社会的体察。从这一基本理念出发，学校社会科学部适应创新型人才培养需要，在思想政治教育教学中坚持以人为本，以学生全面发展为中心，以重视学生精神成人、重视培养学生的创新能力为基本点，致力于探索让学生喜爱、终身受益的思想政治教育新思路、新途径、新方法。

本书的出版，就是在学校创新型人才培养的顶层设计中形成的理论成果。一方面是社会科学部教师在教学实践中的深入观察和研究，对创新人才培养有了更进一步的认识和体悟。我们的责任感，促使我们愿意把这种新的收获表达出来，与大家交流。另一方面，学校把培养学生精神成人和创新意识、创新精神、创新能力，作为教学改革的突破点和关键点，取得了喜人的成绩。我们的荣誉感，促使我们把这种改革成果呈现出来，与同行共享。

本书的顺利出版，得到了学校党政领导的高度重视和关心，学校党委书记蒋述卓特以《大学理念与现代化》一文赠予本书为序；得到了学校相关职能部门的大力支持和关注，研究生院郑文杰执行院长多次协助和建言；得到了社会科学部同仁的全情投入和参与，在繁忙的教学科研之余，深入思考，总结锤炼；得到了暨南大学出版社一如既往的热情帮助和支持，在此一并表示感谢！

在本书的编写中，我们的作者借鉴和引用了不少专家、学者的研究成果，在此，我们对原作者的原创性成果深表谢意。书中不妥之处，恳请大家批评和指正！

程京武

2012 年 12 月